BORUTO
-NARUTO NEXT GENERATION-

15. Schriftrolle

Original Story and Supervising:
Masashi Kishimoto
Manga: Mikio ikemoto

Idioten, Krallen und Mistkerle

BORUTO
-NARUTO NEXT GENERATION-

Charaktere

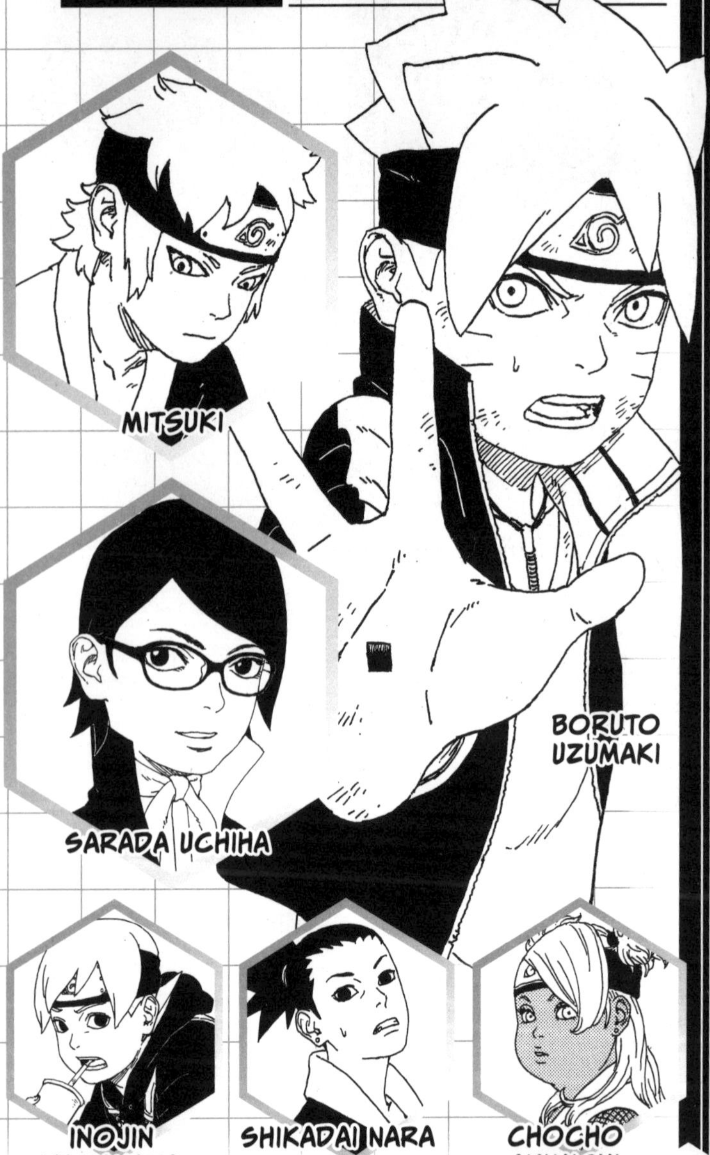

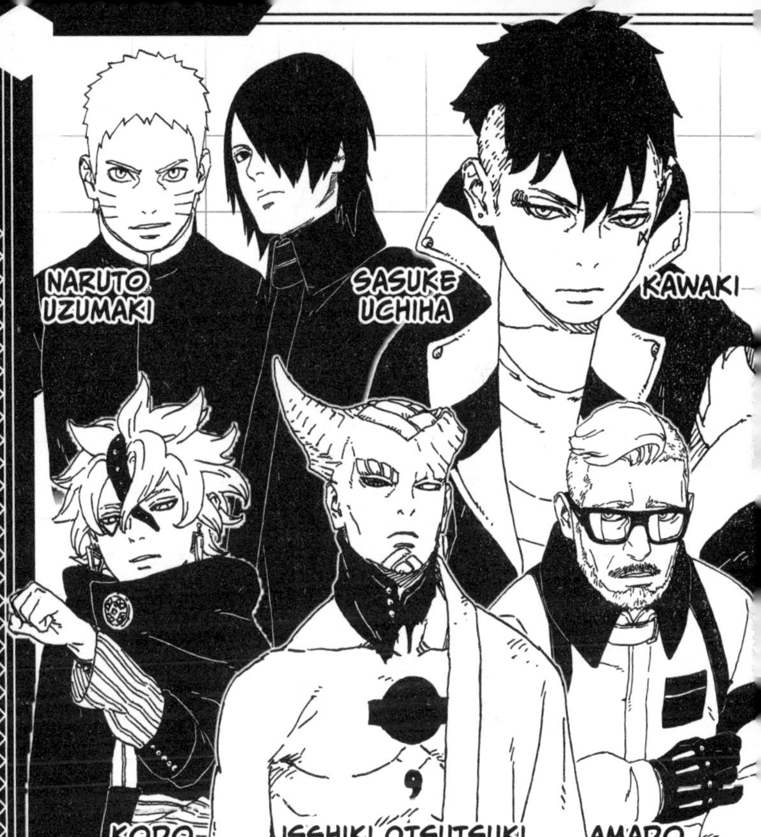

STORY

DER NINJA-WELTKRIEG IST VERGANGENHEIT, DIE MENSCHEN IM DORF KONOHAGAKURE GENIESSEN DEN FRIEDEN. DOCH DANN GREIFEN MOMOSHIKI UND KINSHIKI OTSUTSUKI DAS DORF AN. DIE KONOHA-NINJA BESIEGEN DIE ANGREIFER, ABER NACH DEM KAMPF BLEIBT BEI NARUTOS SOHN BORUTO EIN SELTSAMES MAL, KAMA, AUF DER RECHTEN HAND ZURÜCK.

AUF EINER MISSION STÖSST BORUTO AUF EINEN JUNGEN NAMENS KAWAKI, DER EBENFALLS EIN KAMA TRÄGT. ES STELLT SICH HERAUS, DASS DIESER JUNGE DAS »GEFÄSS« IST, NACH DEM DIE DUBIOSE ORGANISATION KARA SUCHT. NARUTO LÄSST KAWAKI BEI SICH UND SEINER FAMILIE WOHNEN, UM DEN JUNGEN ZU BESCHÜTZEN. BORUTO UND KAWAKI VERSTEHEN SICH ANFANGS NICHT, ABER ALLMÄHLICH FASST KAWAKI VERTRAUEN IN DIE KONOHA-NINJA UND RESPEKTIERT NARUTO.

KURZ DARAUF VERLASSEN DIE KARA-MITGLIEDER AMADO UND KASHIN KOJI IHRE ORGANISATION. AMADO SUCHT IN KONOHA SCHUTZ. ISSHIKI OTSUTSUKI, DER NUR NOCH KURZE ZEIT ZU LEBEN HAT, WILL KAWAKI ALS GEFÄSS FÜR SEIN WIEDERAUFLEBEN BENUTZEN, ABER NARUTO UND SEINE MITKÄMPFER VERHINDERN DIES UND ISSHIKI STIRBT. KURZ VOR SEINEM TOD BEFIEHLT ISSHIKI DEM LETZTEN KERNMITGLIED VON KARA, KODO, DEN **OTSUTSUKI-WILLEN** WEITER ZU VERFOLGEN. KODO SCHWÖRT, BORUTO UND DIE ANDEREN ZU BEZWINGEN.

BORUTO

Boruto

-Naruto Next Generation-

15. Schriftrolle

Idioten, Krallen und Mistkerle

INHALT

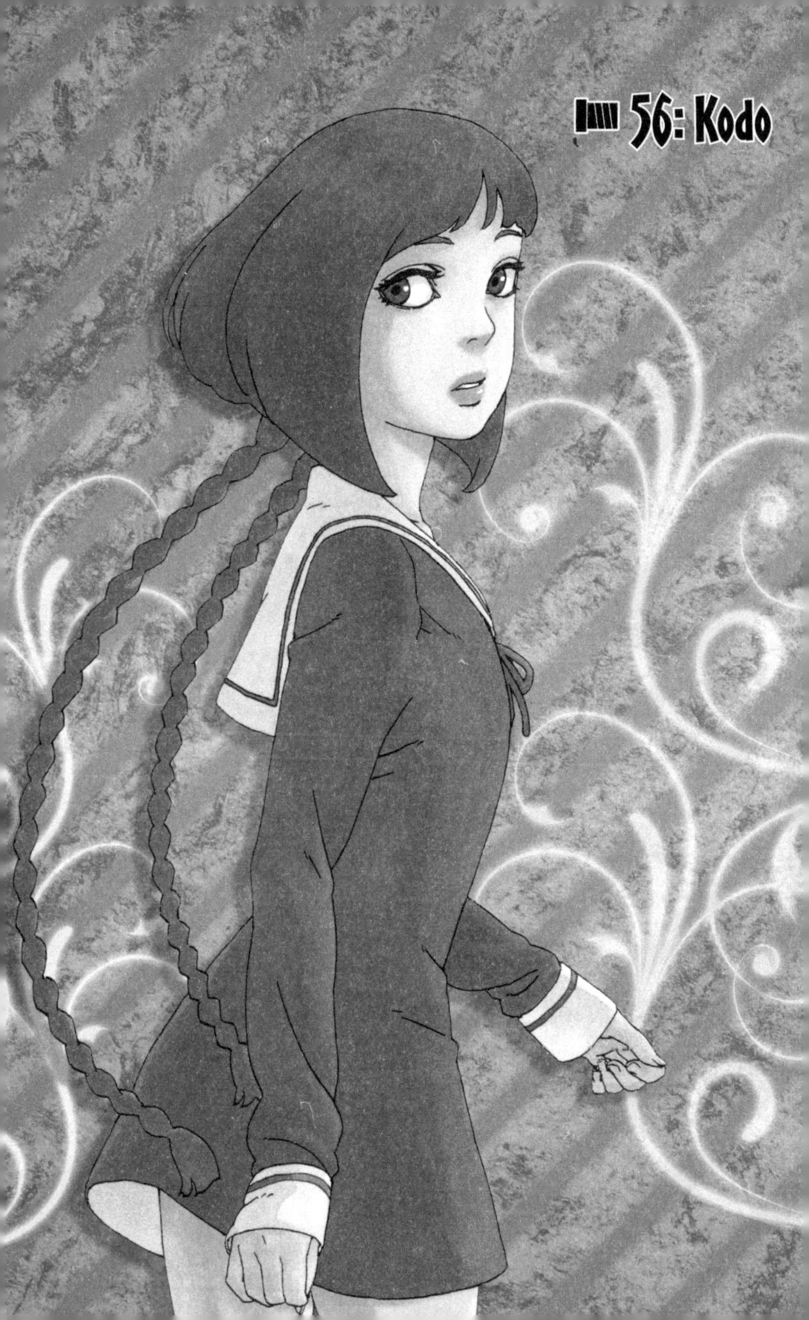
56: Kodo

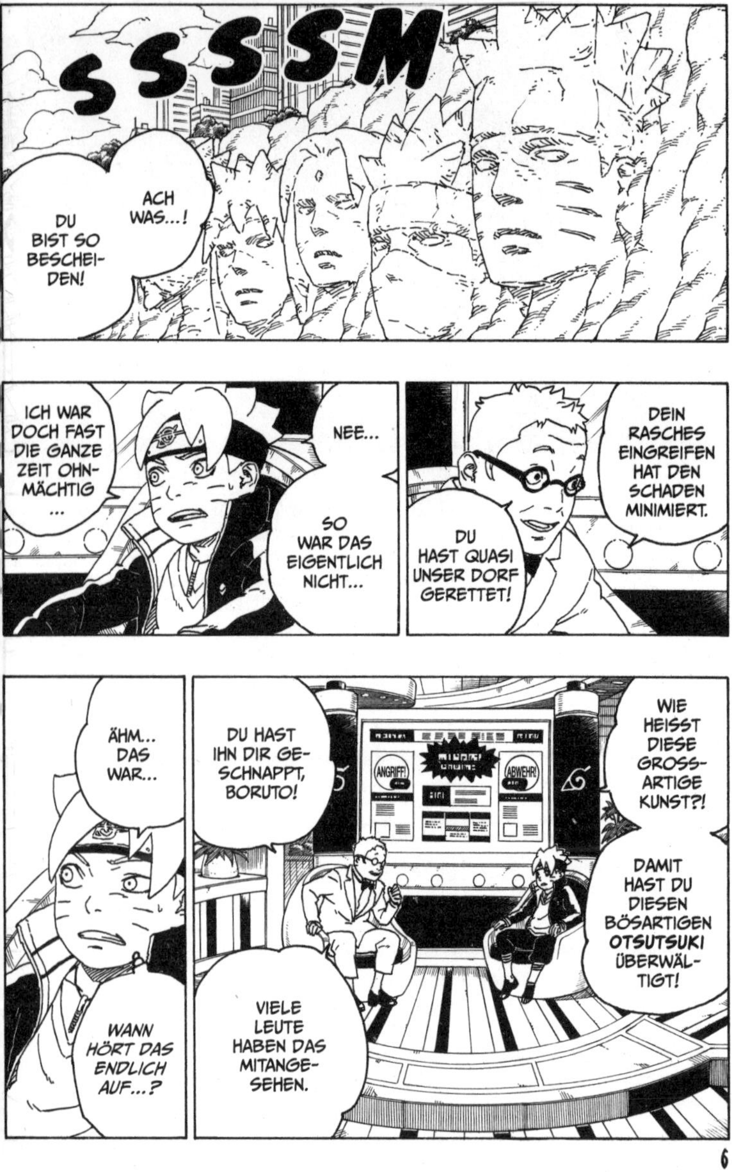
SSSSM
ACH WAS...!
DU BIST SO BESCHEI-DEN!
DEIN RASCHES EINGREIFEN HAT DEN SCHADEN MINIMIERT.
DU HAST QUASI UNSER DORF GERETTET!
NEE...
SO WAR DAS EIGENTLICH NICHT...
ICH WAR DOCH FAST DIE GANZE ZEIT OHN-MÄCHTIG ...
WIE HEISST DIESE GROSS-ARTIGE KUNST?!
DAMIT HAST DU DIESEN BÖSARTIGEN OTSUTSUKI ÜBERWÄL-TIGT!
ANGRIFF!
ABWEHR!
DU HAST IHN DIR GE-SCHNAPPT, BORUTO!
VIELE LEUTE HABEN DAS MITANGE-SEHEN.
ÄHM... DAS WAR...
WANN HÖRT DAS ENDLICH AUF...?

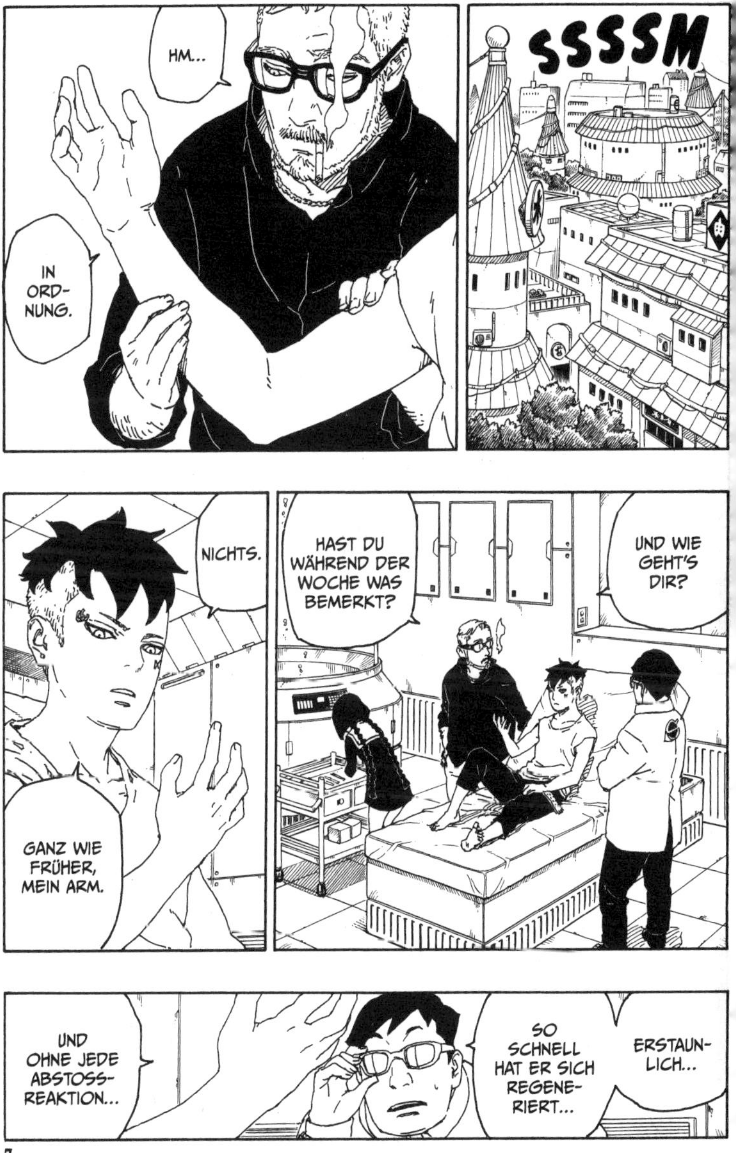
SSSSM
HM...
IN ORDNUNG.
UND WIE GEHT'S DIR?
HAST DU WÄHREND DER WOCHE WAS BEMERKT?
NICHTS.
GANZ WIE FRÜHER, MEIN ARM.
ERSTAUNLICH...
SO SCHNELL HAT ER SICH REGENERIERT...
UND OHNE JEDE ABSTOSS-REAKTION...

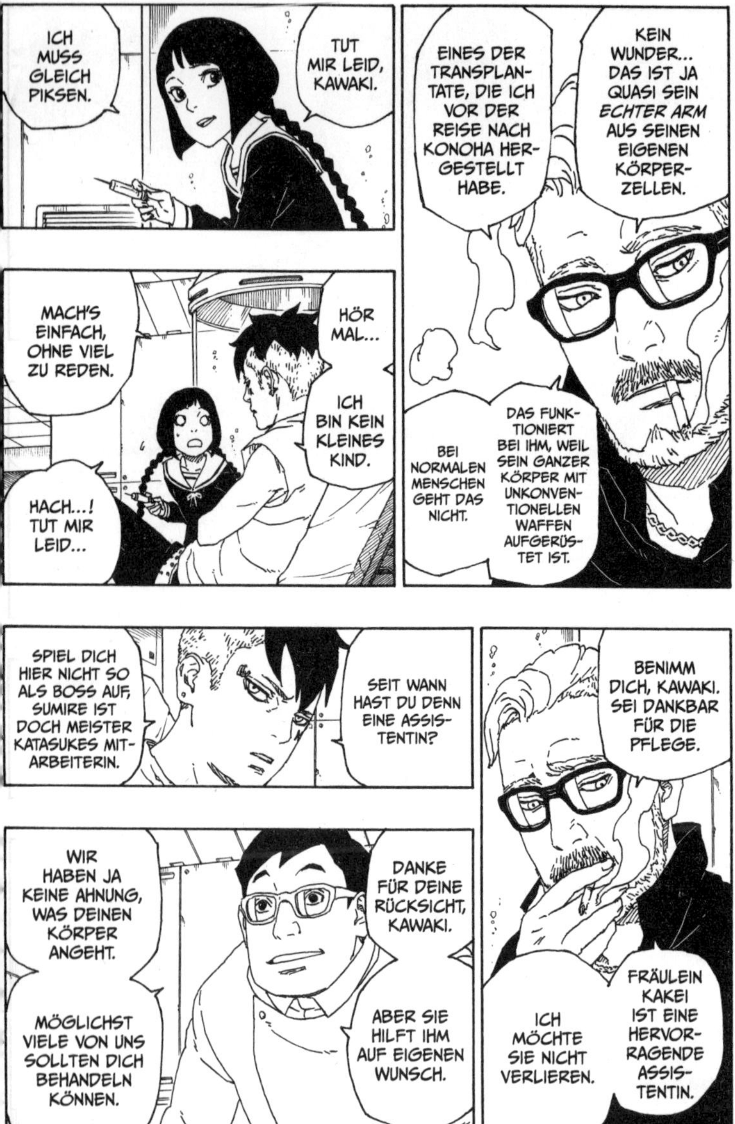
KEIN WUNDER... DAS IST JA QUASI SEIN *ECHTER ARM* AUS SEINEN EIGENEN KÖRPERZELLEN.
EINES DER TRANSPLANTATE, DIE ICH VOR DER REISE NACH KONOHA HERGESTELLT HABE.
DAS FUNKTIONIERT BEI IHM, WEIL SEIN GANZER KÖRPER MIT UNKONVENTIONELLEN WAFFEN AUFGERÜSTET IST.
BEI NORMALEN MENSCHEN GEHT DAS NICHT.
TUT MIR LEID, KAWAKI.
ICH MUSS GLEICH PIKSEN.
HÖR MAL...
ICH BIN KEIN KLEINES KIND.
MACH'S EINFACH, OHNE VIEL ZU REDEN.
HACH...! TUT MIR LEID...
SEIT WANN HAST DU DENN EINE ASSISTENTIN?
SPIEL DICH HIER NICHT SO ALS BOSS AUF, SUMIRE IST DOCH MEISTER KATASUKES MITARBEITERIN.
BENIMM DICH, KAWAKI. SEI DANKBAR FÜR DIE PFLEGE.
FRÄULEIN KAKEI IST EINE HERVORRAGENDE ASSISTENTIN.
ICH MÖCHTE SIE NICHT VERLIEREN.
DANKE FÜR DEINE RÜCKSICHT, KAWAKI.
ABER SIE HILFT IHM AUF EIGENEN WUNSCH.
WIR HABEN JA KEINE AHNUNG, WAS DEINEN KÖRPER ANGEHT.
MÖGLICHST VIELE VON UNS SOLLTEN DICH BEHANDELN KÖNNEN.

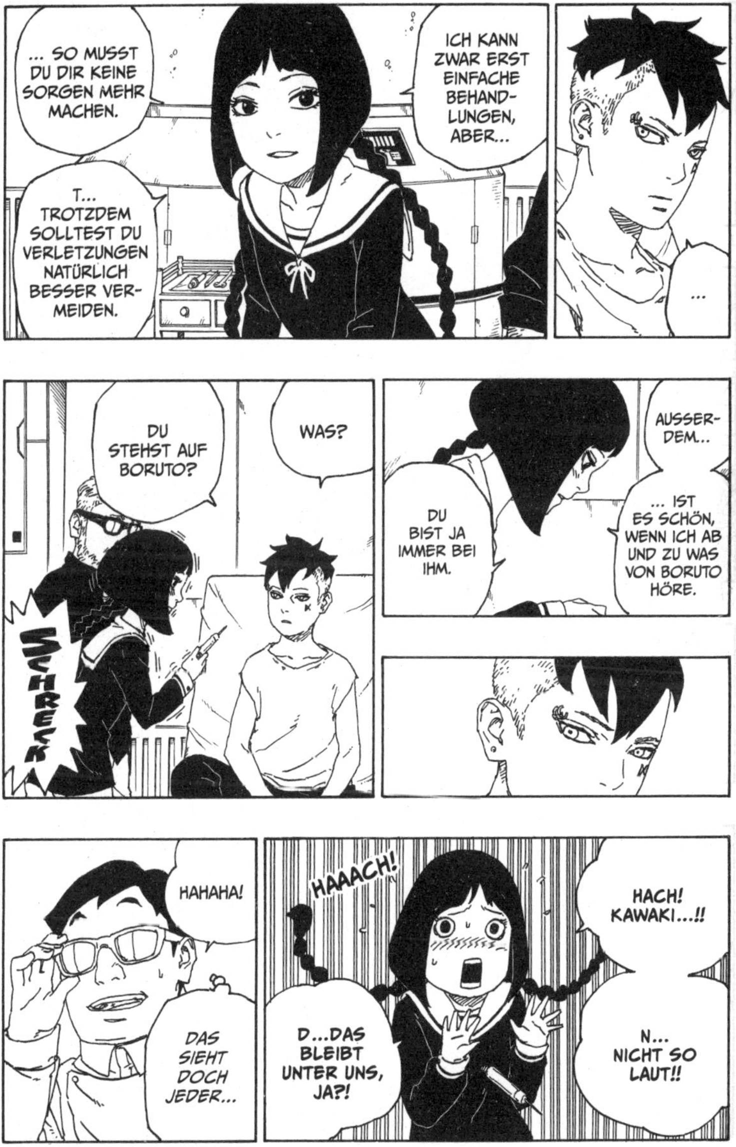
...
ICH KANN ZWAR ERST EINFACHE BEHAND-LUNGEN, ABER...
... SO MUSST DU DIR KEINE SORGEN MEHR MACHEN.
T... TROTZDEM SOLLTEST DU VERLETZUNGEN NATÜRLICH BESSER VER-MEIDEN.
AUSSER-DEM...
... IST ES SCHÖN, WENN ICH AB UND ZU WAS VON BORUTO HÖRE.
DU BIST JA IMMER BEI IHM.
WAS?
DU STEHST AUF BORUTO?
SCHRECK
HAAACH!
HACH! KAWAKI...!!
N... NICHT SO LAUT!!
D...DAS BLEIBT UNTER UNS, JA?!
HAHAHA!
DAS SIEHT DOCH JEDER...

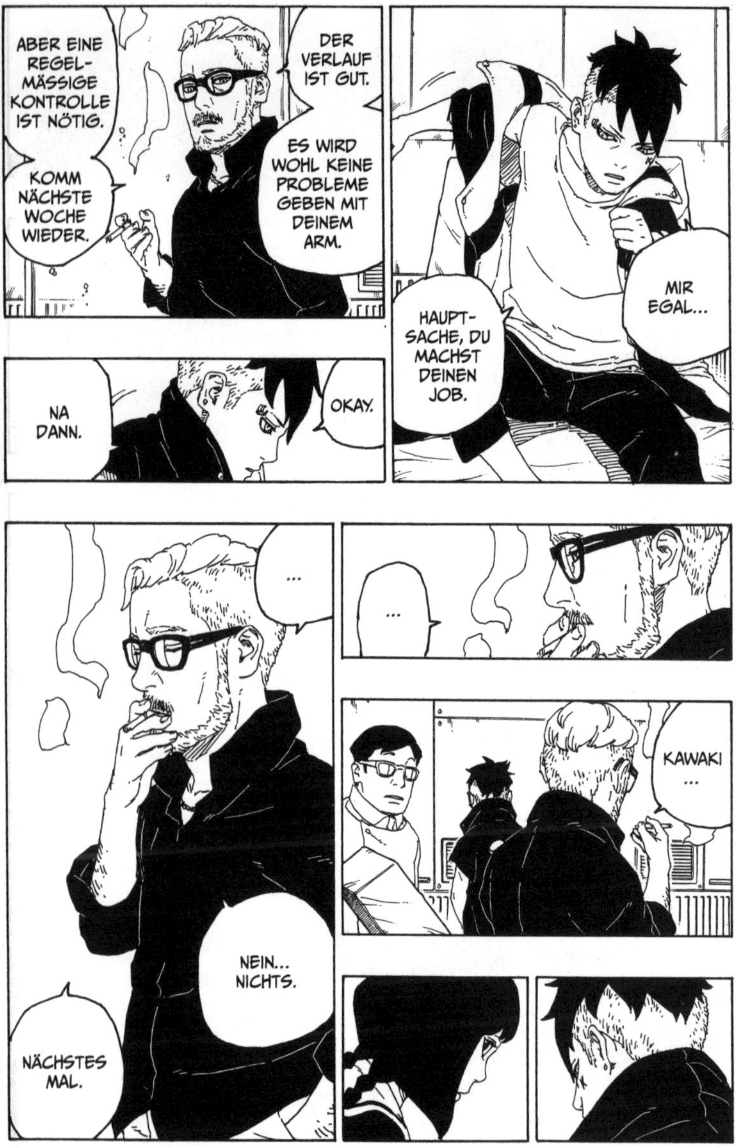
DER VERLAUF IST GUT.
ES WIRD WOHL KEINE PROBLEME GEBEN MIT DEINEM ARM.
ABER EINE REGEL-MÄSSIGE KONTROLLE IST NÖTIG.
KOMM NÄCHSTE WOCHE WIEDER.
MIR EGAL...
HAUPT-SACHE, DU MACHST DEINEN JOB.
OKAY.
NA DANN.
...
...
KAWAKI ...
NEIN... NICHTS.
NÄCHSTES MAL.

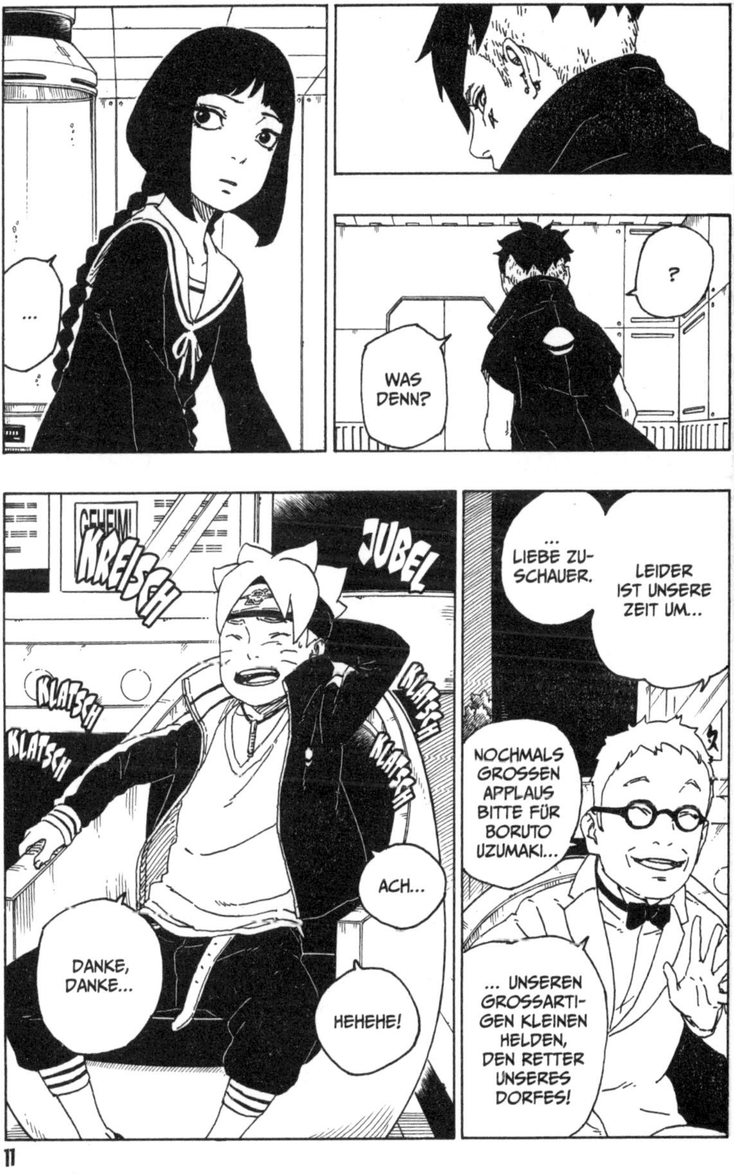
?
WAS DENN?
...
LEIDER IST UNSERE ZEIT UM...
... LIEBE ZU-SCHAUER.
NOCHMALS GROSSEN APPLAUS BITTE FÜR BORUTO UZUMAKI...
... UNSEREN GROSSARTI-GEN KLEINEN HELDEN, DEN RETTER UNSERES DORFES!
JUBEL
GEHEIM!
KREISCH
KLATSCH
KLATSCH
KLATSCH
KLATSCH
ACH...
HEHEHE!
DANKE, DANKE...

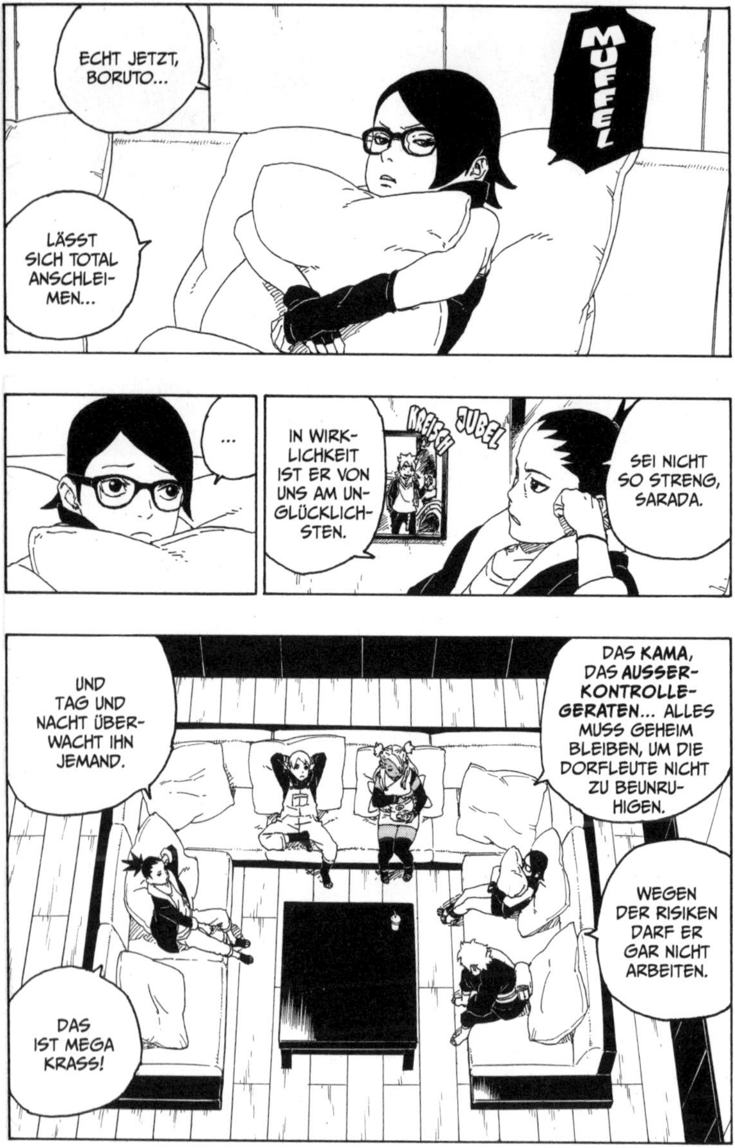
MUFFEL
ECHT JETZT, BORUTO...
LÄSST SICH TOTAL ANSCHLEI-MEN...
SEI NICHT SO STRENG, SARADA.
JUBEL
KREISCH
IN WIRK-LICHKEIT IST ER VON UNS AM UN-GLÜCKLICH-STEN.
...
DAS KAMA, DAS AUSSER-KONTROLLE-GERATEN... ALLES MUSS GEHEIM BLEIBEN, UM DIE DORFLEUTE NICHT ZU BEUNRU-HIGEN.
UND TAG UND NACHT ÜBER-WACHT IHN JEMAND.
WEGEN DER RISIKEN DARF ER GAR NICHT ARBEITEN.
DAS IST MEGA KRASS!

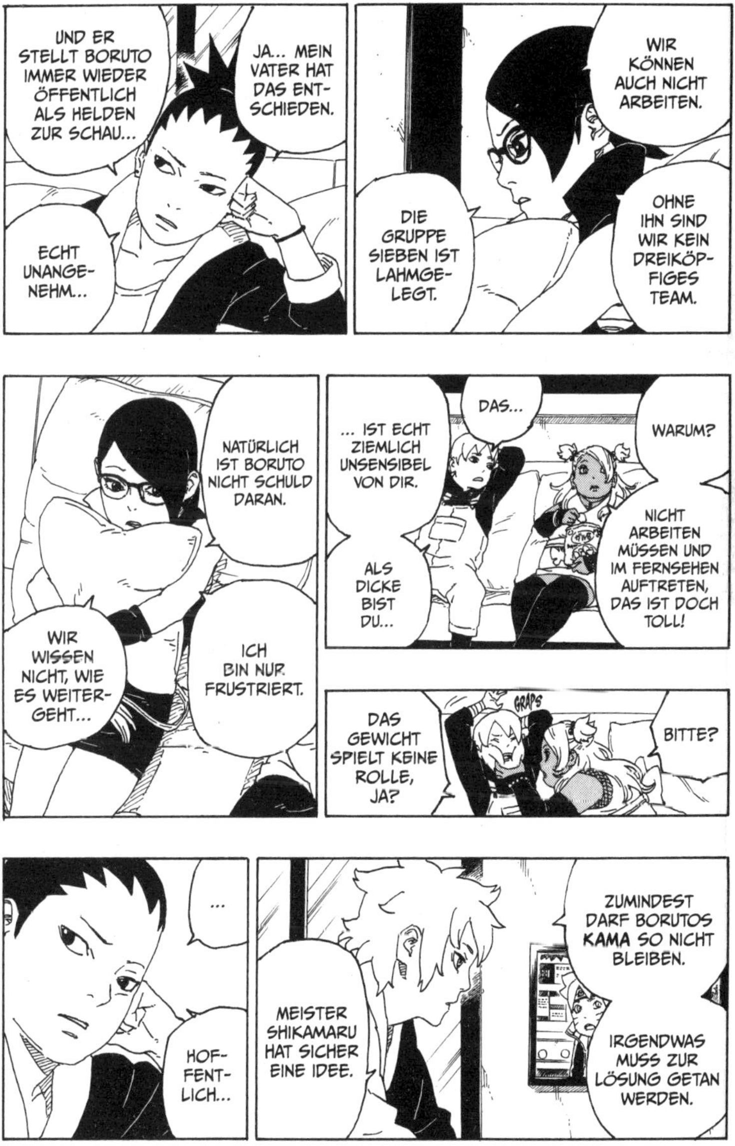
WIR KÖNNEN AUCH NICHT ARBEITEN.
OHNE IHN SIND WIR KEIN DREIKÖPFIGES TEAM.
DIE GRUPPE SIEBEN IST LAHMGELEGT.
JA... MEIN VATER HAT DAS ENTSCHIEDEN.
UND ER STELLT BORUTO IMMER WIEDER ÖFFENTLICH ALS HELDEN ZUR SCHAU...
ECHT UNANGENEHM...
WARUM?
NICHT ARBEITEN MÜSSEN UND IM FERNSEHEN AUFTRETEN, DAS IST DOCH TOLL!
DAS...
... IST ECHT ZIEMLICH UNSENSIBEL VON DIR.
ALS DICKE BIST DU...
BITTE?
GRAPS
DAS GEWICHT SPIELT KEINE ROLLE, JA?
NATÜRLICH IST BORUTO NICHT SCHULD DARAN.
ICH BIN NUR FRUSTRIERT.
WIR WISSEN NICHT, WIE ES WEITERGEHT...
ZUMINDEST DARF BORUTOS **KAMA** SO NICHT BLEIBEN.
IRGENDWAS MUSS ZUR LÖSUNG GETAN WERDEN.
MEISTER SHIKAMARU HAT SICHER EINE IDEE.
...
HOFFENTLICH...

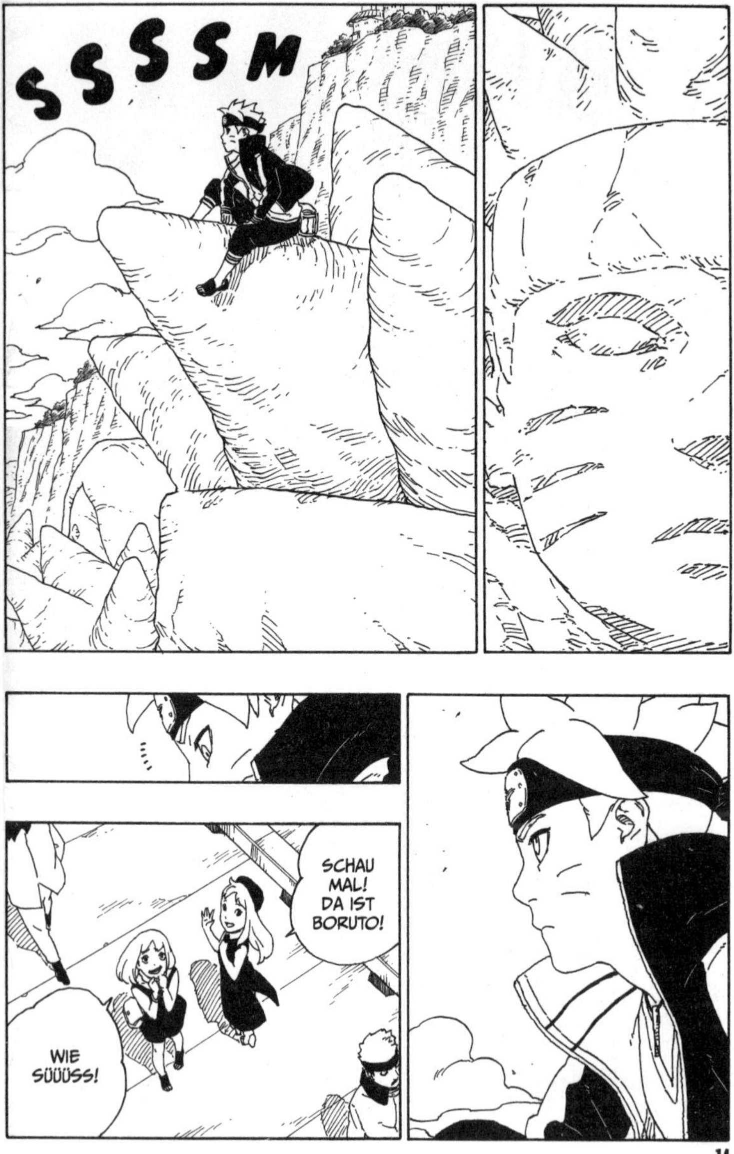
SSSSM
SCHAU MAL! DA IST BORUTO!
WIE SÜÜÜSS!

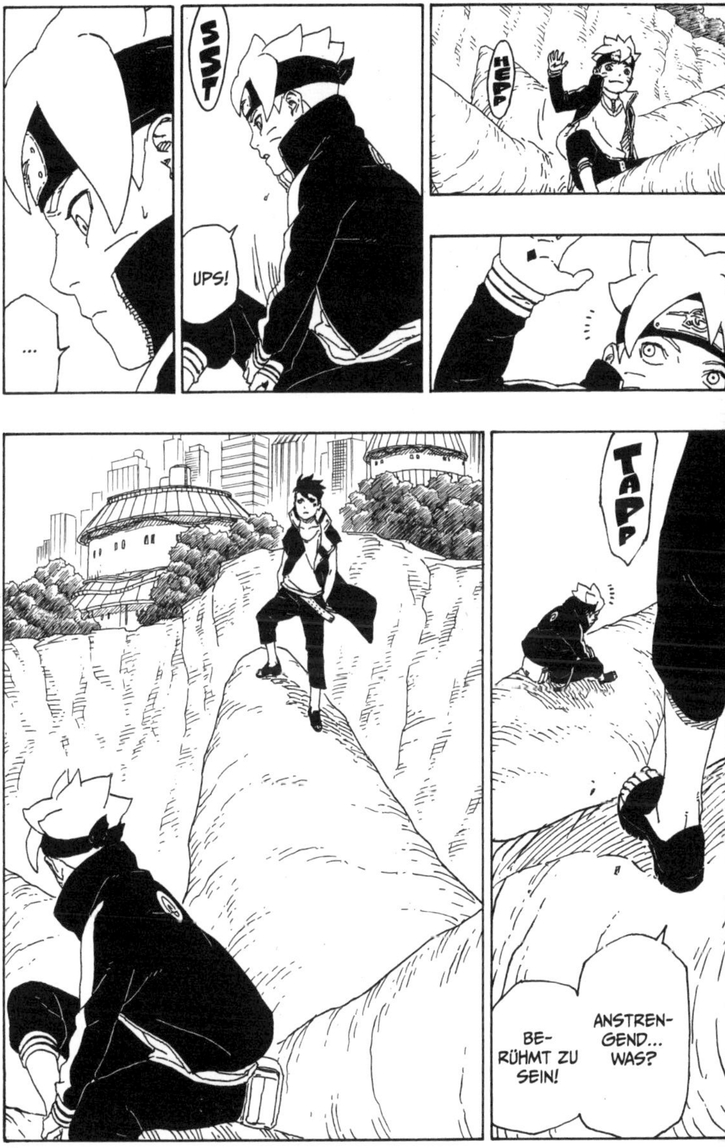
HEPP
SST
...
UPS!
TAPP
ANSTREN-
GEND...
WAS?
BE-
RÜHMT ZU
SEIN!

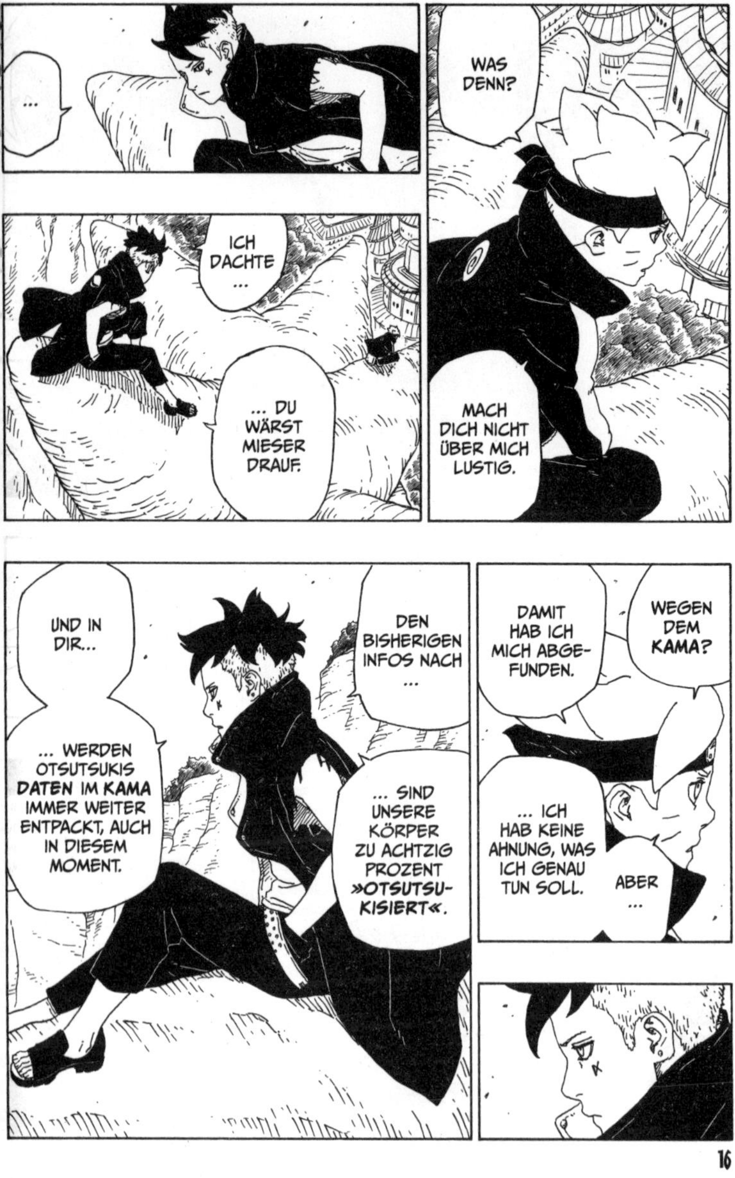
…
WAS DENN?
ICH DACHTE …
… DU WÄRST MIESER DRAUF.
MACH DICH NICHT ÜBER MICH LUSTIG.
WEGEN DEM KAMA?
DAMIT HAB ICH MICH ABGE-FUNDEN.
… ICH HAB KEINE AHNUNG, WAS ICH GENAU TUN SOLL.
ABER …
DEN BISHERIGEN INFOS NACH …
… SIND UNSERE KÖRPER ZU ACHTZIG PROZENT »OTSUTSU-KISIERT«.
UND IN DIR…
… WERDEN OTSUTSUKIS **DATEN IM KAMA** IMMER WEITER ENTPACKT, AUCH IN DIESEM MOMENT.

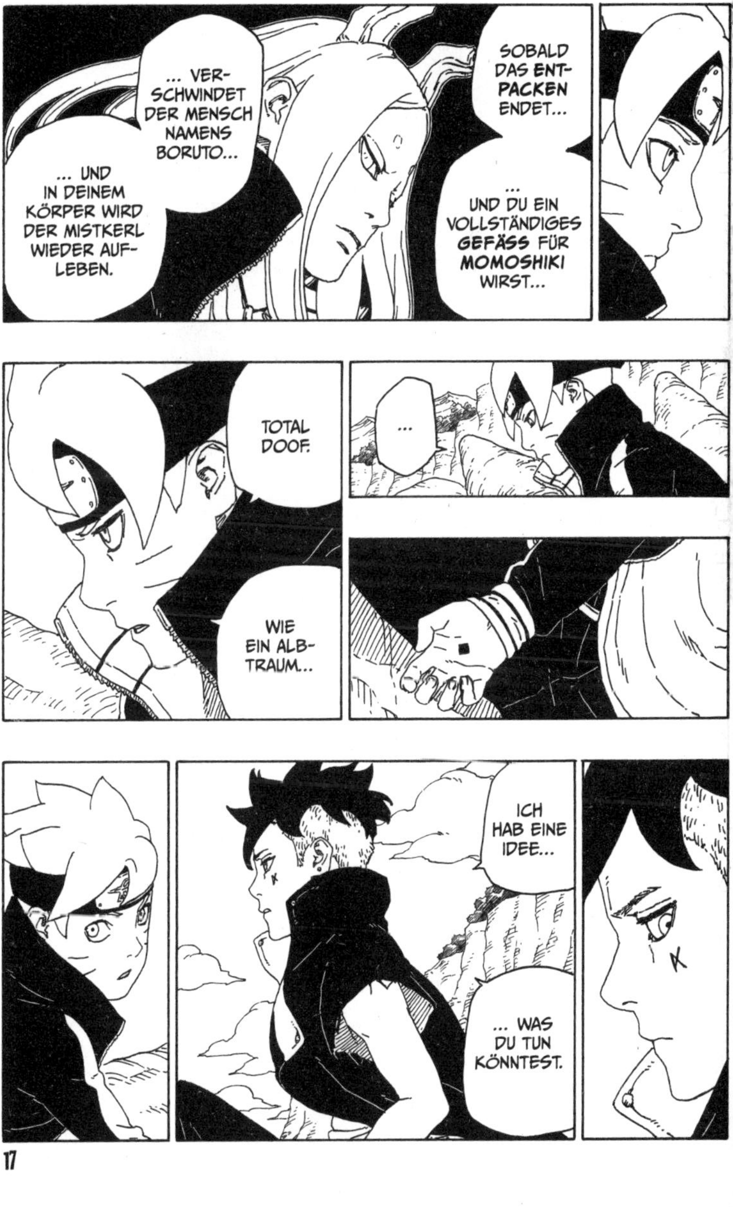
SOBALD DAS ENTPACKEN ENDET...
... UND DU EIN VOLLSTÄNDIGES GEFÄSS FÜR MOMOSHIKI WIRST...
... VERSCHWINDET DER MENSCH NAMENS BORUTO...
... UND IN DEINEM KÖRPER WIRD DER MISTKERL WIEDER AUFLEBEN.
...
TOTAL DOOF.
WIE EIN ALBTRAUM...
ICH HAB EINE IDEE...
... WAS DU TUN KÖNNTEST.

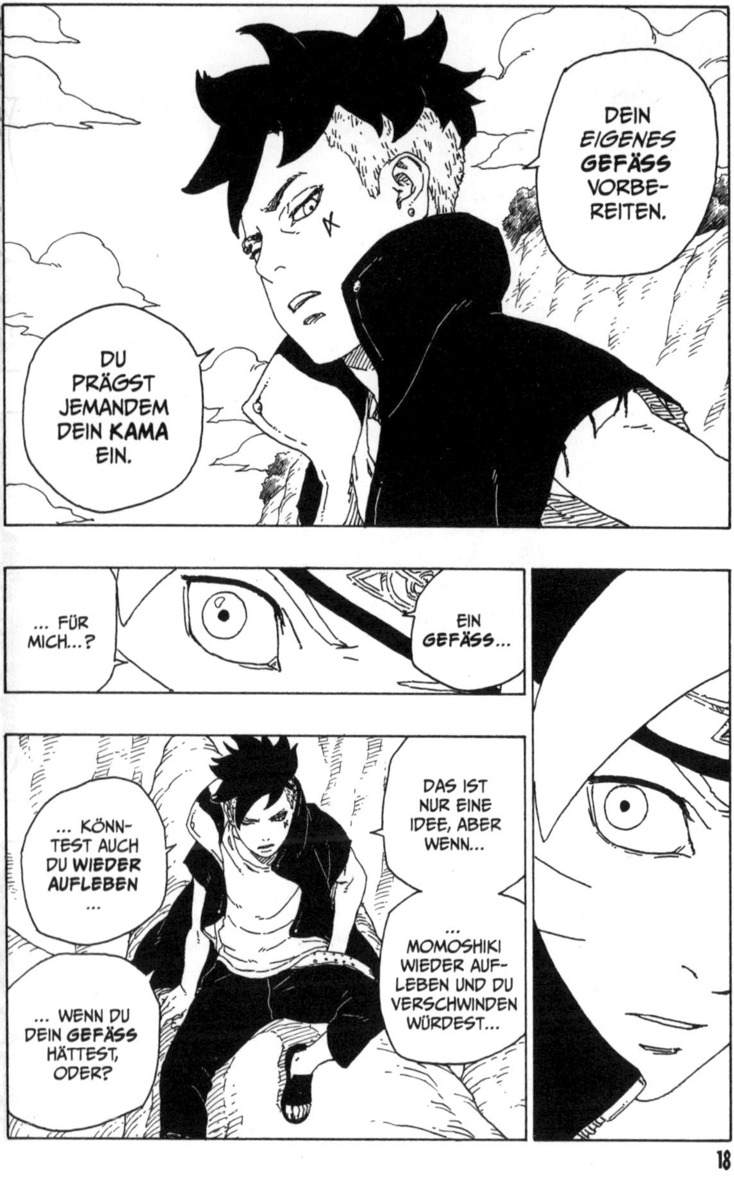
DEIN EIGENES GEFÄSS VORBEREITEN.
DU PRÄGST JEMANDEM DEIN KAMA EIN.
EIN GEFÄSS...
... FÜR MICH...?
DAS IST NUR EINE IDEE, ABER WENN...
... MOMOSHIKI WIEDER AUFLEBEN UND DU VERSCHWINDEN WÜRDEST...
... KÖNNTEST AUCH DU WIEDER AUFLEBEN ...
... WENN DU DEIN GEFÄSS HÄTTEST, ODER?

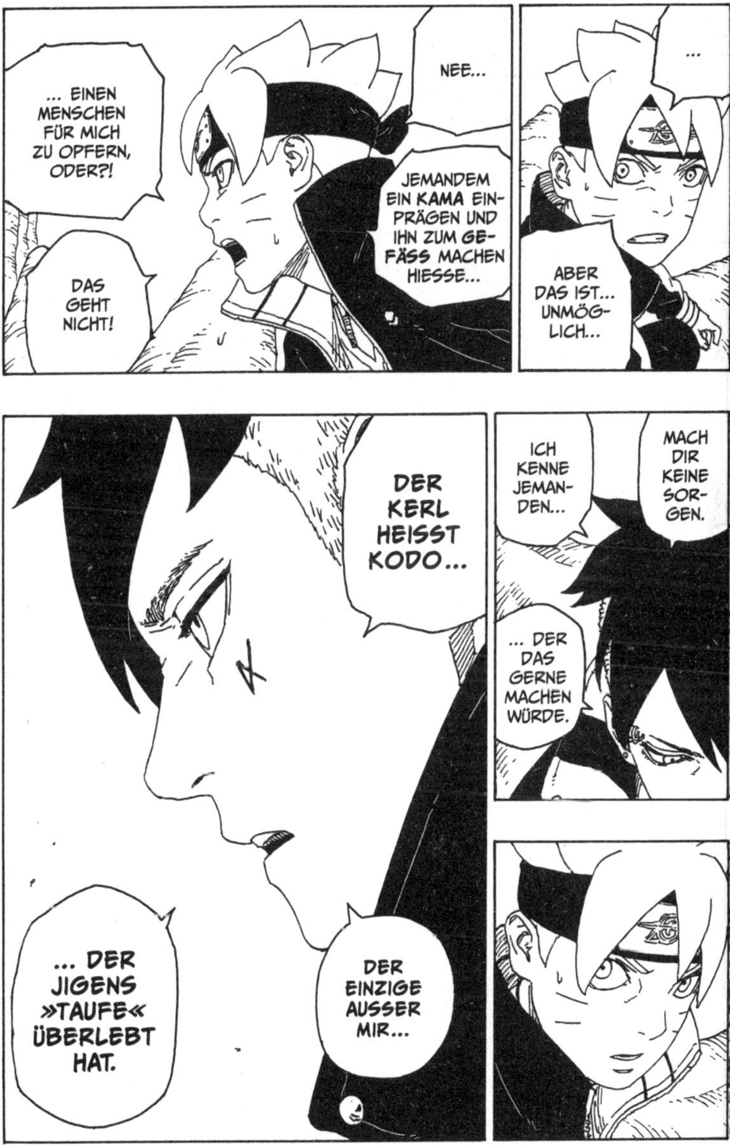
...
ABER DAS IST... UNMÖGLICH...
NEE...
JEMANDEM EIN KAMA EINPRÄGEN UND IHN ZUM GEFÄSS MACHEN HIESSE...
... EINEN MENSCHEN FÜR MICH ZU OPFERN, ODER?!
DAS GEHT NICHT!
MACH DIR KEINE SORGEN.
ICH KENNE JEMANDEN...
... DER DAS GERNE MACHEN WÜRDE.
DER KERL HEISST KODO...
DER EINZIGE AUSSER MIR...
... DER JIGENS »TAUFE« ÜBERLEBT HAT.

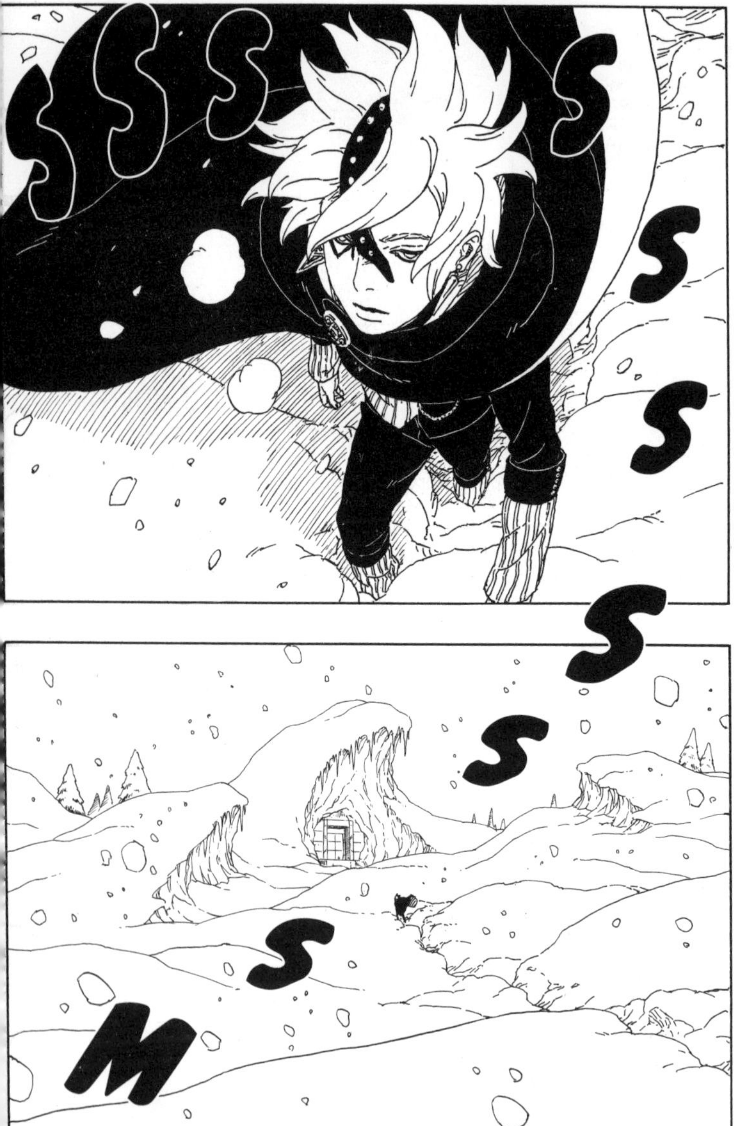
SSSSSSSSSM

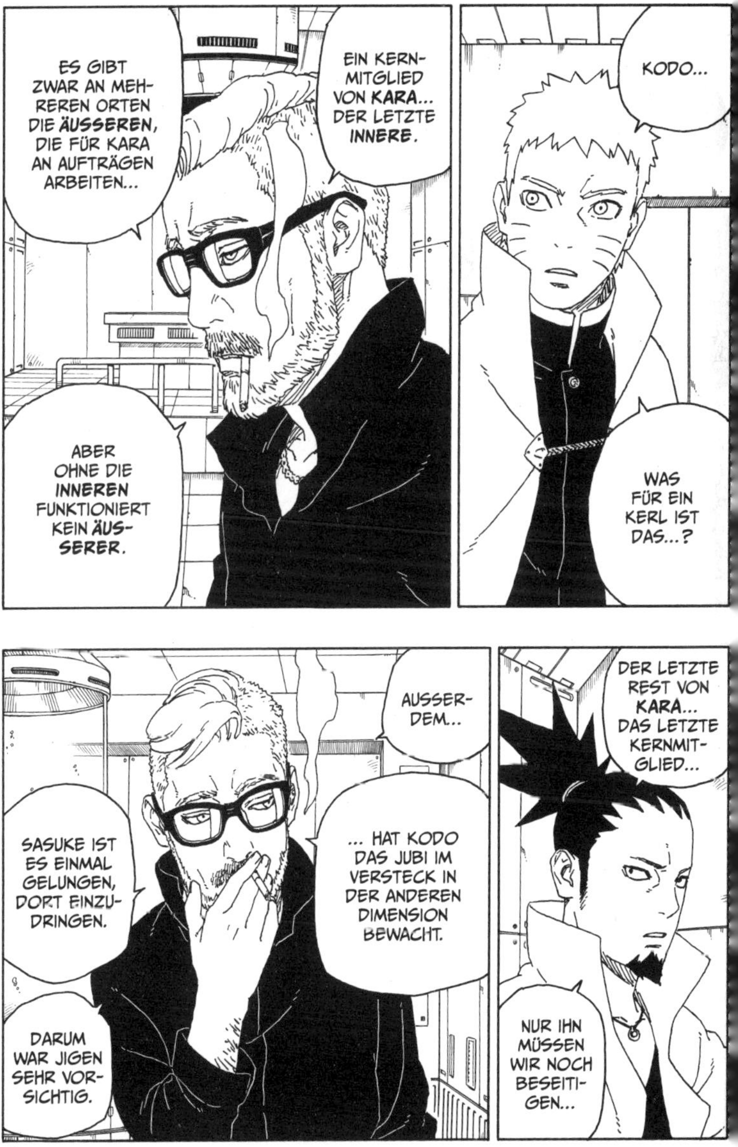
KODO...
WAS FÜR EIN KERL IST DAS...?
EIN KERNMITGLIED VON KARA... DER LETZTE INNERE.
ES GIBT ZWAR AN MEHREREN ORTEN DIE ÄUSSEREN, DIE FÜR KARA AN AUFTRÄGEN ARBEITEN...
ABER OHNE DIE INNEREN FUNKTIONIERT KEIN ÄUSSERER.
DER LETZTE REST VON KARA... DAS LETZTE KERNMITGLIED...
NUR IHN MÜSSEN WIR NOCH BESEITIGEN...
AUSSERDEM...
... HAT KODO DAS JUBI IM VERSTECK IN DER ANDEREN DIMENSION BEWACHT.
SASUKE IST ES EINMAL GELUNGEN, DORT EINZUDRINGEN.
DARUM WAR JIGEN SEHR VORSICHTIG.

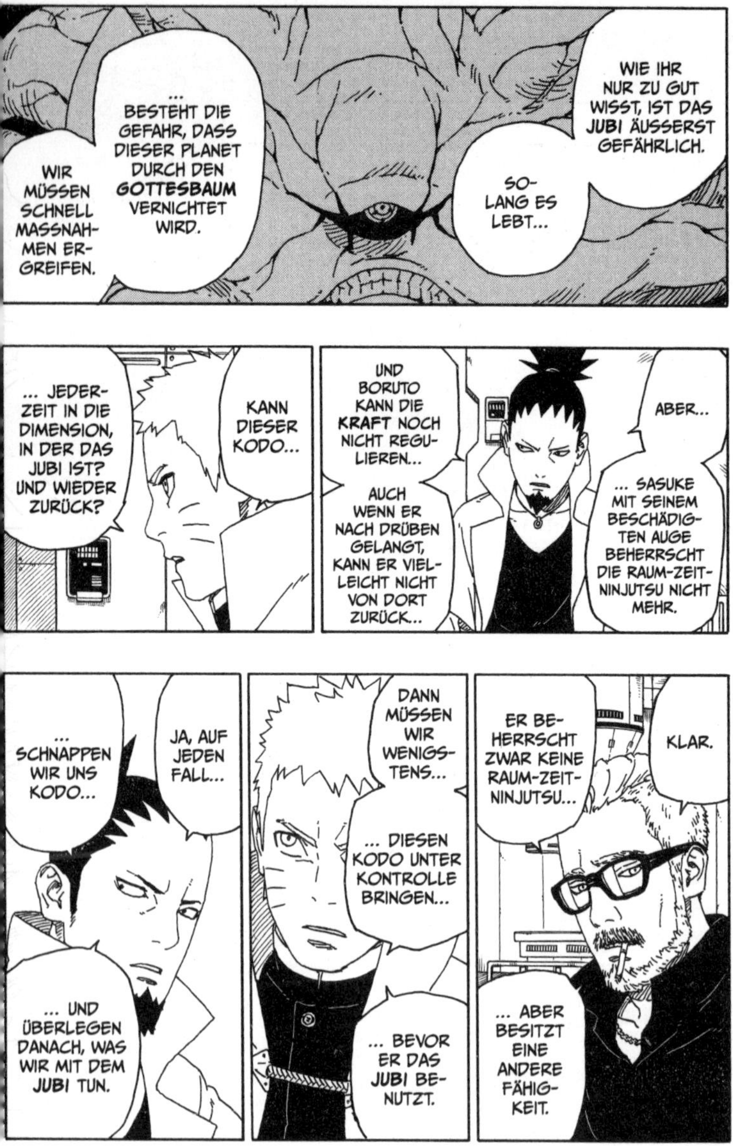
WIE IHR NUR ZU GUT WISST, IST DAS JUBI ÄUSSERST GEFÄHRLICH.
SOLANG ES LEBT...
... BESTEHT DIE GEFAHR, DASS DIESER PLANET DURCH DEN GOTTESBAUM VERNICHTET WIRD.
WIR MÜSSEN SCHNELL MASSNAHMEN ERGREIFEN.
ABER...
... SASUKE MIT SEINEM BESCHÄDIGTEN AUGE BEHERRSCHT DIE RAUM-ZEIT-NINJUTSU NICHT MEHR.
UND BORUTO KANN DIE KRAFT NOCH NICHT REGULIEREN...
AUCH WENN ER NACH DRÜBEN GELANGT, KANN ER VIELLEICHT NICHT VON DORT ZURÜCK...
KANN DIESER KODO...
... JEDERZEIT IN DIE DIMENSION, IN DER DAS JUBI IST? UND WIEDER ZURÜCK?
KLAR.
ER BEHERRSCHT ZWAR KEINE RAUM-ZEIT-NINJUTSU...
... ABER BESITZT EINE ANDERE FÄHIGKEIT.
DANN MÜSSEN WIR WENIGSTENS...
... DIESEN KODO UNTER KONTROLLE BRINGEN...
... BEVOR ER DAS JUBI BENUTZT.
JA, AUF JEDEN FALL...
... SCHNAPPEN WIR UNS KODO...
... UND ÜBERLEGEN DANACH, WAS WIR MIT DEM JUBI TUN.

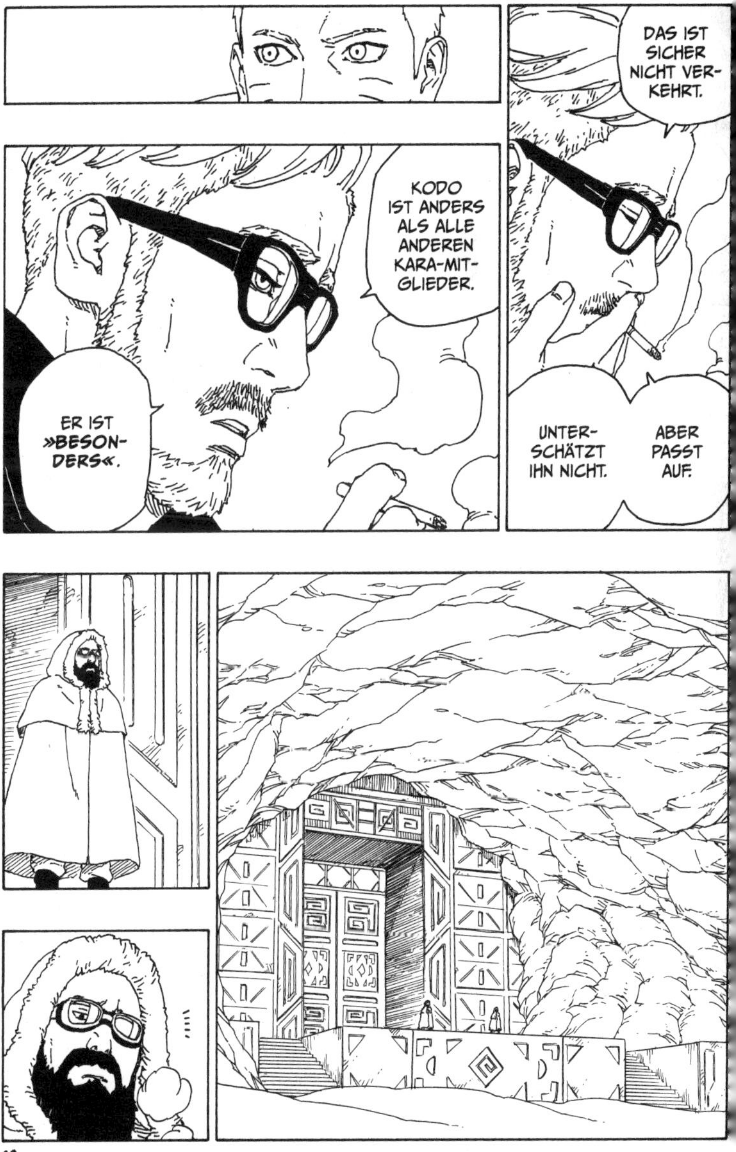
DAS IST SICHER NICHT VERKEHRT.
ABER PASST AUF.
UNTERSCHÄTZT IHN NICHT.
KODO IST ANDERS ALS ALLE ANDEREN KARA-MITGLIEDER.
ER IST »BESONDERS«.
…!!

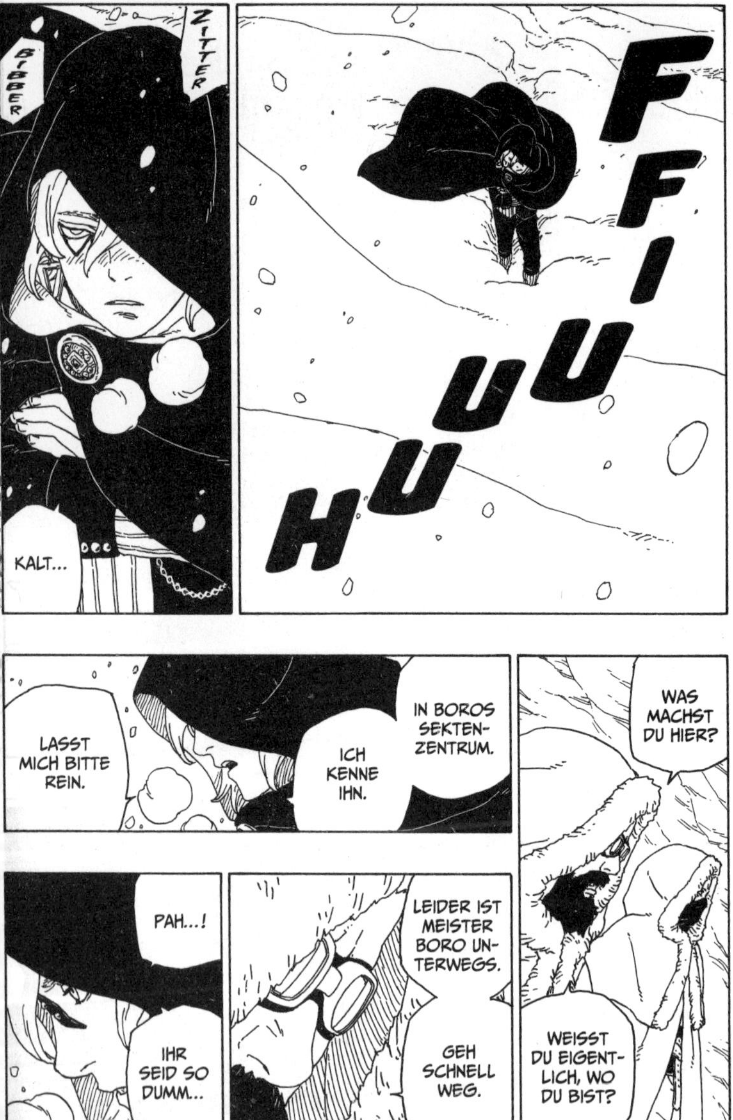
HUUUIFF
ZITTER
BIBBER
KALT...
WAS MACHST DU HIER?
WEISST DU EIGENT-LICH, WO DU BIST?
IN BOROS SEKTEN-ZENTRUM.
ICH KENNE IHN.
LASST MICH BITTE REIN.
LEIDER IST MEISTER BORO UN-TERWEGS.
GEH SCHNELL WEG.
PAH...!
IHR SEID SO DUMM...

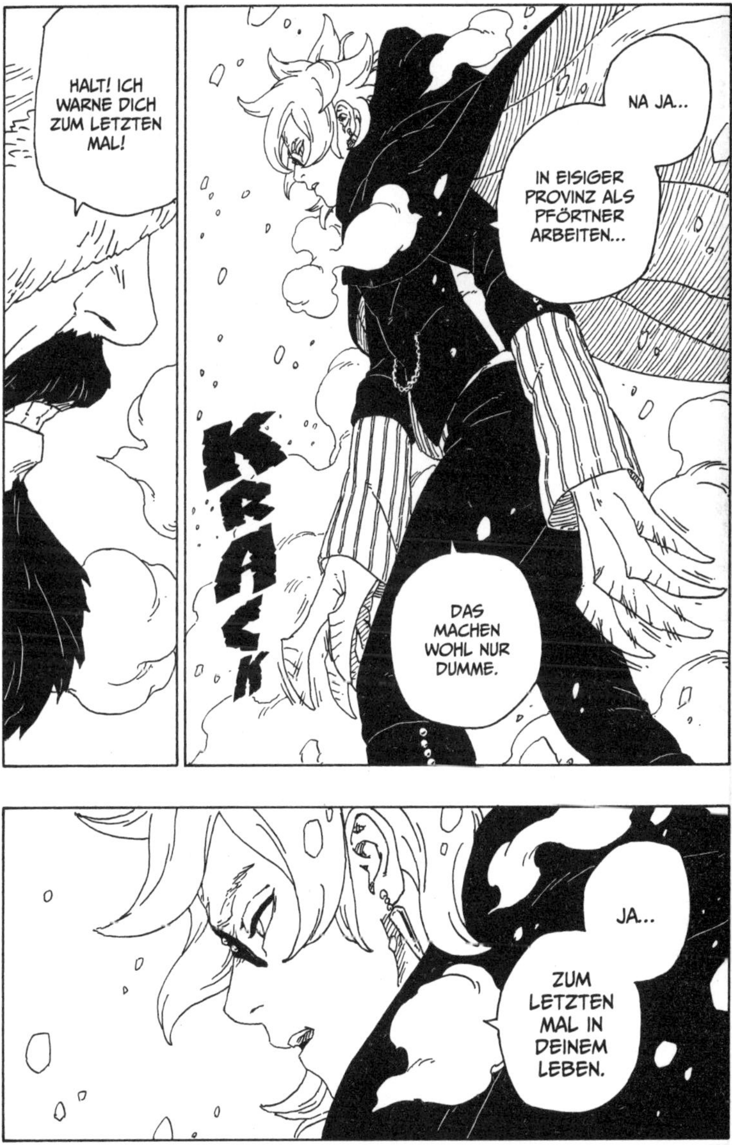
NA JA...
IN EISIGER PROVINZ ALS PFÖRTNER ARBEITEN...
DAS MACHEN WOHL NUR DUMME.
KRACK
HALT! ICH WARNE DICH ZUM LETZTEN MAL!
JA...
ZUM LETZTEN MAL IN DEINEM LEBEN.

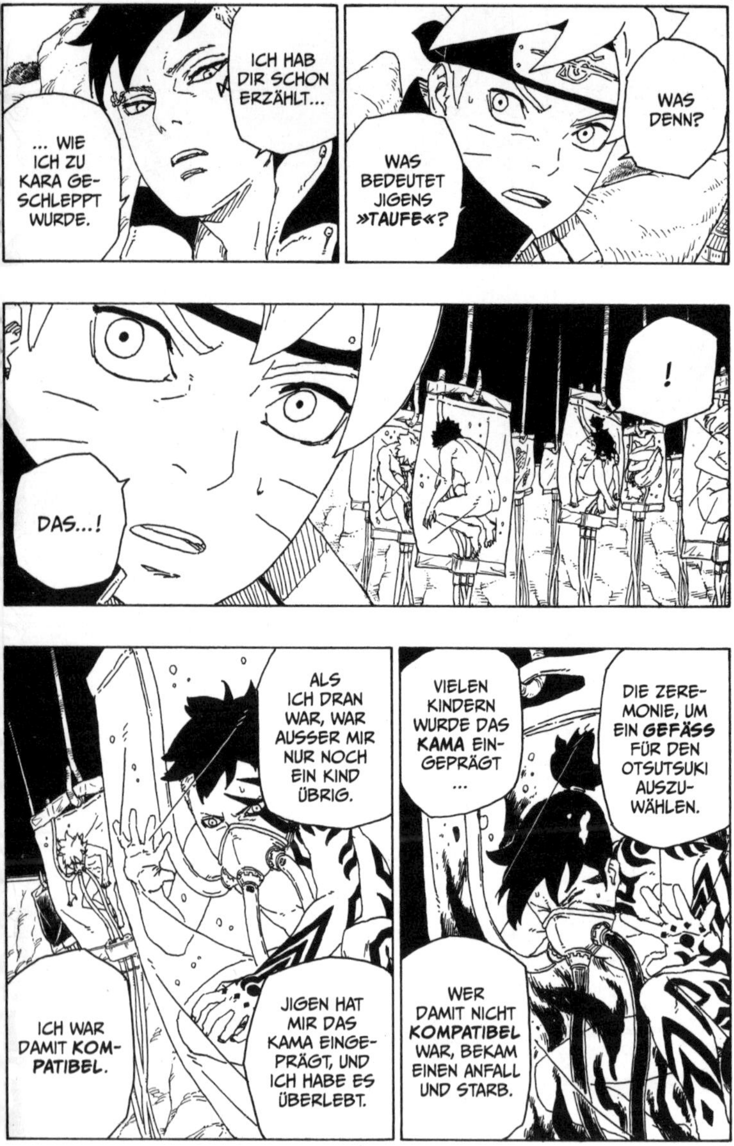
WAS DENN?
WAS BEDEUTET JIGENS »TAUFE«?
ICH HAB DIR SCHON ERZÄHLT...
... WIE ICH ZU KARA GESCHLEPPT WURDE.
!
DAS...!
DIE ZEREMONIE, UM EIN GEFÄSS FÜR DEN OTSUTSUKI AUSZUWÄHLEN.
VIELEN KINDERN WURDE DAS KAMA EINGEPRÄGT ...
WER DAMIT NICHT KOMPATIBEL WAR, BEKAM EINEN ANFALL UND STARB.
ALS ICH DRAN WAR, WAR AUSSER MIR NUR NOCH EIN KIND ÜBRIG.
JIGEN HAT MIR DAS KAMA EINGEPRÄGT, UND ICH HABE ES ÜBERLEBT.
ICH WAR DAMIT KOMPATIBEL.

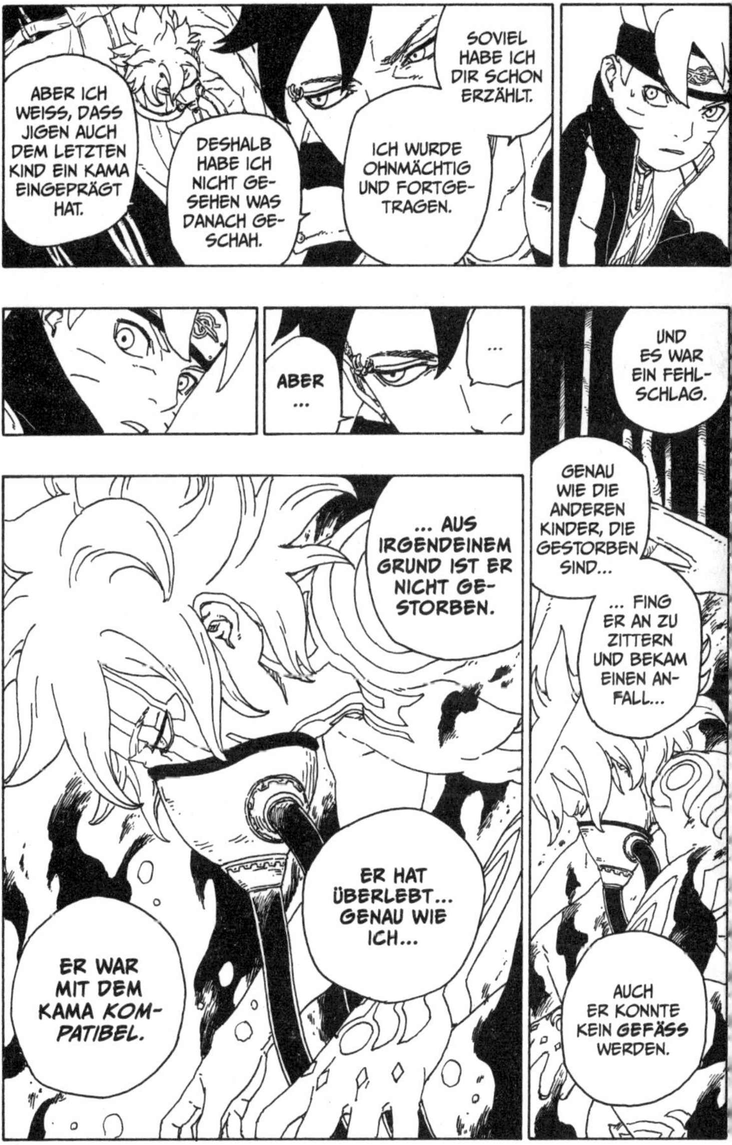
SOVIEL HABE ICH DIR SCHON ERZÄHLT.
ICH WURDE OHNMÄCHTIG UND FORTGETRAGEN.
DESHALB HABE ICH NICHT GESEHEN WAS DANACH GESCHAH.
ABER ICH WEISS, DASS JIGEN AUCH DEM LETZTEN KIND EIN KAMA EINGEPRÄGT HAT.
UND ES WAR EIN FEHLSCHLAG.
GENAU WIE DIE ANDEREN KINDER, DIE GESTORBEN SIND...
... FING ER AN ZU ZITTERN UND BEKAM EINEN ANFALL...
AUCH ER KONNTE KEIN GEFÄSS WERDEN.
...
ABER ...
... AUS IRGENDEINEM GRUND IST ER NICHT GESTORBEN.
ER HAT ÜBERLEBT... GENAU WIE ICH...
ER WAR MIT DEM KAMA *KOMPATIBEL*.

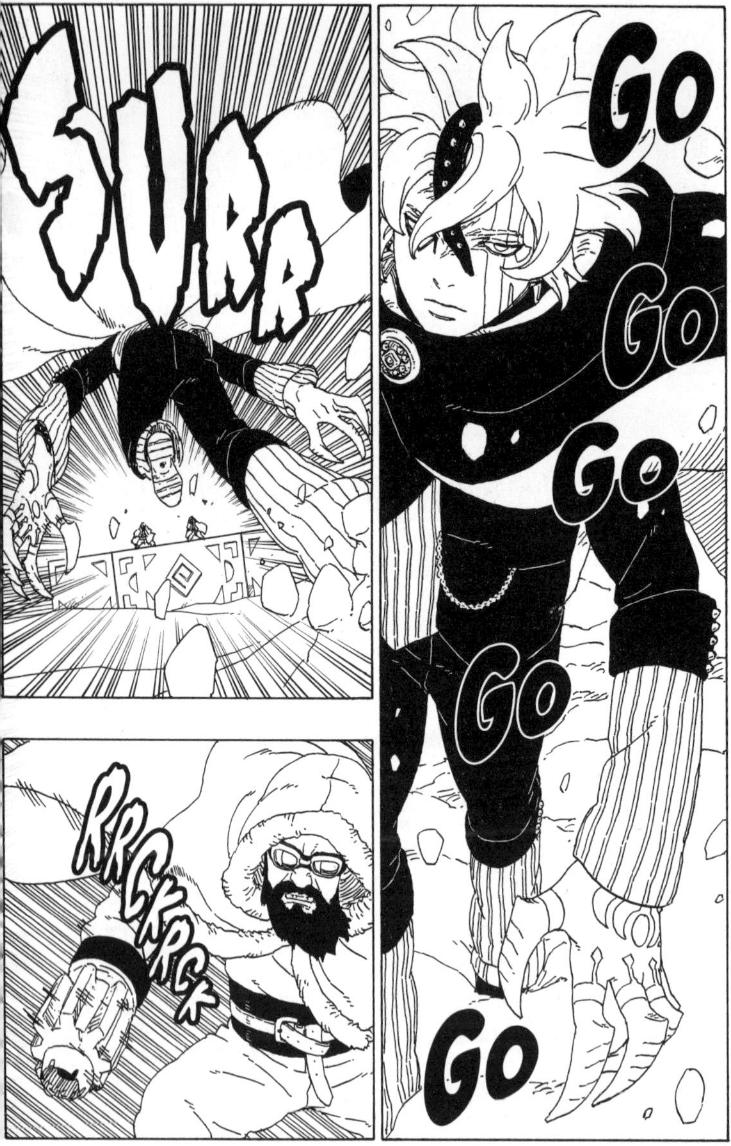
GO
GO
GO
GO
GO
SURR
RRCKRCK

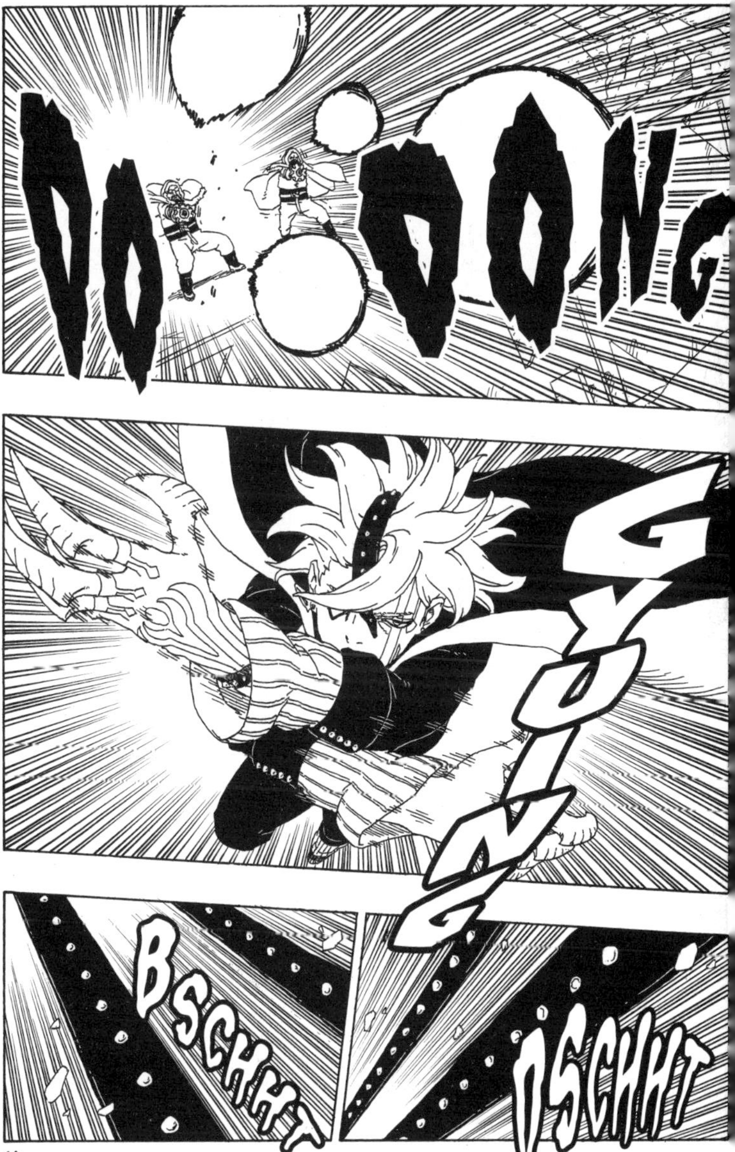
DO DONG
GYUNNG
BSCHHT
DSCHHT

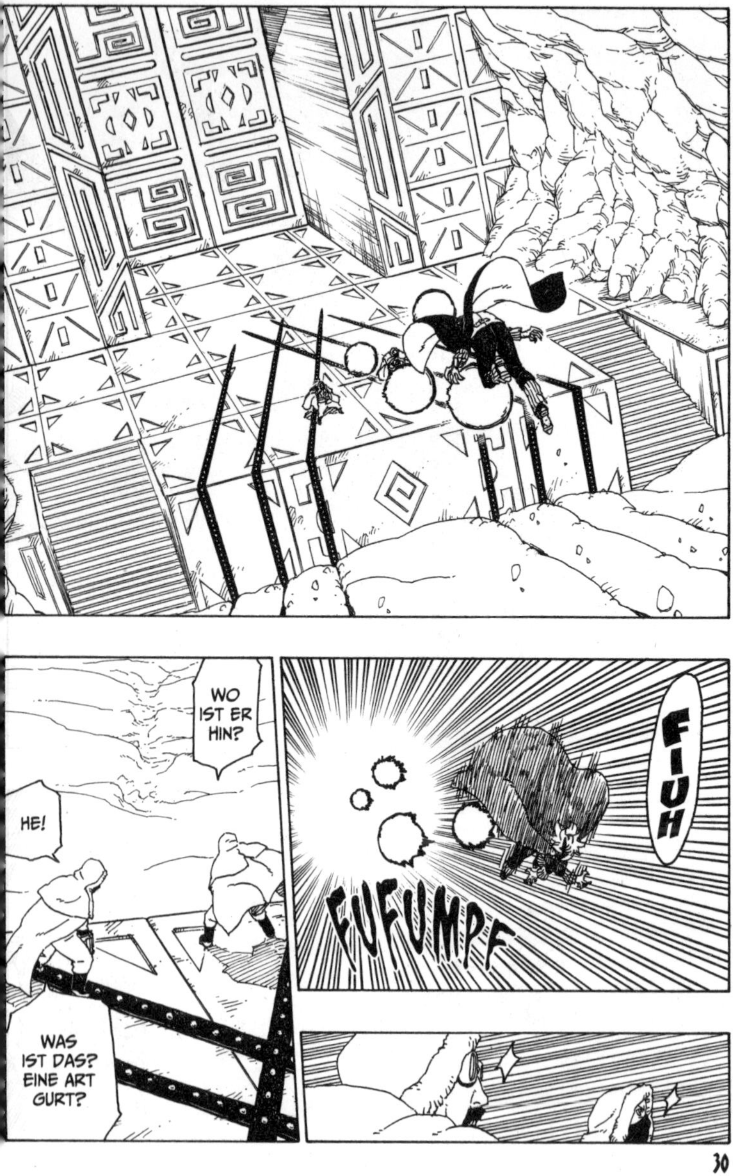
FIUH
FUFUMPF
WO IST ER HIN?
HE!
WAS IST DAS? EINE ART GURT?

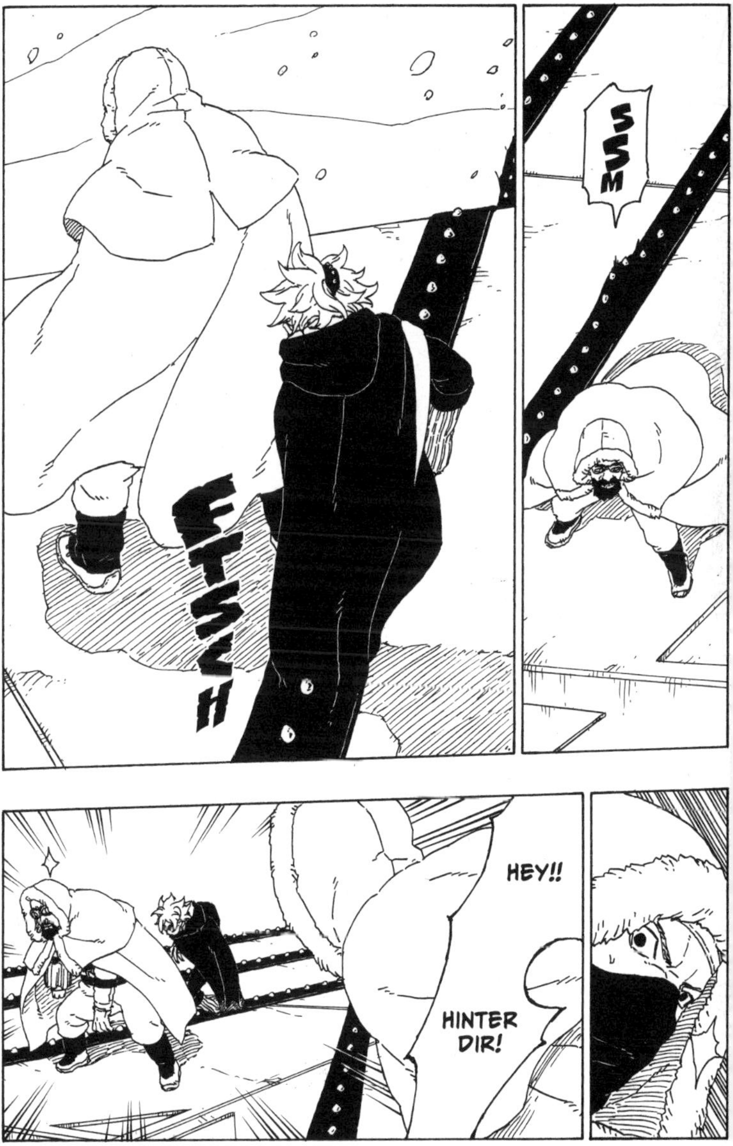
SSM
FTSCH
HEY!!
HINTER DIR!

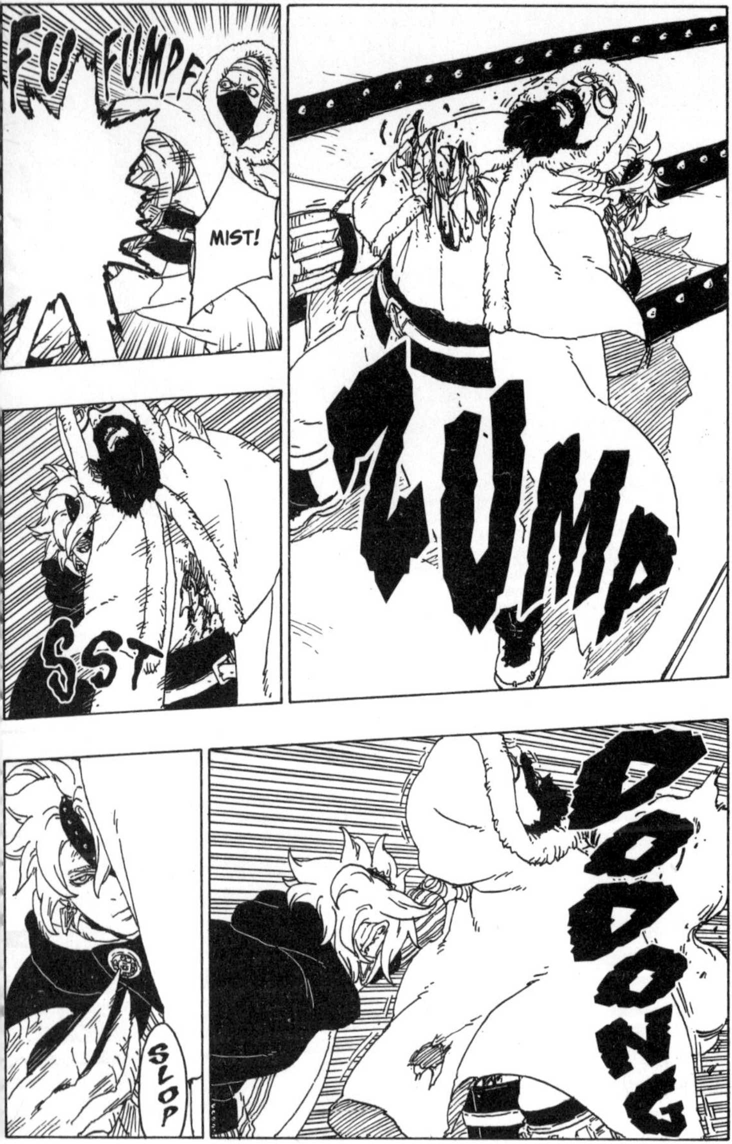
ZUMP
FU FUMPF
MIST!
SST
DODONG
SLOP

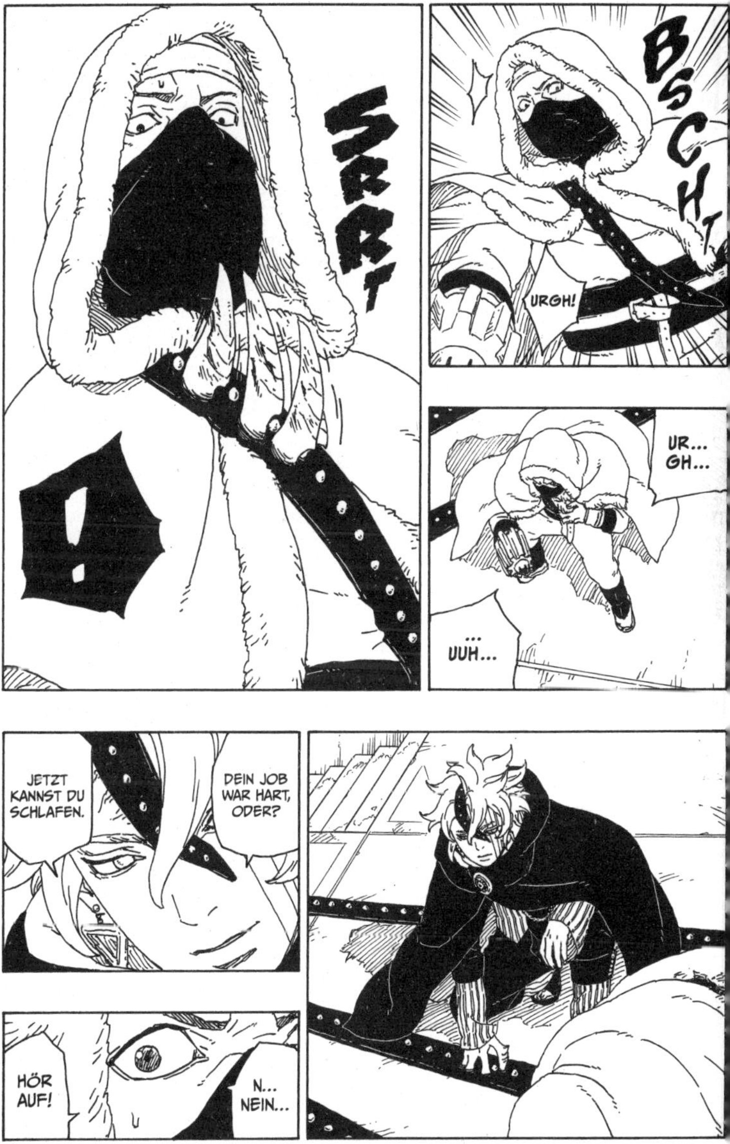
BSCHT
URGH!
SRRT
!
UR... GH...
... UUH...
DEIN JOB WAR HART, ODER?
JETZT KANNST DU SCHLAFEN.
N... NEIN...
HÖR AUF!

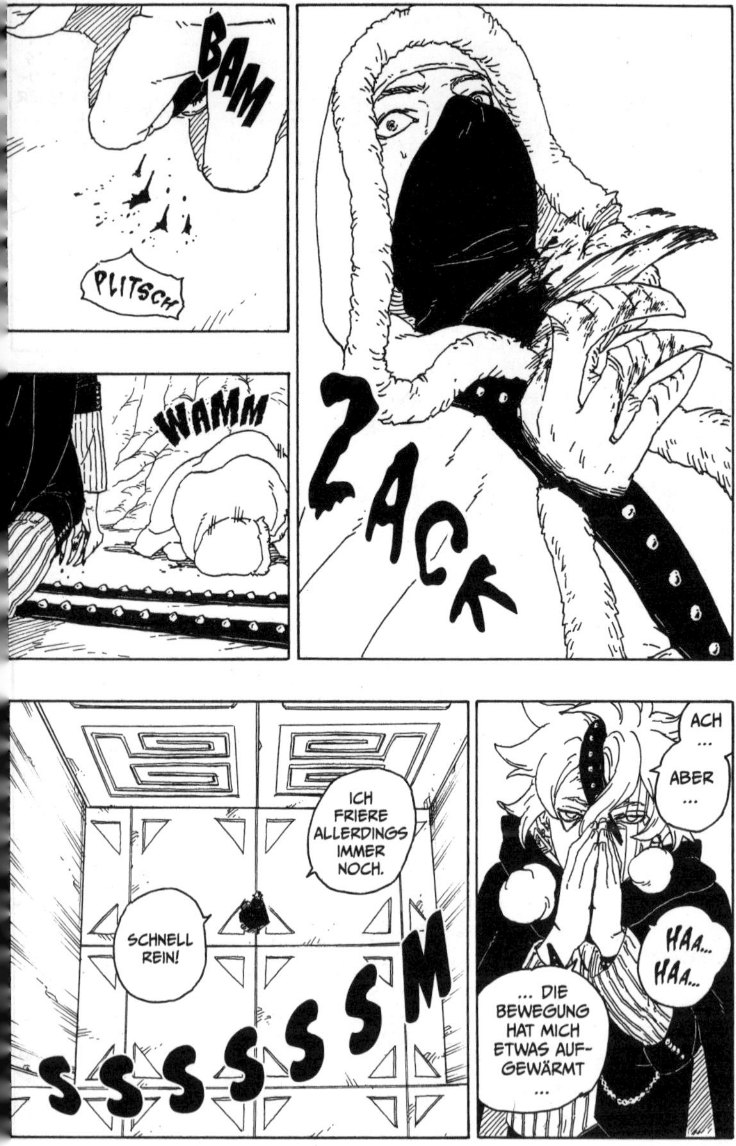
ZACK
BAM
PLITSCH
WAMM
ACH … ABER …
ICH FRIERE ALLERDINGS IMMER NOCH.
HAA… HAA…
… DIE BEWEGUNG HAT MICH ETWAS AUF-GEWÄRMT …
SCHNELL REIN!
SSSSSSM

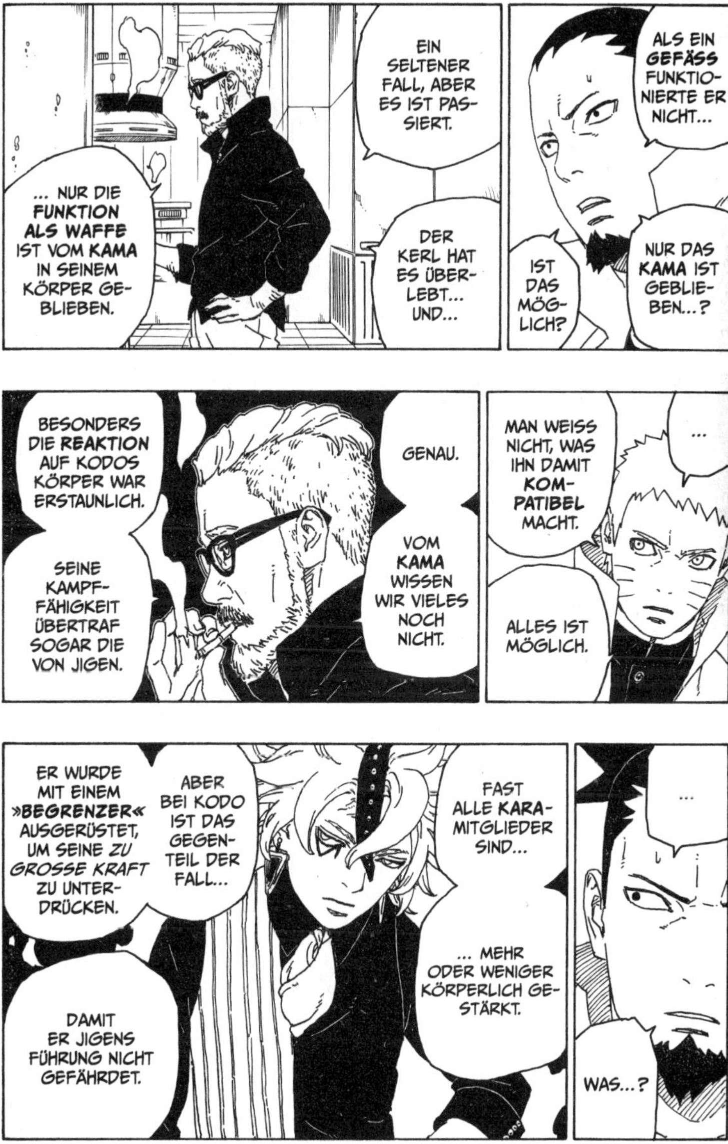
ALS EIN GEFÄSS FUNKTIONIERTE ER NICHT...
NUR DAS KAMA IST GEBLIEBEN...?
IST DAS MÖGLICH?
EIN SELTENER FALL, ABER ES IST PASSIERT.
DER KERL HAT ES ÜBERLEBT... UND...
... NUR DIE FUNKTION ALS WAFFE IST VOM KAMA IN SEINEM KÖRPER GEBLIEBEN.
...
MAN WEISS NICHT, WAS IHN DAMIT KOMPATIBEL MACHT.
ALLES IST MÖGLICH.
GENAU.
VOM KAMA WISSEN WIR VIELES NOCH NICHT.
BESONDERS DIE REAKTION AUF KODOS KÖRPER WAR ERSTAUNLICH.
SEINE KAMPFFÄHIGKEIT ÜBERTRAF SOGAR DIE VON JIGEN.
...
WAS...?
FAST ALLE KARA-MITGLIEDER SIND...
... MEHR ODER WENIGER KÖRPERLICH GESTÄRKT.
ABER BEI KODO IST DAS GEGENTEIL DER FALL...
ER WURDE MIT EINEM »BEGRENZER« AUSGERÜSTET, UM SEINE ZU GROSSE KRAFT ZU UNTERDRÜCKEN.
DAMIT ER JIGENS FÜHRUNG NICHT GEFÄHRDET.

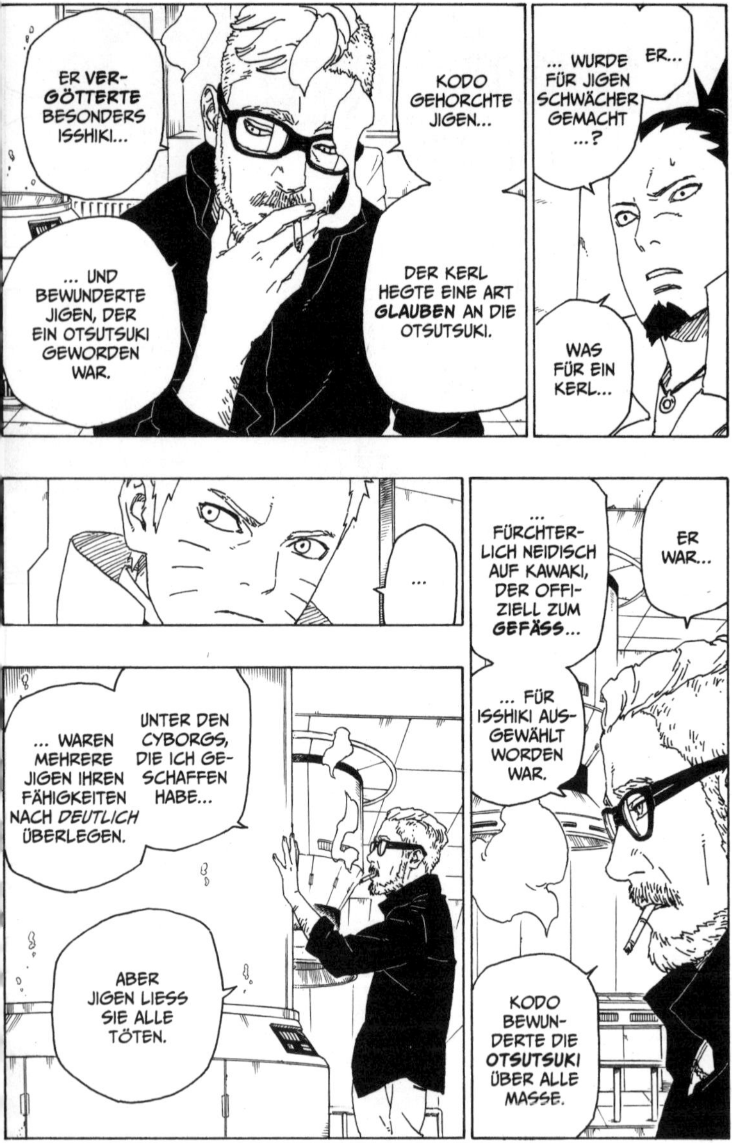
ER...
... WURDE FÜR JIGEN SCHWÄCHER GEMACHT ...?
WAS FÜR EIN KERL...
KODO GEHORCHTE JIGEN...
DER KERL HEGTE EINE ART **GLAUBEN** AN DIE OTSUTSUKI.
ER VERGÖTTERTE BESONDERS ISSHIKI...
... UND BEWUNDERTE JIGEN, DER EIN OTSUTSUKI GEWORDEN WAR.
ER WAR...
... FÜRCHTERLICH NEIDISCH AUF KAWAKI, DER OFFIZIELL ZUM **GEFÄSS**...
... FÜR ISSHIKI AUSGEWÄHLT WORDEN WAR.
KODO BEWUNDERTE DIE **OTSUTSUKI** ÜBER ALLE MASSE.
...
UNTER DEN CYBORGS, DIE ICH GESCHAFFEN HABE...
... WAREN MEHRERE JIGEN IHREN FÄHIGKEITEN NACH *DEUTLICH* ÜBERLEGEN.
ABER JIGEN LIESS SIE ALLE TÖTEN.

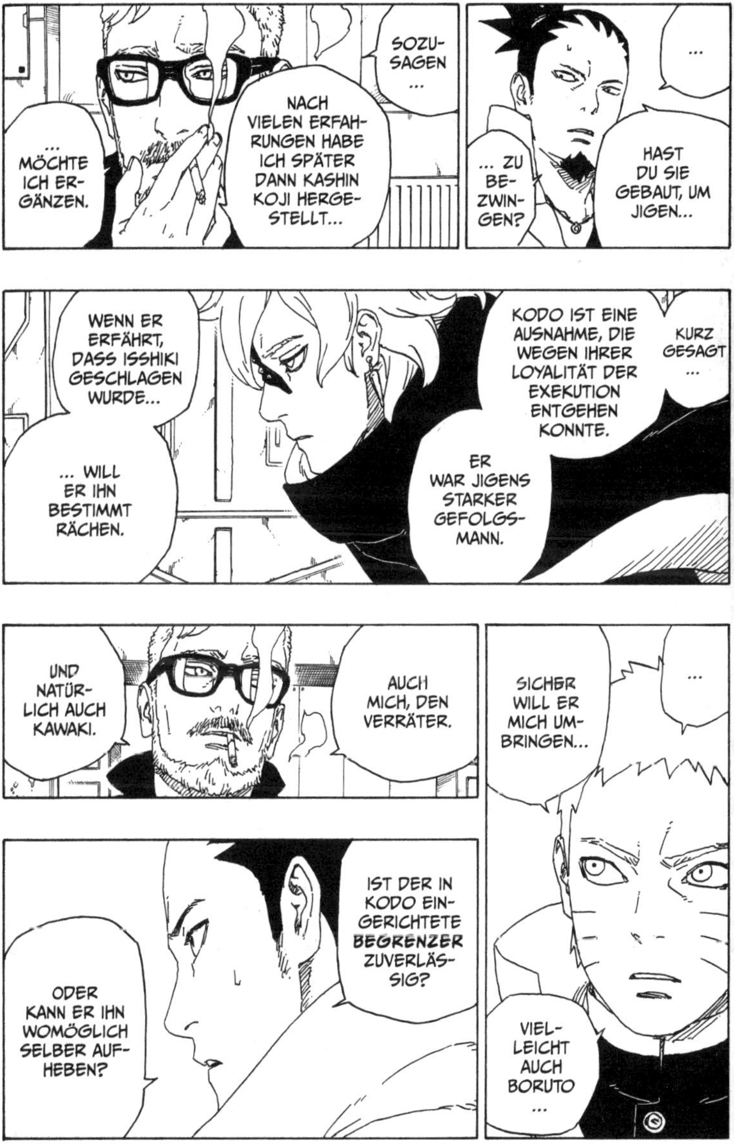
...
HAST DU SIE GEBAUT, UM JIGEN...
... ZU BEZWINGEN?
SOZUSAGEN ...
NACH VIELEN ERFAHRUNGEN HABE ICH SPÄTER DANN KASHIN KOJI HERGESTELLT...
... MÖCHTE ICH ERGÄNZEN.
KURZ GESAGT ...
KODO IST EINE AUSNAHME, DIE WEGEN IHRER LOYALITÄT DER EXEKUTION ENTGEHEN KONNTE.
ER WAR JIGENS STARKER GEFOLGSMANN.
WENN ER ERFÄHRT, DASS ISSHIKI GESCHLAGEN WURDE...
... WILL ER IHN BESTIMMT RÄCHEN.
...
SICHER WILL ER MICH UMBRINGEN...
AUCH MICH, DEN VERRÄTER.
UND NATÜRLICH AUCH KAWAKI.
VIELLEICHT AUCH BORUTO ...
IST DER IN KODO EINGERICHTETE BEGRENZER ZUVERLÄSSIG?
ODER KANN ER IHN WOMÖGLICH SELBER AUFHEBEN?

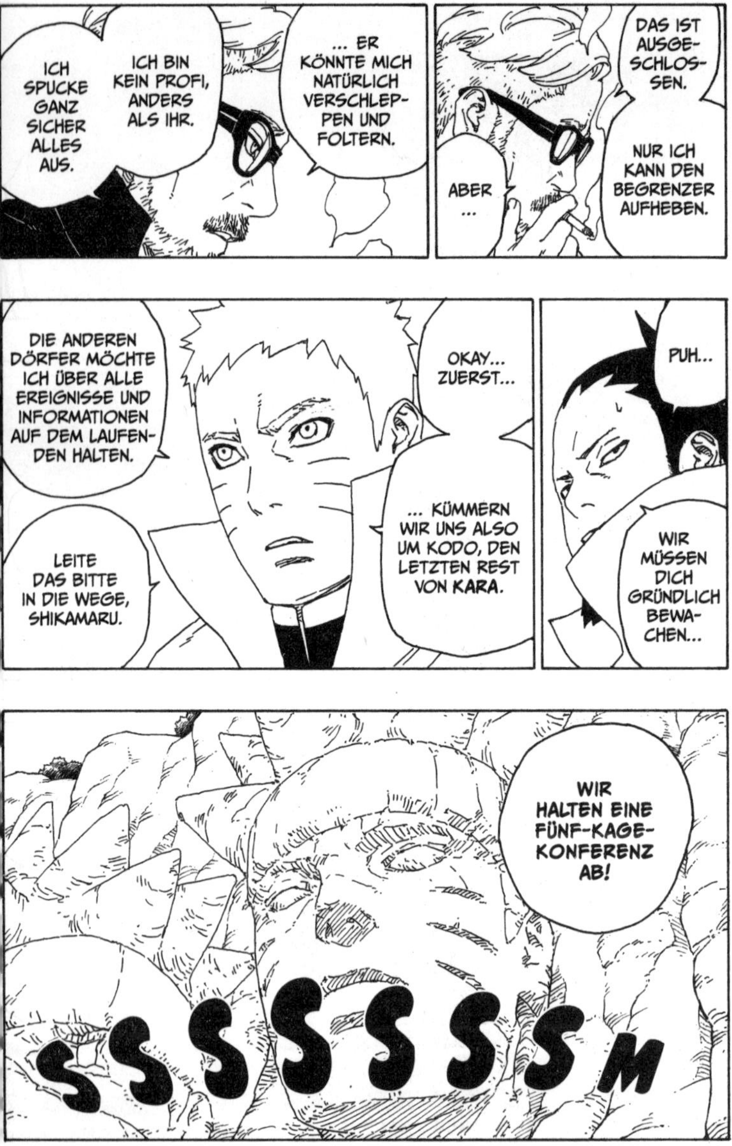
DAS IST AUSGE-SCHLOSSEN.
NUR ICH KANN DEN BEGRENZER AUFHEBEN.
ABER …
… ER KÖNNTE MICH NATÜRLICH VERSCHLEP-PEN UND FOLTERN.
ICH BIN KEIN PROFI, ANDERS ALS IHR.
ICH SPUCKE GANZ SICHER ALLES AUS.
PUH…
WIR MÜSSEN DICH GRÜNDLICH BEWA-CHEN…
OKAY… ZUERST…
… KÜMMERN WIR UNS ALSO UM KODO, DEN LETZTEN REST VON KARA.
DIE ANDEREN DÖRFER MÖCHTE ICH ÜBER ALLE EREIGNISSE UND INFORMATIONEN AUF DEM LAUFEN-DEN HALTEN.
LEITE DAS BITTE IN DIE WEGE, SHIKAMARU.
WIR HALTEN EINE FÜNF-KAGE-KONFERENZ AB!
SSSSSSSM

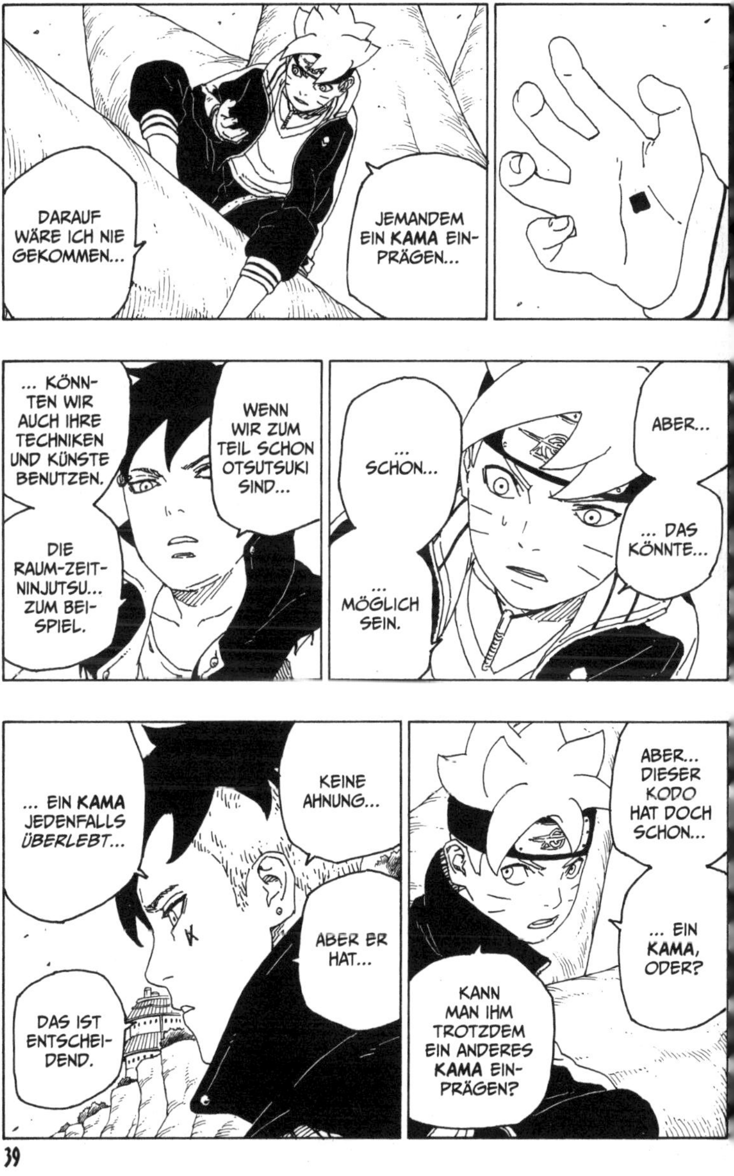
JEMANDEM EIN KAMA EINPRÄGEN...
DARAUF WÄRE ICH NIE GEKOMMEN...
ABER...
... DAS KÖNNTE...
... SCHON...
... MÖGLICH SEIN.
WENN WIR ZUM TEIL SCHON OTSUTSUKI SIND...
... KÖNNTEN WIR AUCH IHRE TECHNIKEN UND KÜNSTE BENUTZEN.
DIE RAUM-ZEIT-NINJUTSU... ZUM BEISPIEL.
ABER... DIESER KODO HAT DOCH SCHON...
... EIN KAMA, ODER?
KANN MAN IHM TROTZDEM EIN ANDERES KAMA EINPRÄGEN?
KEINE AHNUNG...
... EIN KAMA JEDENFALLS ÜBERLEBT...
ABER ER HAT...
DAS IST ENTSCHEIDEND.

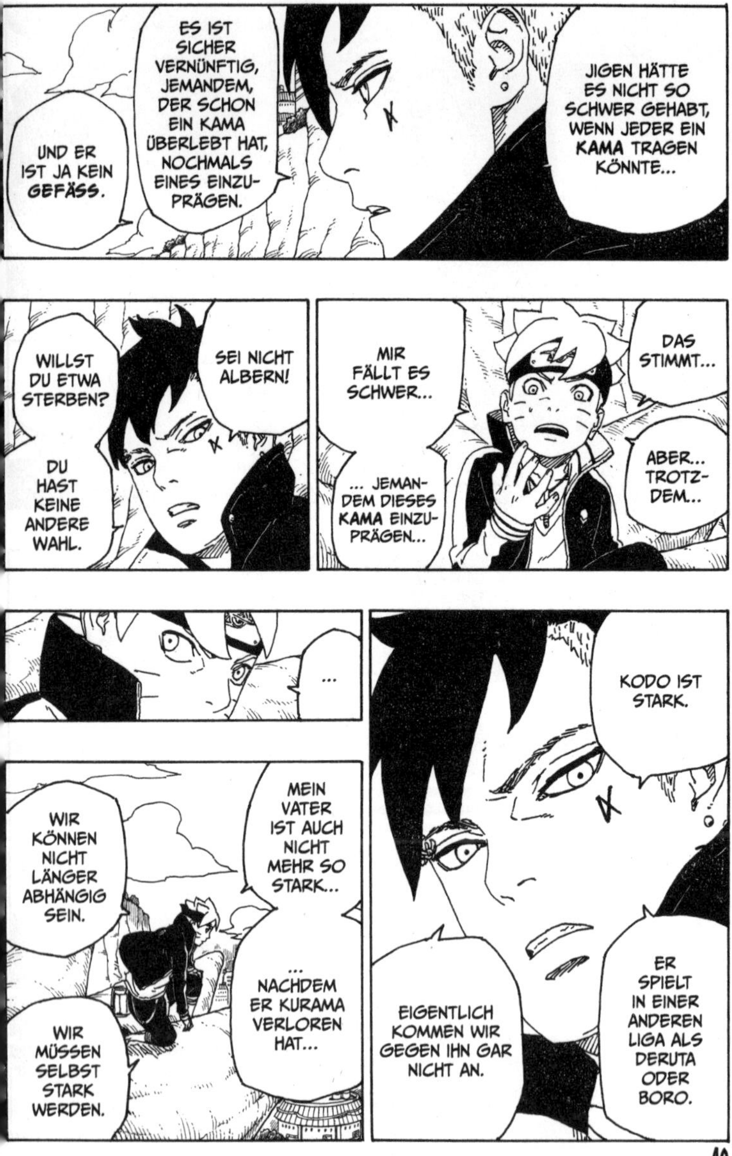
JIGEN HÄTTE ES NICHT SO SCHWER GEHABT, WENN JEDER EIN KAMA TRAGEN KÖNNTE...
ES IST SICHER VERNÜNFTIG, JEMANDEM, DER SCHON EIN KAMA ÜBERLEBT HAT, NOCHMALS EINES EINZUPRÄGEN.
UND ER IST JA KEIN GEFÄSS.
DAS STIMMT...
MIR FÄLLT ES SCHWER...
ABER... TROTZDEM...
... JEMANDEM DIESES KAMA EINZUPRÄGEN...
SEI NICHT ALBERN!
WILLST DU ETWA STERBEN?
DU HAST KEINE ANDERE WAHL.
KODO IST STARK.
ER SPIELT IN EINER ANDEREN LIGA ALS DERUTA ODER BORO.
EIGENTLICH KOMMEN WIR GEGEN IHN GAR NICHT AN.
...
MEIN VATER IST AUCH NICHT MEHR SO STARK...
... NACHDEM ER KURAMA VERLOREN HAT...
WIR KÖNNEN NICHT LÄNGER ABHÄNGIG SEIN.
WIR MÜSSEN SELBST STARK WERDEN.

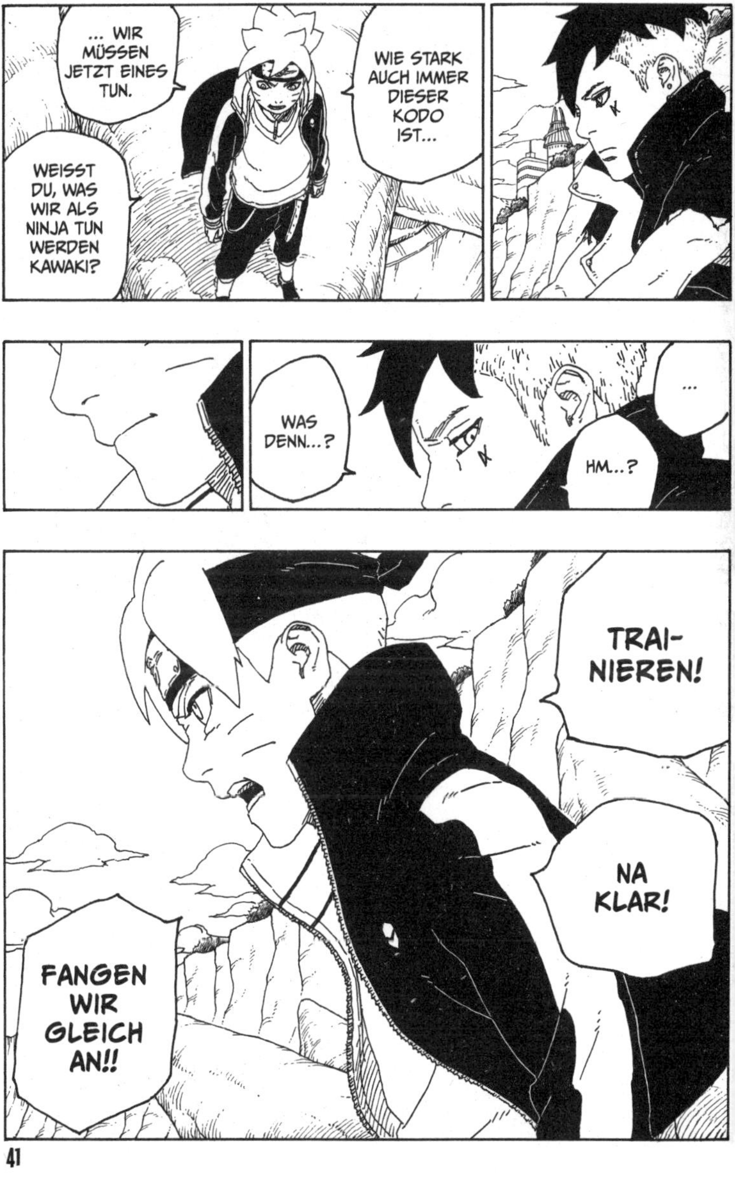
WIE STARK AUCH IMMER DIESER KODO IST...
... WIR MÜSSEN JETZT EINES TUN.
WEISST DU, WAS WIR ALS NINJA TUN WERDEN KAWAKI?
...
HM...?
WAS DENN...?
TRAI-NIEREN!
NA KLAR!
FANGEN WIR GLEICH AN!!

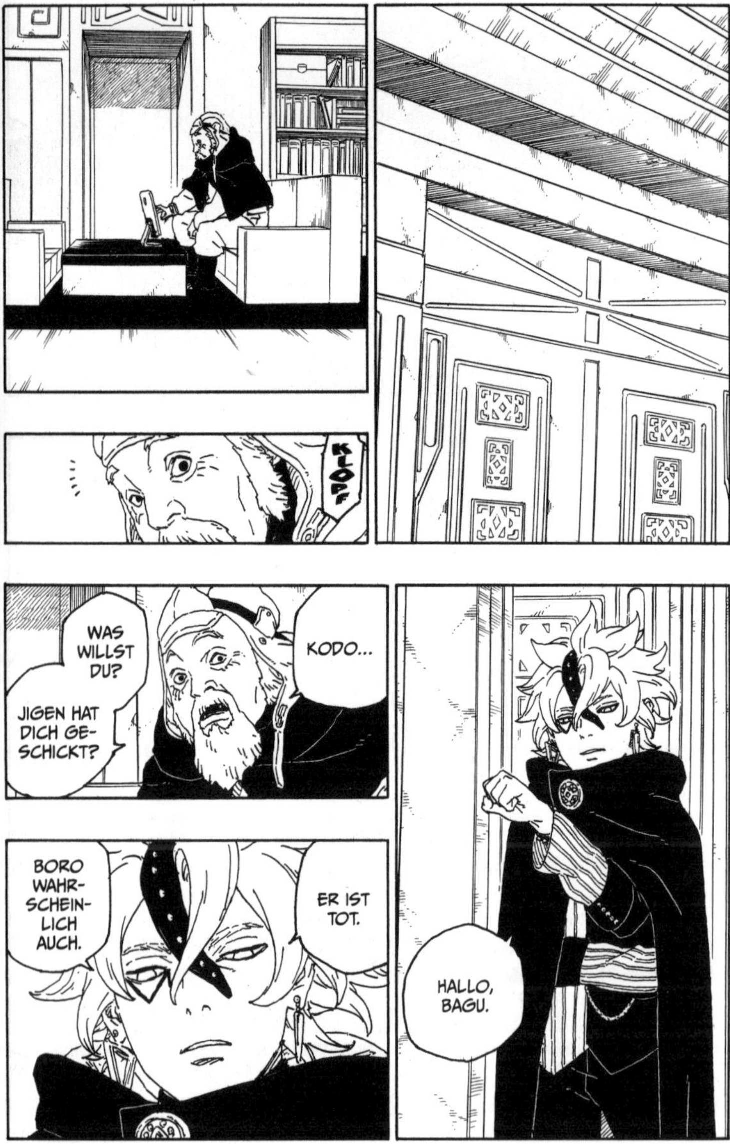
KLOPF
HALLO, BAGU.
KODO...
WAS WILLST DU?
JIGEN HAT DICH GE-SCHICKT?
ER IST TOT.
BORO WAHR-SCHEIN-LICH AUCH.

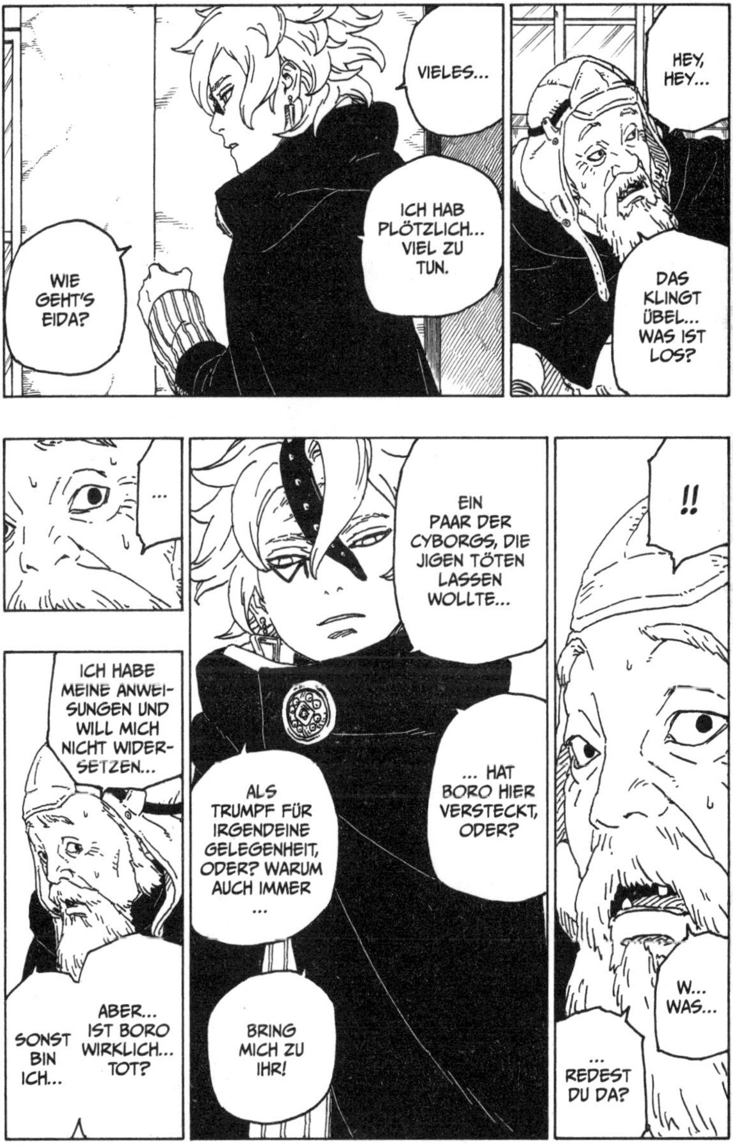

HEY, HEY...
DAS KLINGT ÜBEL... WAS IST LOS?
VIELES...
ICH HAB PLÖTZLICH... VIEL ZU TUN.
WIE GEHT'S EIDA?
!!
W... WAS...
... REDEST DU DA?
EIN PAAR DER CYBORGS, DIE JIGEN TÖTEN LASSEN WOLLTE...
... HAT BORO HIER VERSTECKT, ODER?
ALS TRUMPF FÜR IRGENDEINE GELEGENHEIT, ODER? WARUM AUCH IMMER ...
BRING MICH ZU IHR!
...
ICH HABE MEINE ANWEISUNGEN UND WILL MICH NICHT WIDERSETZEN...
ABER... IST BORO WIRKLICH... TOT?
SONST BIN ICH...

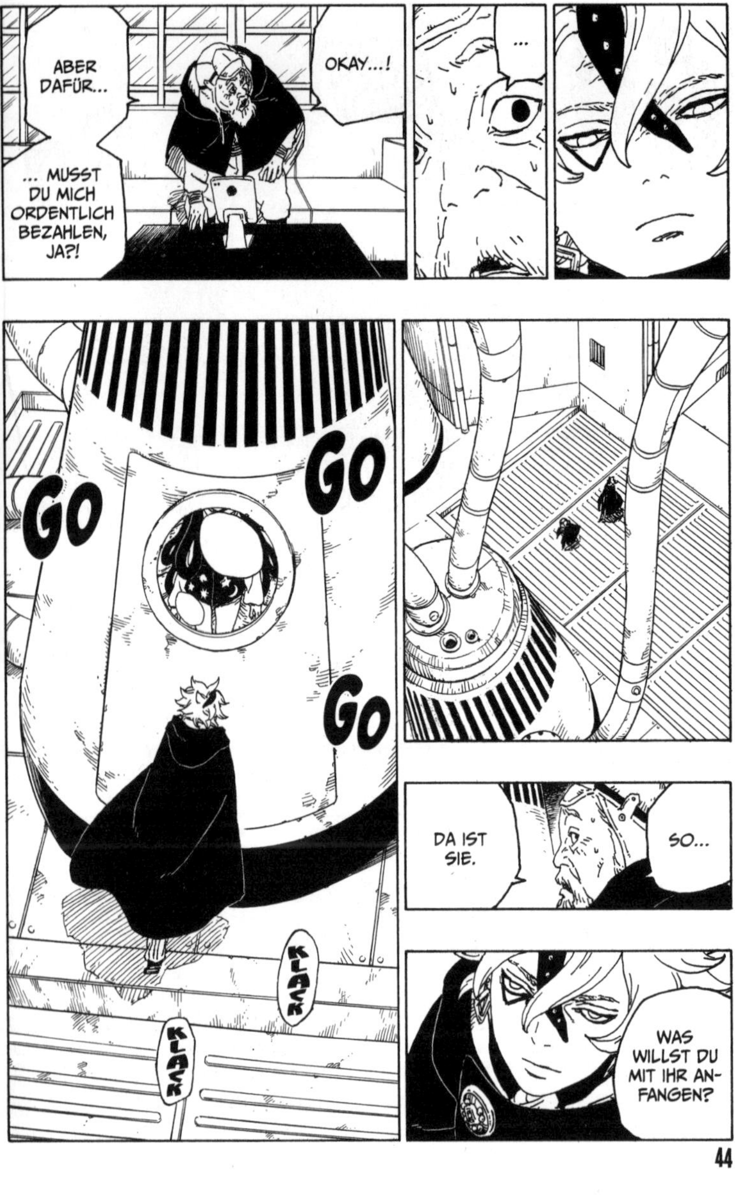
OKAY...!
ABER DAFÜR...
... MUSST DU MICH ORDENTLICH BEZAHLEN, JA?!
...
GO
GO
GO
KLACK
KLACK
SO...
DA IST SIE.
WAS WILLST DU MIT IHR AN-FANGEN?

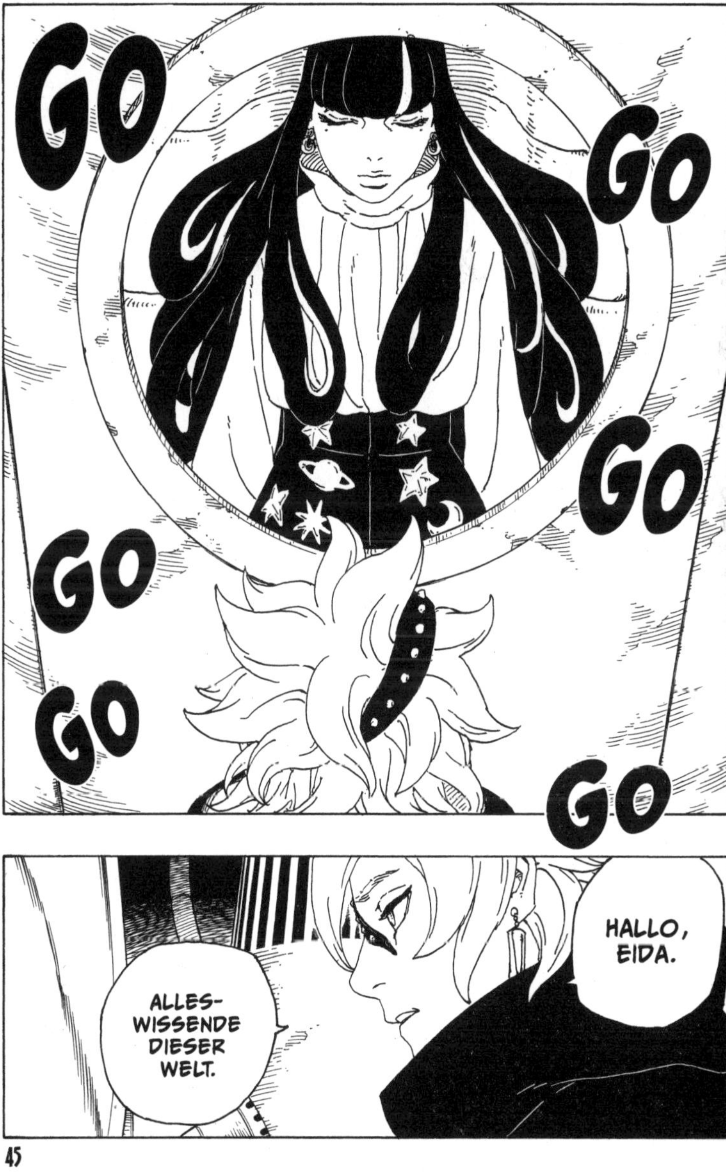
GO
GO
GO
GO
GO
GO
HALLO, EIDA.
ALLES-WISSENDE DIESER WELT.

BORu-GANG

CHARAKTERDESIGN BY BORU-FANS – NACHGEZEICHNET VON MEISTER IKEMOTO!!

FÜR DIE »WEEKLY SHONEN JUMP«-KOLUMNE »BORU-GANG« ZEICHNET MEISTER IKEMOTO DIE ORIGINELLSTEN BORUTO-CHARAKTERE NACH, DIE VON FANS ENTWORFEN WURDEN!!

DER NAME DES CHARAKTERS:

OKOTA NUKUMORI

ENTWORFEN VON:

KOTATSUMURI AUS SHIGA

BEWERTUNG DER JURY:

IHRE KUNST, DEN GEGNER MIT DER WÄRME ZU UMHÜLLEN, DIE MAN UNTER EINEM KOTATSU* SPÜRT, IST IN GEWISSEM SINNE DIE GEFÄHRLICHSTE GENJUTSU!! DASS SIE SICH BEI KÄLTE VIEL SCHNELLER BEWEGEN KANN, IST AUCH INTERESSANT!

* BEHEIZTER TISCH

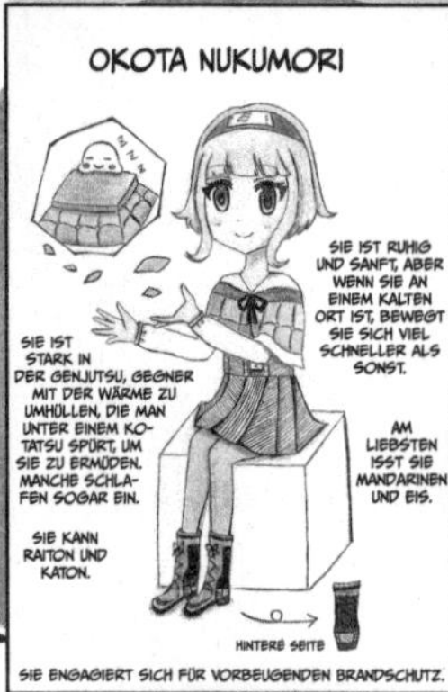

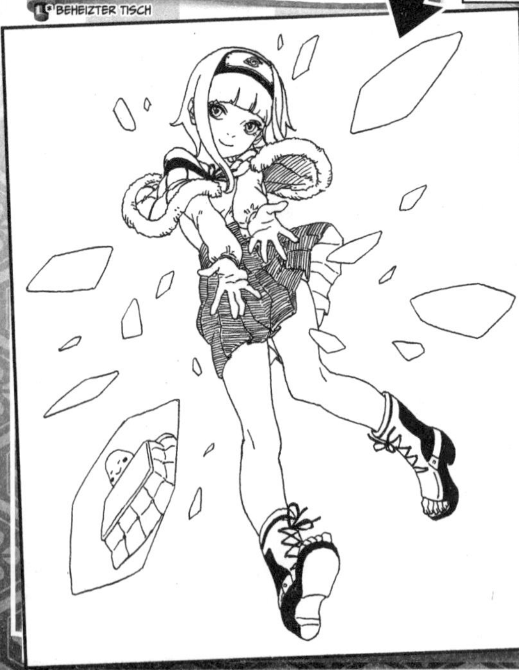

TADAA!! UND HIER IST MEISTER IKEMOTOS ZEICHNUNG!!

DAS IST EIN ERSTAUNLICH STARKER CHARAKTER! WENN SIE DABEI IST, GEHT JEDER KAMPF STILL ZU ENDE UND BORUTO VERWANDELT SICH IN EINEN MANGA ÜBER DEN STILLEN, RUHIGEN ALLTAG. WIR ÄRGERN SIE BESSER NICHT, SONST STELLT SIE UNS NOCH RUHIG!

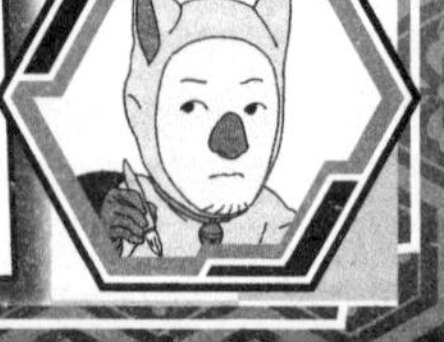

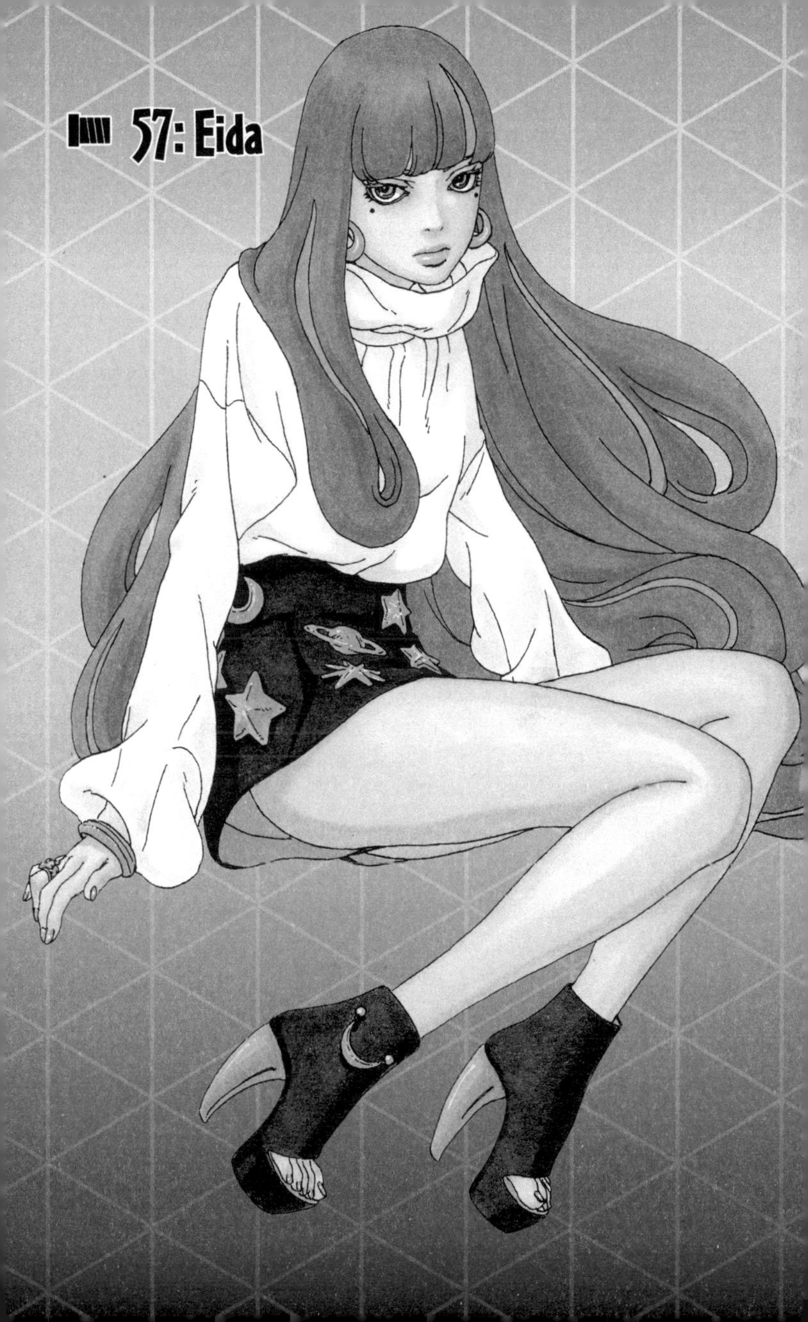
57: Eida

BORUTO
-NARUTO NEXT GENERATION-

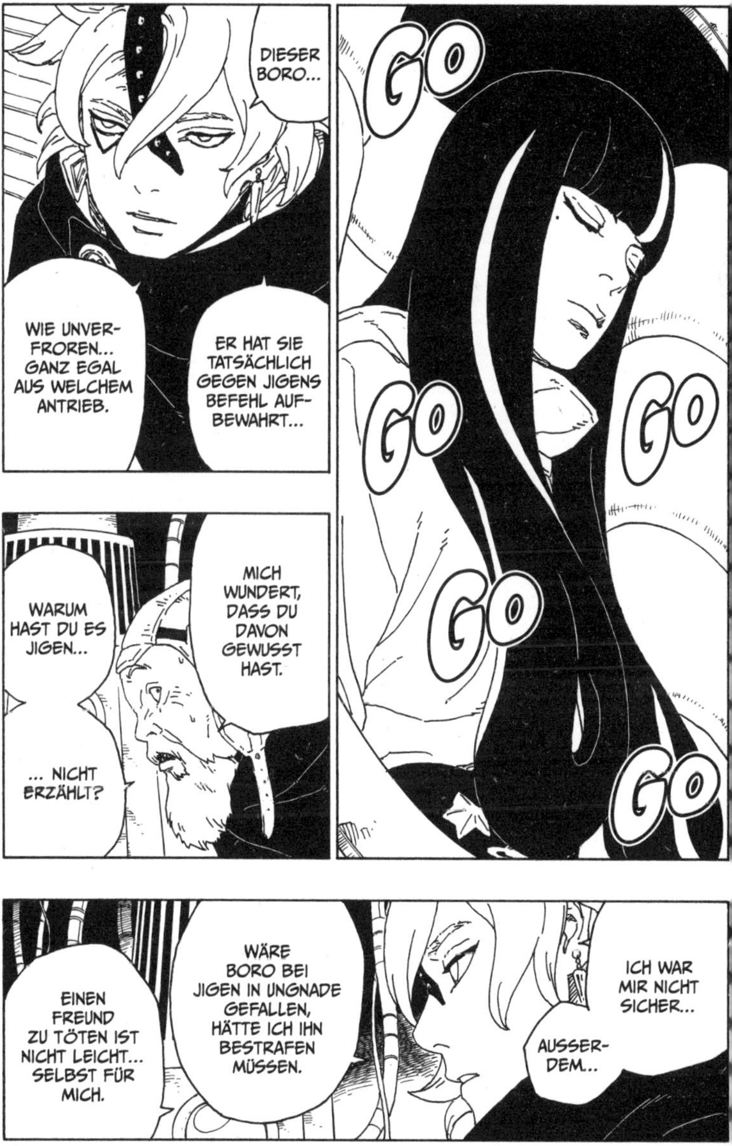
GO
GO
GO
GO
GO
DIESER BORO...
ER HAT SIE TATSÄCHLICH GEGEN JIGENS BEFEHL AUFBEWAHRT...
WIE UNVERFROREN... GANZ EGAL AUS WELCHEM ANTRIEB.
MICH WUNDERT, DASS DU DAVON GEWUSST HAST.
WARUM HAST DU ES JIGEN...
... NICHT ERZÄHLT?
ICH WAR MIR NICHT SICHER...
AUSSERDEM...
WÄRE BORO BEI JIGEN IN UNGNADE GEFALLEN, HÄTTE ICH IHN BESTRAFEN MÜSSEN.
EINEN FREUND ZU TÖTEN IST NICHT LEICHT... SELBST FÜR MICH.

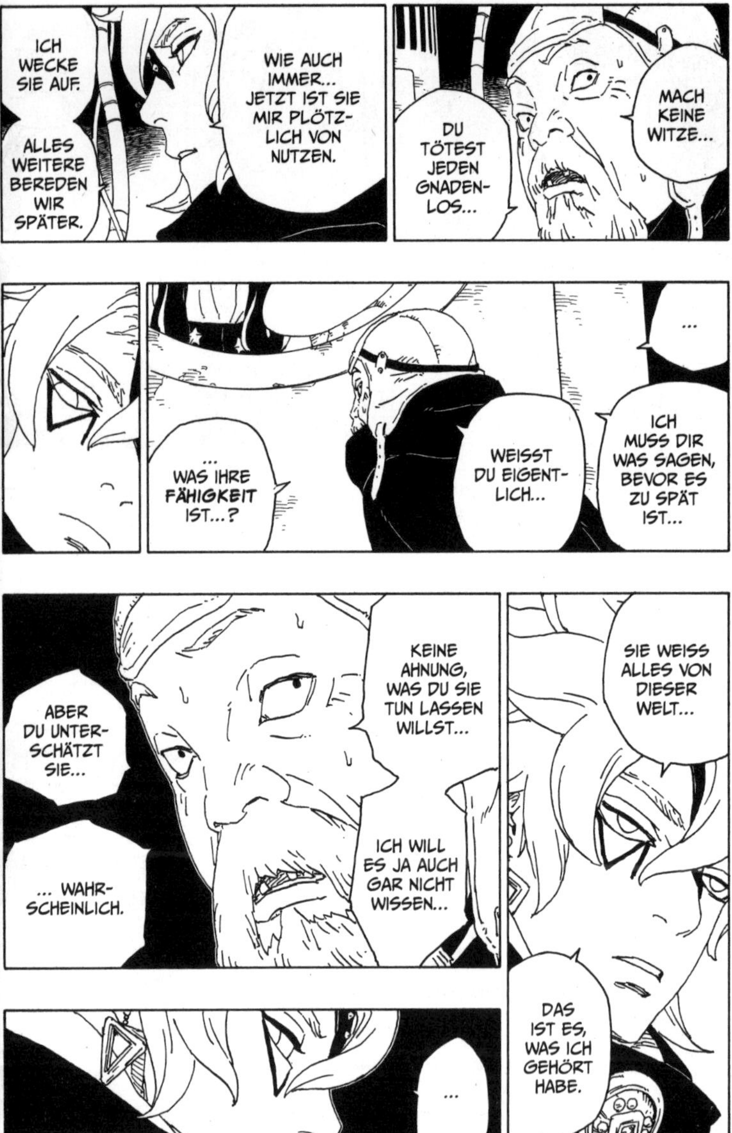
MACH KEINE WITZE...
DU TÖTEST JEDEN GNADENLOS...
WIE AUCH IMMER... JETZT IST SIE MIR PLÖTZLICH VON NUTZEN.
ICH WECKE SIE AUF.
ALLES WEITERE BEREDEN WIR SPÄTER.
...
ICH MUSS DIR WAS SAGEN, BEVOR ES ZU SPÄT IST...
WEISST DU EIGENTLICH...
... WAS IHRE FÄHIGKEIT IST...?
SIE WEISS ALLES VON DIESER WELT...
DAS IST ES, WAS ICH GEHÖRT HABE.
KEINE AHNUNG, WAS DU SIE TUN LASSEN WILLST...
ICH WILL ES JA AUCH GAR NICHT WISSEN...
ABER DU UNTERSCHÄTZT SIE...
... WAHRSCHEINLICH.
...

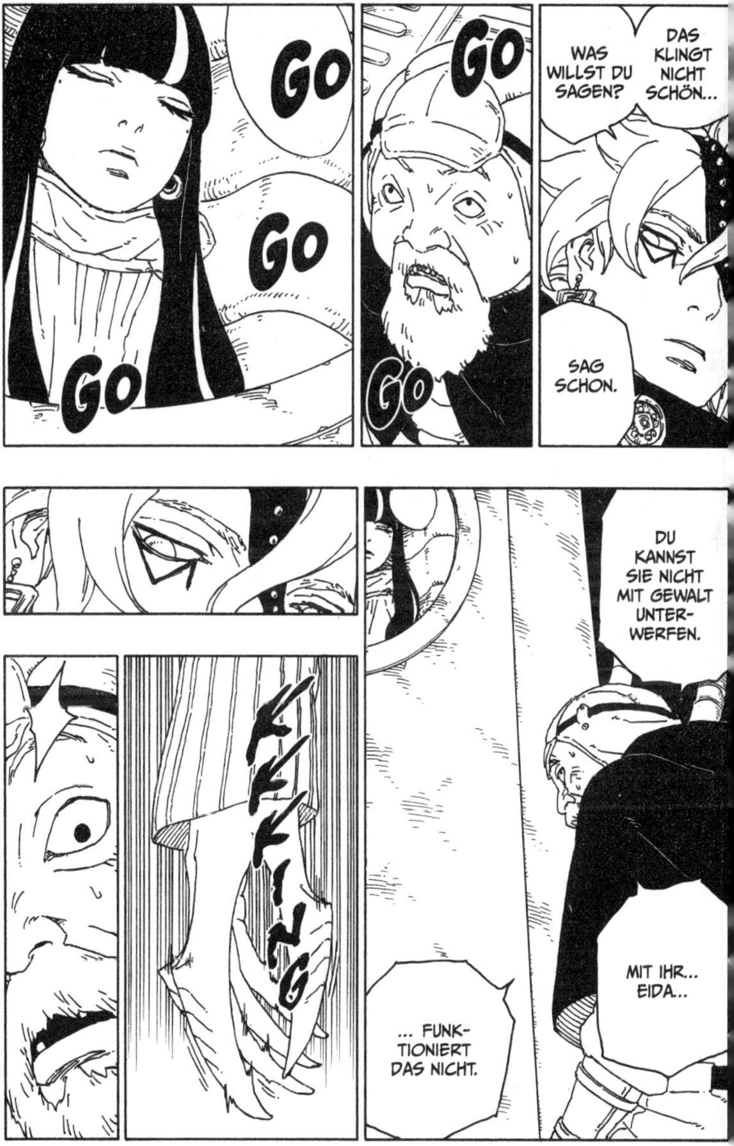
DAS KLINGT NICHT SCHÖN...
WAS WILLST DU SAGEN?
SAG SCHON.
GO
GO
GO
GO
GO
DU KANNST SIE NICHT MIT GEWALT UNTER-WERFEN.
MIT IHR... EIDA...
... FUNK-TIONIERT DAS NICHT.

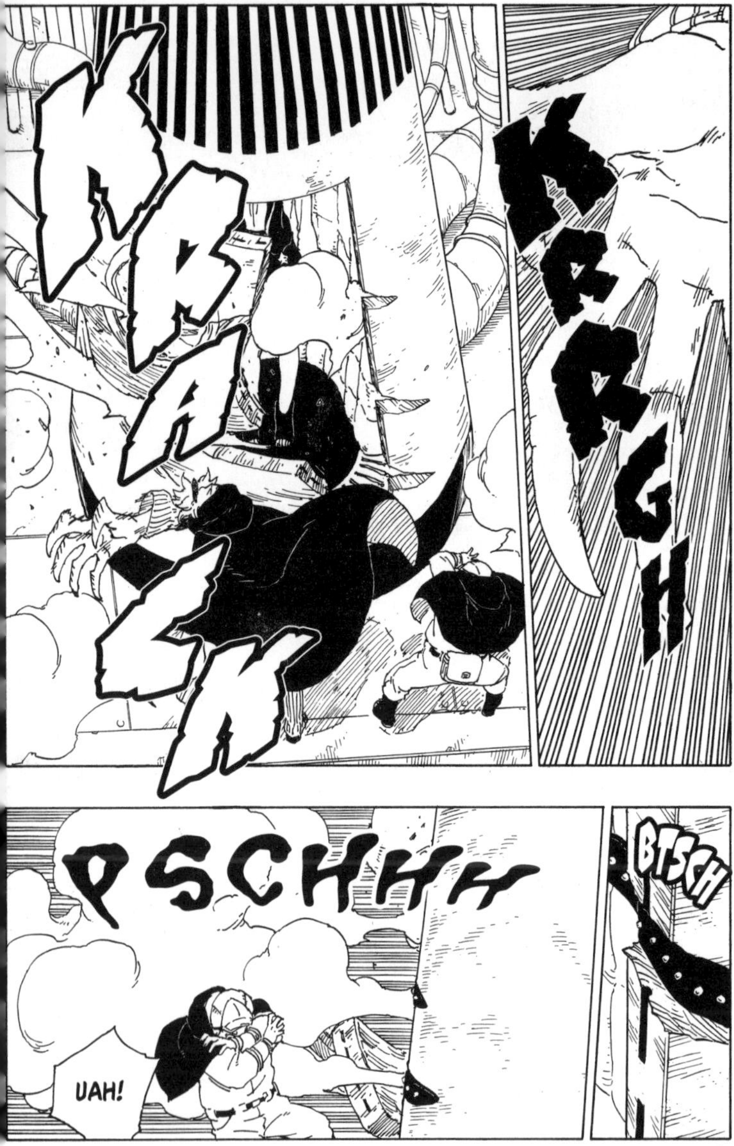
KRARGH
KRACK
BTSCH
PSCHHH
UAH!

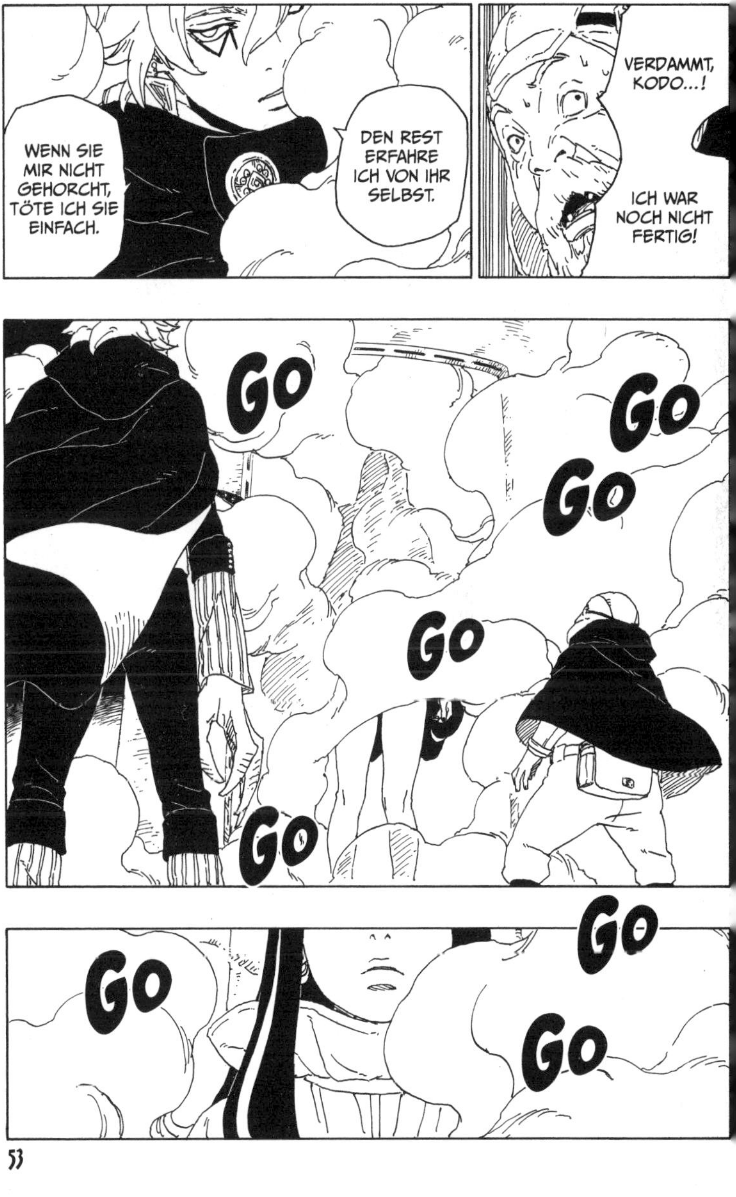
VERDAMMT, KODO...!
ICH WAR NOCH NICHT FERTIG!
DEN REST ERFAHRE ICH VON IHR SELBST.
WENN SIE MIR NICHT GEHORCHT, TÖTE ICH SIE EINFACH.
GO
GO
GO
GO
GO
GO
GO
GO

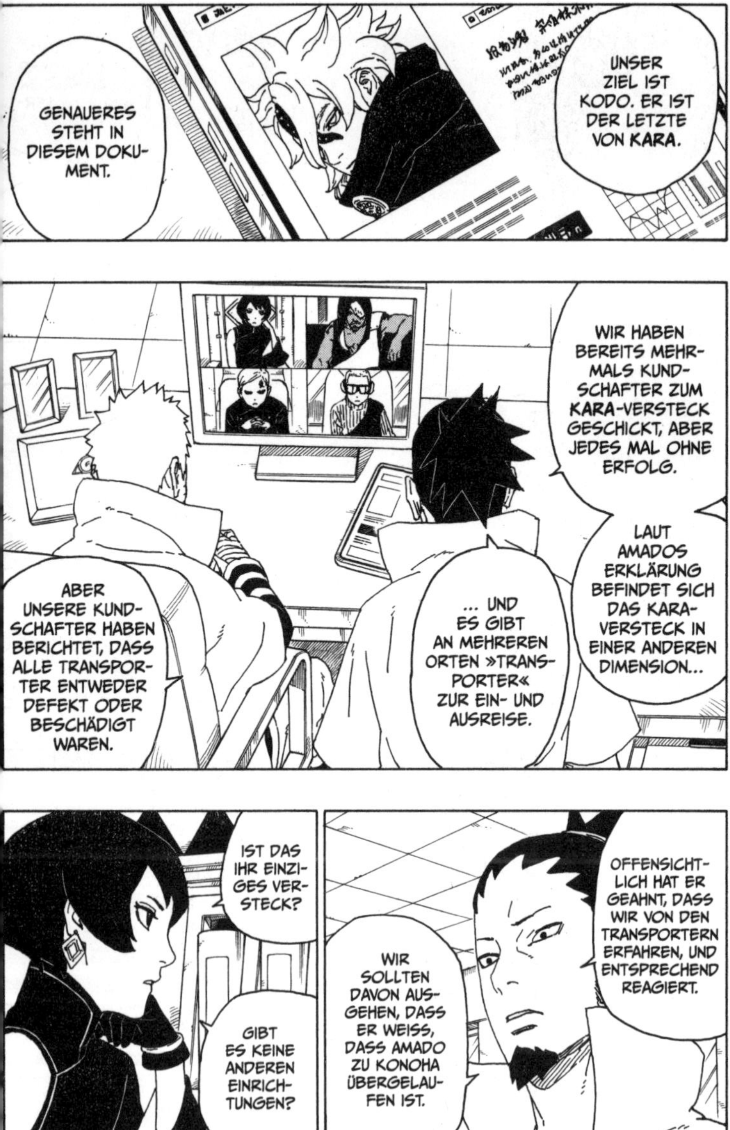
UNSER ZIEL IST KODO. ER IST DER LETZTE VON KARA.
GENAUERES STEHT IN DIESEM DOKUMENT.
WIR HABEN BEREITS MEHRMALS KUNDSCHAFTER ZUM KARA-VERSTECK GESCHICKT, ABER JEDES MAL OHNE ERFOLG.
LAUT AMADOS ERKLÄRUNG BEFINDET SICH DAS KARA-VERSTECK IN EINER ANDEREN DIMENSION...
... UND ES GIBT AN MEHREREN ORTEN »TRANSPORTER« ZUR EIN- UND AUSREISE.
ABER UNSERE KUNDSCHAFTER HABEN BERICHTET, DASS ALLE TRANSPORTER ENTWEDER DEFEKT ODER BESCHÄDIGT WAREN.
OFFENSICHTLICH HAT ER GEAHNT, DASS WIR VON DEN TRANSPORTERN ERFAHREN, UND ENTSPRECHEND REAGIERT.
WIR SOLLTEN DAVON AUSGEHEN, DASS ER WEISS, DASS AMADO ZU KONOHA ÜBERGELAUFEN IST.
IST DAS IHR EINZIGES VERSTECK?
GIBT ES KEINE ANDEREN EINRICHTUNGEN?

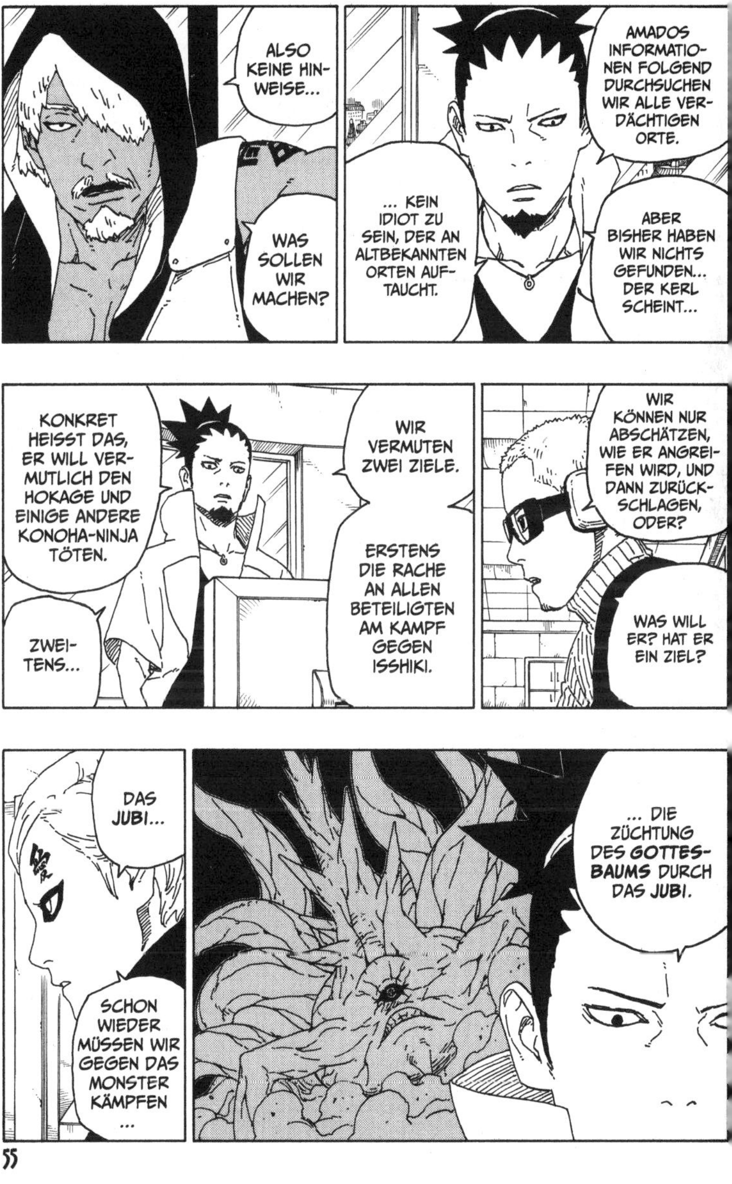
AMADOS INFORMATIONEN FOLGEND DURCHSUCHEN WIR ALLE VERDÄCHTIGEN ORTE.
ABER BISHER HABEN WIR NICHTS GEFUNDEN... DER KERL SCHEINT...
... KEIN IDIOT ZU SEIN, DER AN ALTBEKANNTEN ORTEN AUFTAUCHT.
ALSO KEINE HINWEISE...
WAS SOLLEN WIR MACHEN?
WIR KÖNNEN NUR ABSCHÄTZEN, WIE ER ANGREIFEN WIRD, UND DANN ZURÜCKSCHLAGEN, ODER?
WAS WILL ER? HAT ER EIN ZIEL?
WIR VERMUTEN ZWEI ZIELE.
ERSTENS DIE RACHE AN ALLEN BETEILIGTEN AM KAMPF GEGEN ISSHIKI.
KONKRET HEISST DAS, ER WILL VERMUTLICH DEN HOKAGE UND EINIGE ANDERE KONOHA-NINJA TÖTEN.
ZWEITENS...
... DIE ZÜCHTUNG DES GOTTESBAUMS DURCH DAS JUBI.
DAS JUBI...
SCHON WIEDER MÜSSEN WIR GEGEN DAS MONSTER KÄMPFEN ...

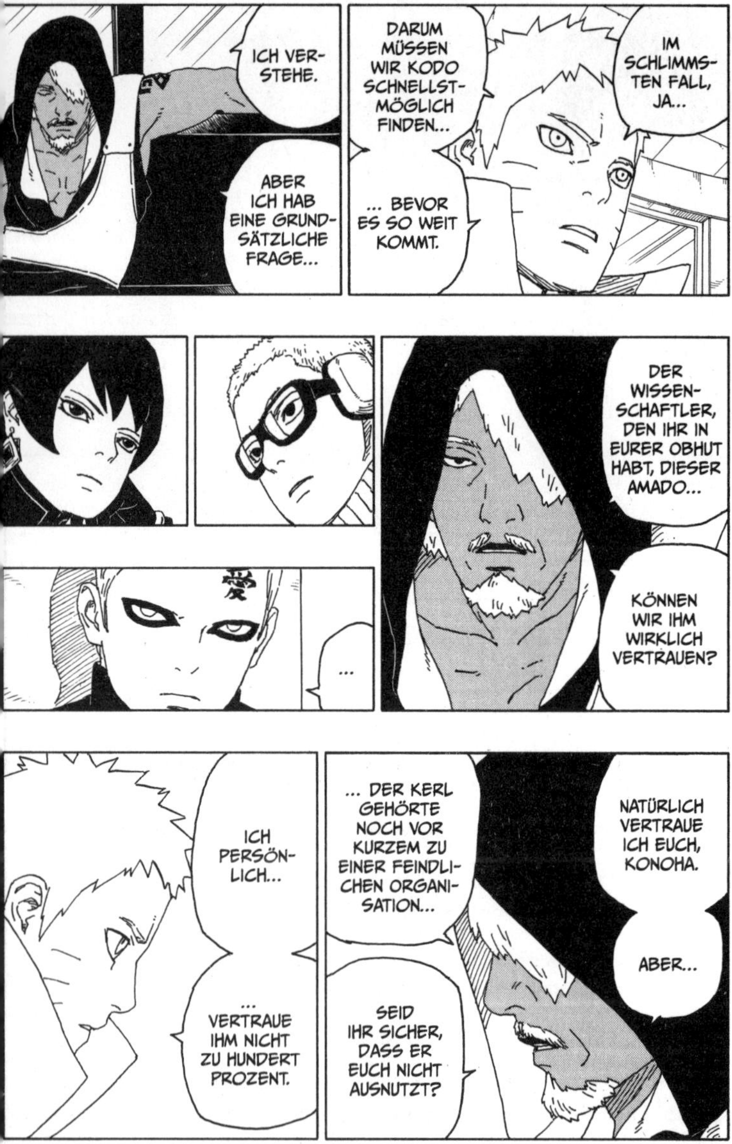
IM SCHLIMMSTEN FALL, JA...
DARUM MÜSSEN WIR KODO SCHNELLSTMÖGLICH FINDEN...
... BEVOR ES SO WEIT KOMMT.
ICH VERSTEHE.
ABER ICH HAB EINE GRUNDSÄTZLICHE FRAGE...
DER WISSENSCHAFTLER, DEN IHR IN EURER OBHUT HABT, DIESER AMADO...
KÖNNEN WIR IHM WIRKLICH VERTRAUEN?
...
NATÜRLICH VERTRAUE ICH EUCH, KONOHA.
ABER...
... DER KERL GEHÖRTE NOCH VOR KURZEM ZU EINER FEINDLICHEN ORGANISATION...
SEID IHR SICHER, DASS ER EUCH NICHT AUSNUTZT?
ICH PERSÖNLICH...
... VERTRAUE IHM NICHT ZU HUNDERT PROZENT.

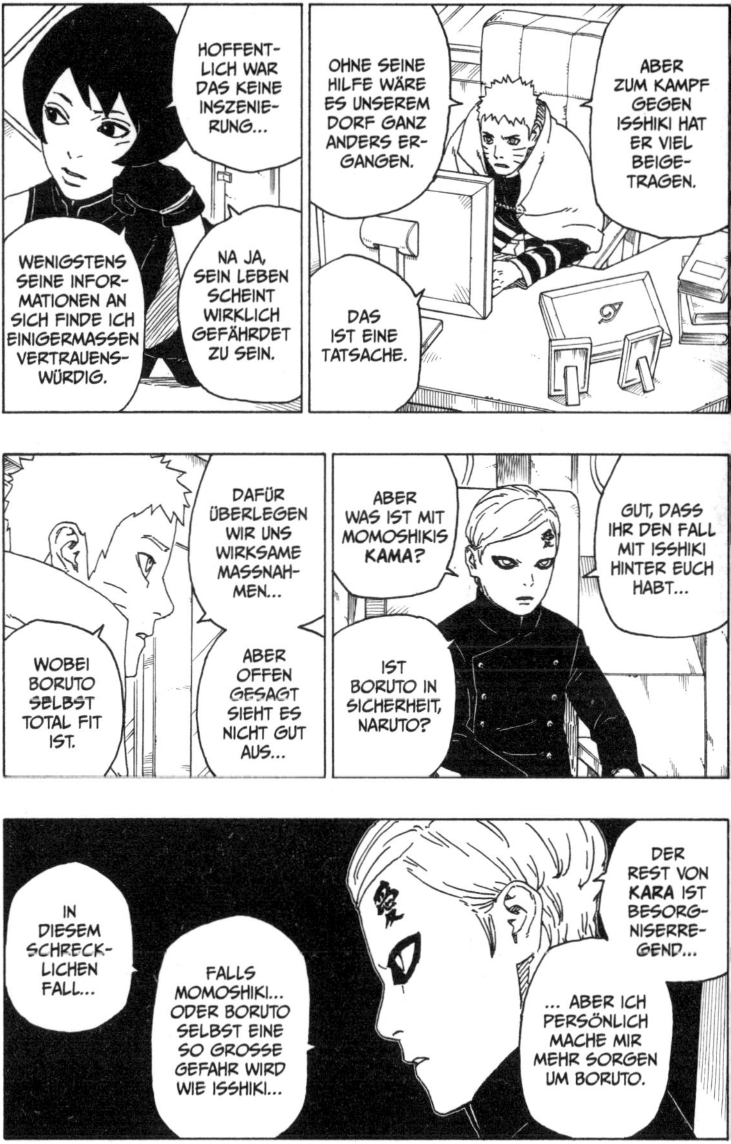
ABER ZUM KAMPF GEGEN ISSHIKI HAT ER VIEL BEIGETRAGEN.
OHNE SEINE HILFE WÄRE ES UNSEREM DORF GANZ ANDERS ERGANGEN.
DAS IST EINE TATSACHE.
HOFFENTLICH WAR DAS KEINE INSZENIERUNG...
NA JA, SEIN LEBEN SCHEINT WIRKLICH GEFÄHRDET ZU SEIN.
WENIGSTENS SEINE INFORMATIONEN AN SICH FINDE ICH EINIGERMASSEN VERTRAUENSWÜRDIG.
GUT, DASS IHR DEN FALL MIT ISSHIKI HINTER EUCH HABT...
ABER WAS IST MIT MOMOSHIKIS KAMA?
IST BORUTO IN SICHERHEIT, NARUTO?
DAFÜR ÜBERLEGEN WIR UNS WIRKSAME MASSNAHMEN...
ABER OFFEN GESAGT SIEHT ES NICHT GUT AUS...
WOBEI BORUTO SELBST TOTAL FIT IST.
DER REST VON KARA IST BESORGNISERREGEND...
... ABER ICH PERSÖNLICH MACHE MIR MEHR SORGEN UM BORUTO.
FALLS MOMOSHIKI... ODER BORUTO SELBST EINE SO GROSSE GEFAHR WIRD WIE ISSHIKI...
IN DIESEM SCHRECKLICHEN FALL...

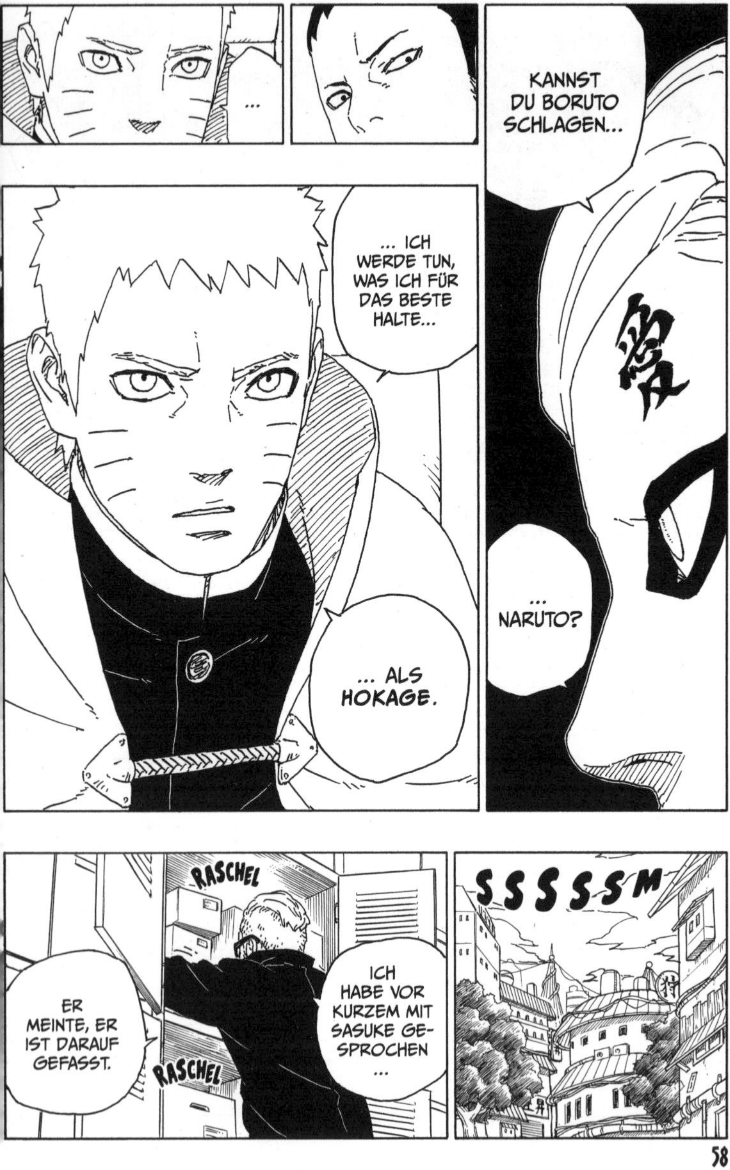
KANNST DU BORUTO SCHLAGEN...
...
... NARUTO?
... ICH WERDE TUN, WAS ICH FÜR DAS BESTE HALTE...
... ALS HOKAGE.
SSSSSM
RASCHEL
ICH HABE VOR KURZEM MIT SASUKE GE-SPROCHEN ...
RASCHEL
ER MEINTE, ER IST DARAUF GEFASST.

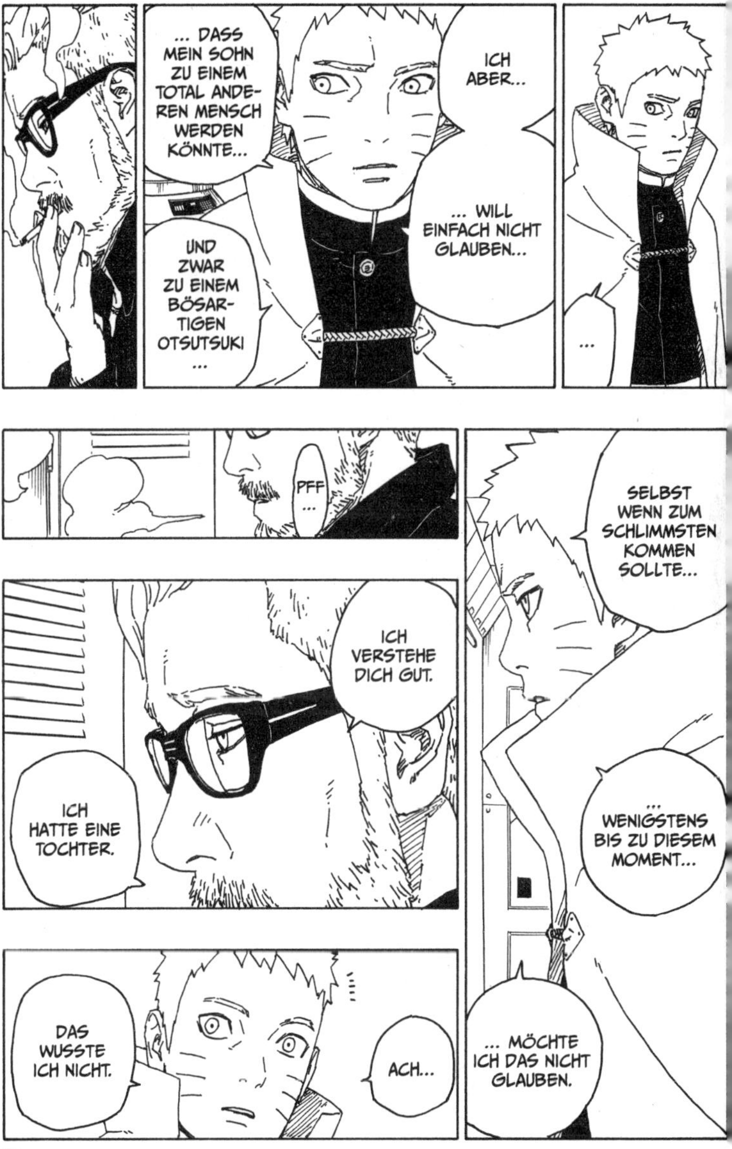
...
ICH ABER...
... WILL EINFACH NICHT GLAUBEN...
... DASS MEIN SOHN ZU EINEM TOTAL ANDEREN MENSCH WERDEN KÖNNTE...
UND ZWAR ZU EINEM BÖSARTIGEN OTSUTSUKI ...
SELBST WENN ZUM SCHLIMMSTEN KOMMEN SOLLTE...
... WENIGSTENS BIS ZU DIESEM MOMENT...
... MÖCHTE ICH DAS NICHT GLAUBEN.
PFF ...
ICH VERSTEHE DICH GUT.
ICH HATTE EINE TOCHTER.
ACH...
DAS WUSSTE ICH NICHT.

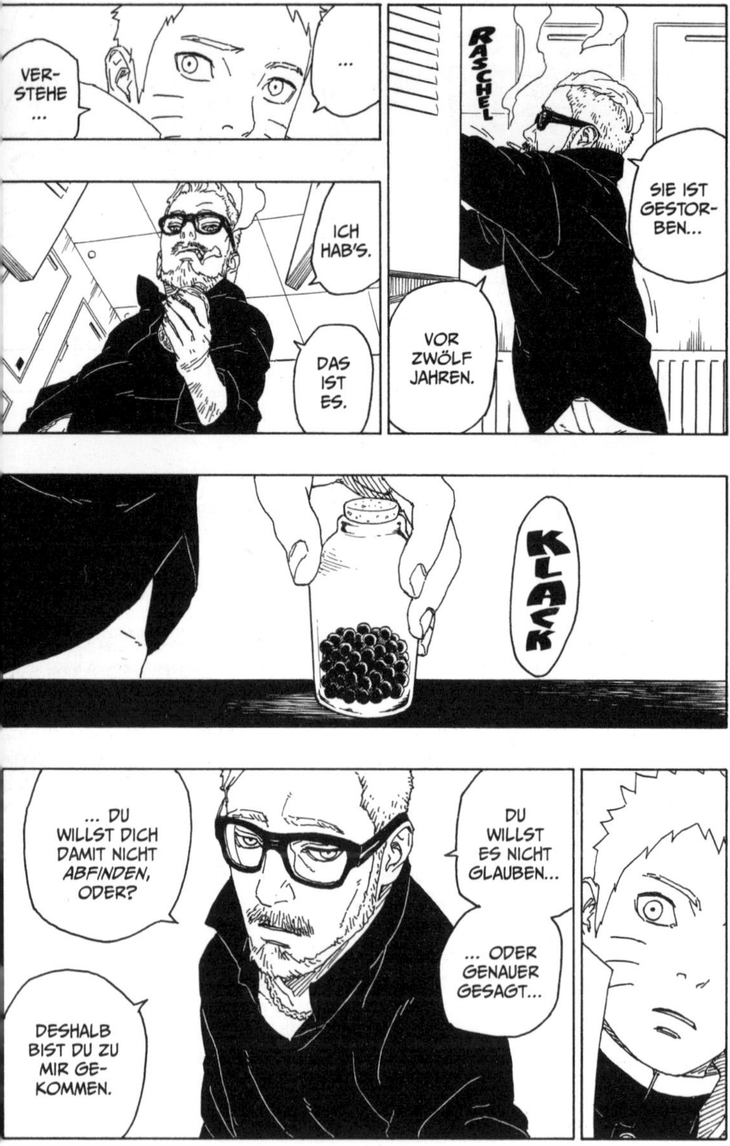
RASCHEL
SIE IST GESTOR-BEN...
VOR ZWÖLF JAHREN.
...
VER-STEHE ...
ICH HAB'S.
DAS IST ES.
KLACK
DU WILLST ES NICHT GLAUBEN...
... ODER GENAUER GESAGT...
... DU WILLST DICH DAMIT NICHT *ABFINDEN*, ODER?
DESHALB BIST DU ZU MIR GE-KOMMEN.

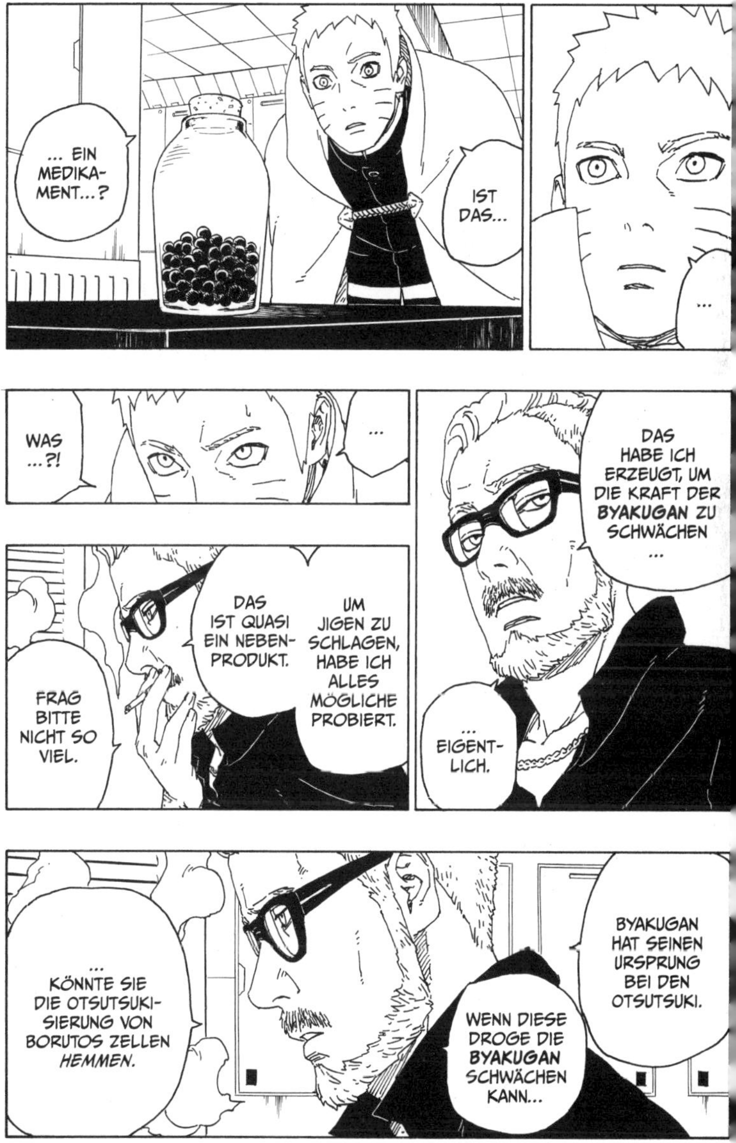
...
IST DAS...
... EIN MEDIKAMENT...?
DAS HABE ICH ERZEUGT, UM DIE KRAFT DER **BYAKUGAN** ZU SCHWÄCHEN ...
... EIGENTLICH.
...
WAS ...?!
UM JIGEN ZU SCHLAGEN, HABE ICH ALLES MÖGLICHE PROBIERT.
DAS IST QUASI EIN NEBENPRODUKT.
FRAG BITTE NICHT SO VIEL.
BYAKUGAN HAT SEINEN URSPRUNG BEI DEN OTSUTSUKI.
WENN DIESE DROGE DIE **BYAKUGAN** SCHWÄCHEN KANN...
... KÖNNTE SIE DIE OTSUTSUKISIERUNG VON BORUTOS ZELLEN *HEMMEN*.

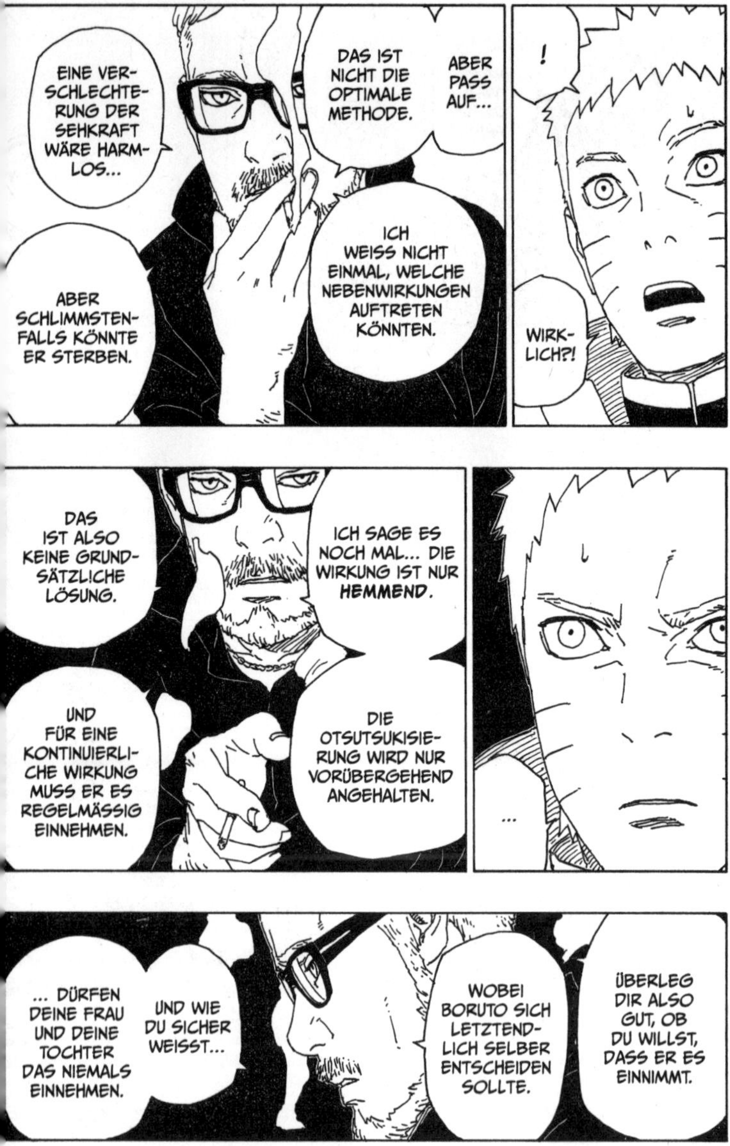

!
WIRKLICH?!
ABER PASS AUF...
DAS IST NICHT DIE OPTIMALE METHODE.
ICH WEISS NICHT EINMAL, WELCHE NEBENWIRKUNGEN AUFTRETEN KÖNNTEN.
EINE VERSCHLECHTERUNG DER SEHKRAFT WÄRE HARMLOS...
ABER SCHLIMMSTENFALLS KÖNNTE ER STERBEN.
...
ICH SAGE ES NOCH MAL... DIE WIRKUNG IST NUR **HEMMEND**.
DAS IST ALSO KEINE GRUNDSÄTZLICHE LÖSUNG.
DIE OTSUTSUKISIERUNG WIRD NUR VORÜBERGEHEND ANGEHALTEN.
UND FÜR EINE KONTINUIERLICHE WIRKUNG MUSS ER ES REGELMÄSSIG EINNEHMEN.
ÜBERLEG DIR ALSO GUT, OB DU WILLST, DASS ER ES EINNIMMT.
WOBEI BORUTO SICH LETZTENDLICH SELBER ENTSCHEIDEN SOLLTE.
UND WIE DU SICHER WEISST...
... DÜRFEN DEINE FRAU UND DEINE TOCHTER DAS NIEMALS EINNEHMEN.

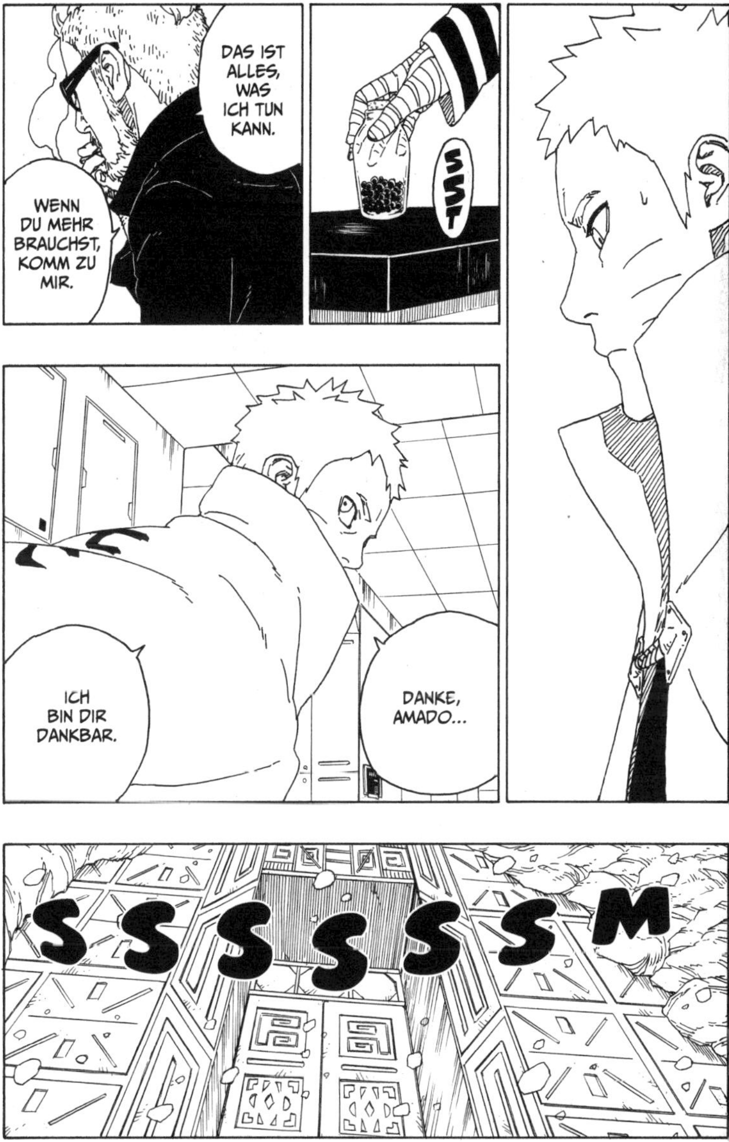
SST
DAS IST ALLES, WAS ICH TUN KANN.
WENN DU MEHR BRAUCHST, KOMM ZU MIR.
DANKE, AMADO...
ICH BIN DIR DANKBAR.
SSSSSSM

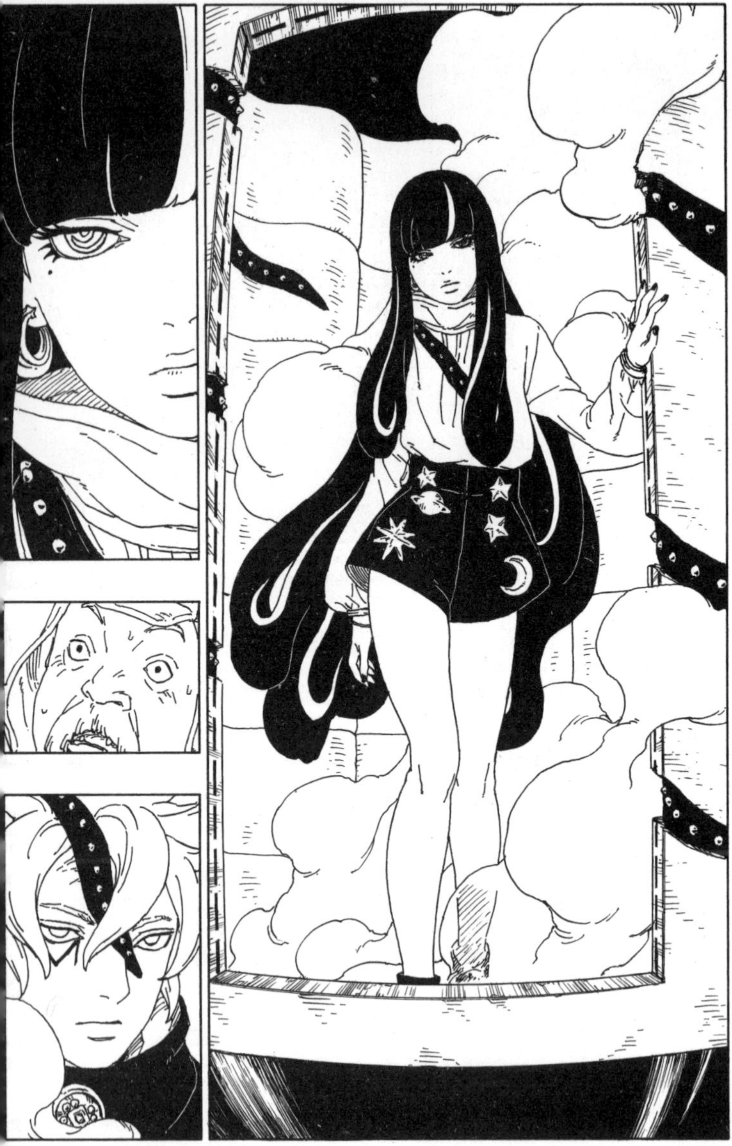

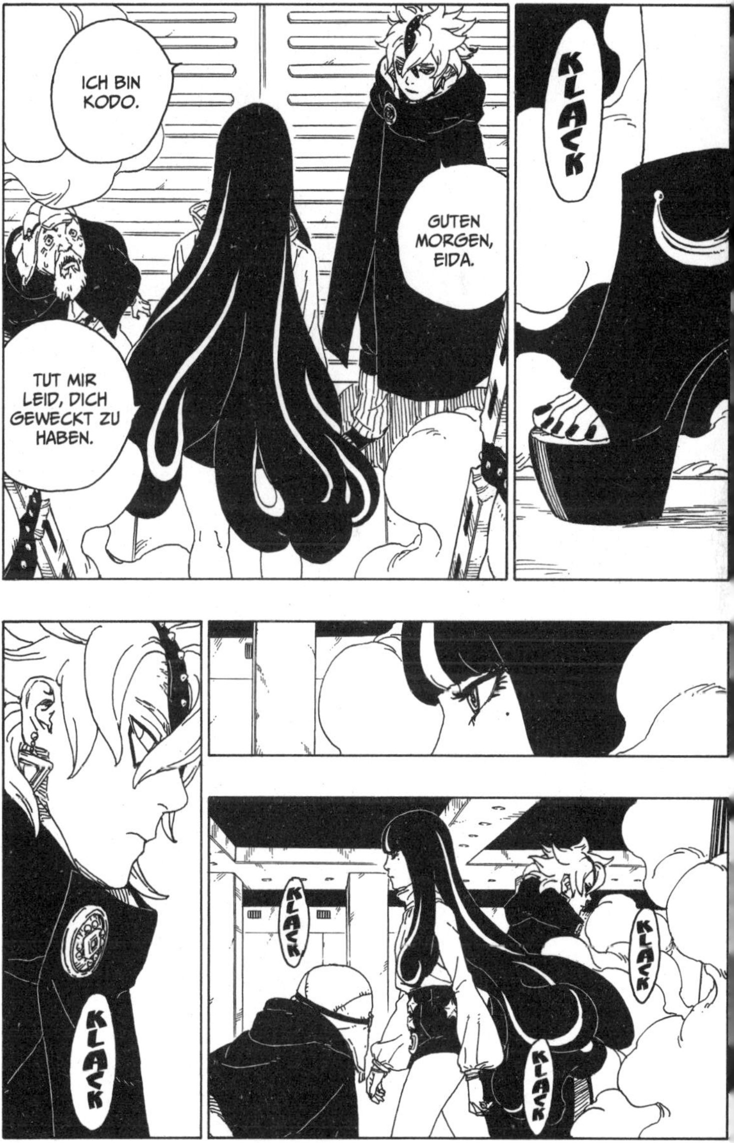
KLACK
GUTEN MORGEN, EIDA.
ICH BIN KODO.
TUT MIR LEID, DICH GEWECKT ZU HABEN.
KLACK
KLACK
KLACK
KLACK

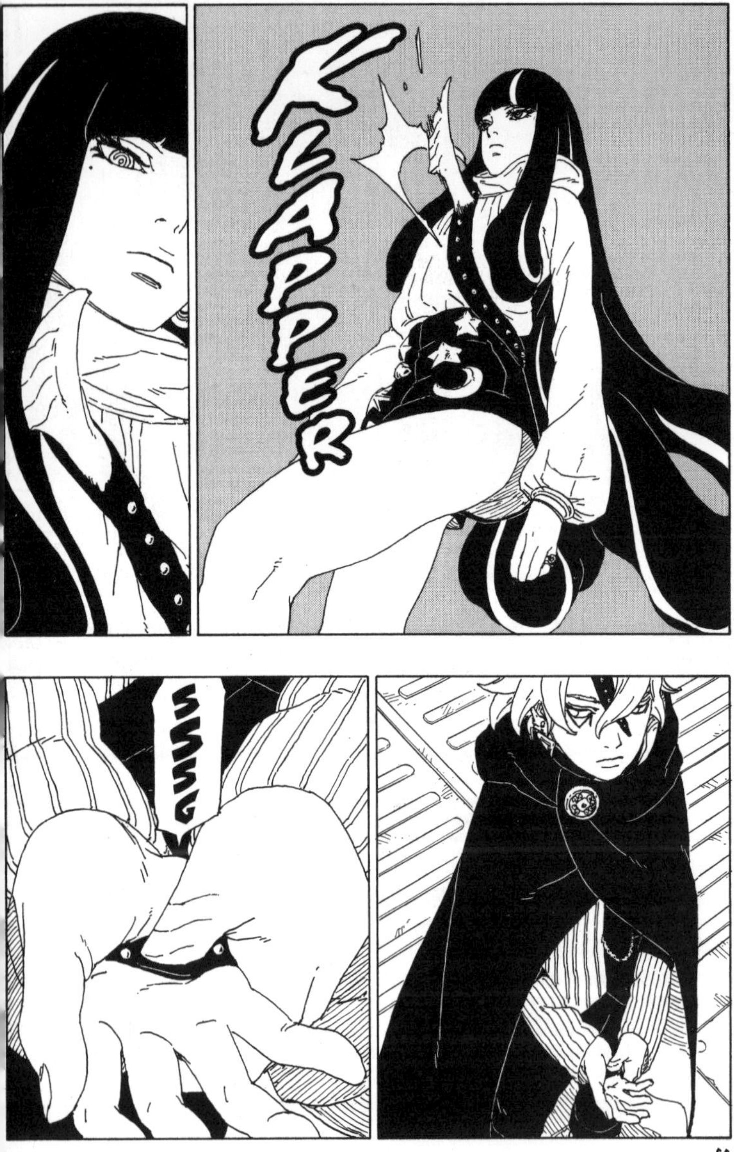
KLAPPER
SSSSG

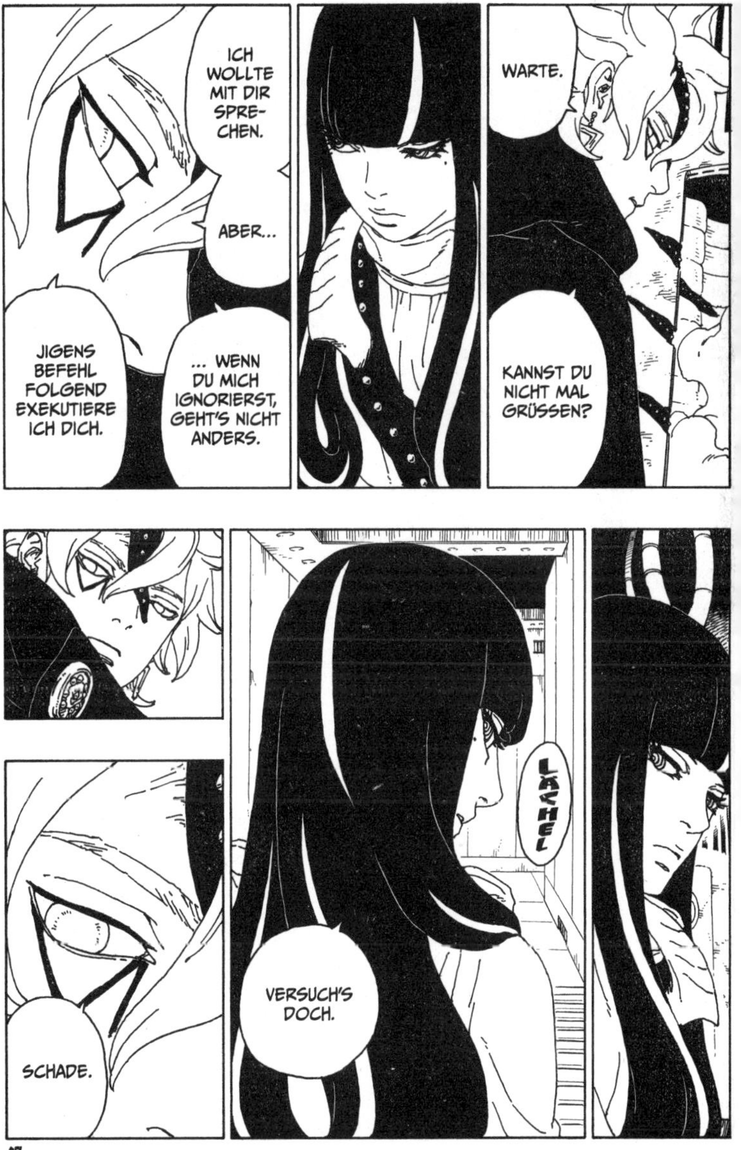
WARTE.
KANNST DU NICHT MAL GRÜSSEN?
ICH WOLLTE MIT DIR SPRECHEN.
ABER...
... WENN DU MICH IGNORIERST, GEHT'S NICHT ANDERS.
JIGENS BEFEHL FOLGEND EXEKUTIERE ICH DICH.
LÄCHEL
VERSUCH'S DOCH.
SCHADE.

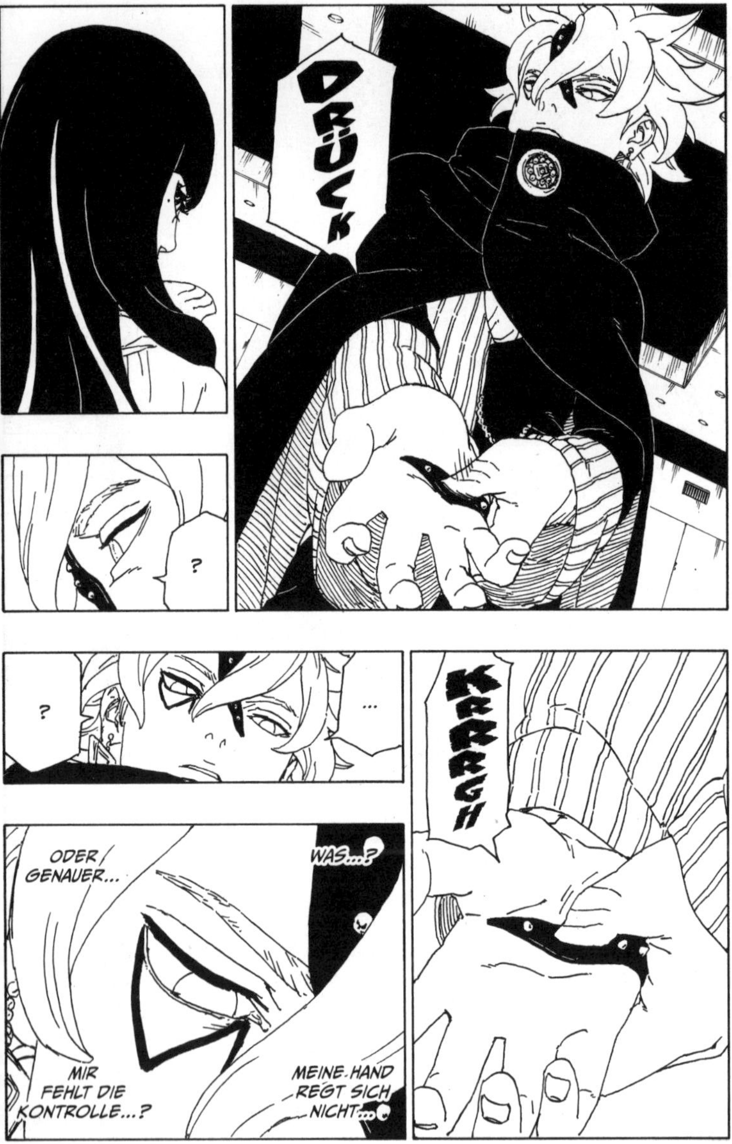
DRÜCK
?
KRRRGH
...
?
WAS...?
MEINE HAND REGT SICH NICHT...?
ODER GENAUER...
MIR FEHLT DIE KONTROLLE...?

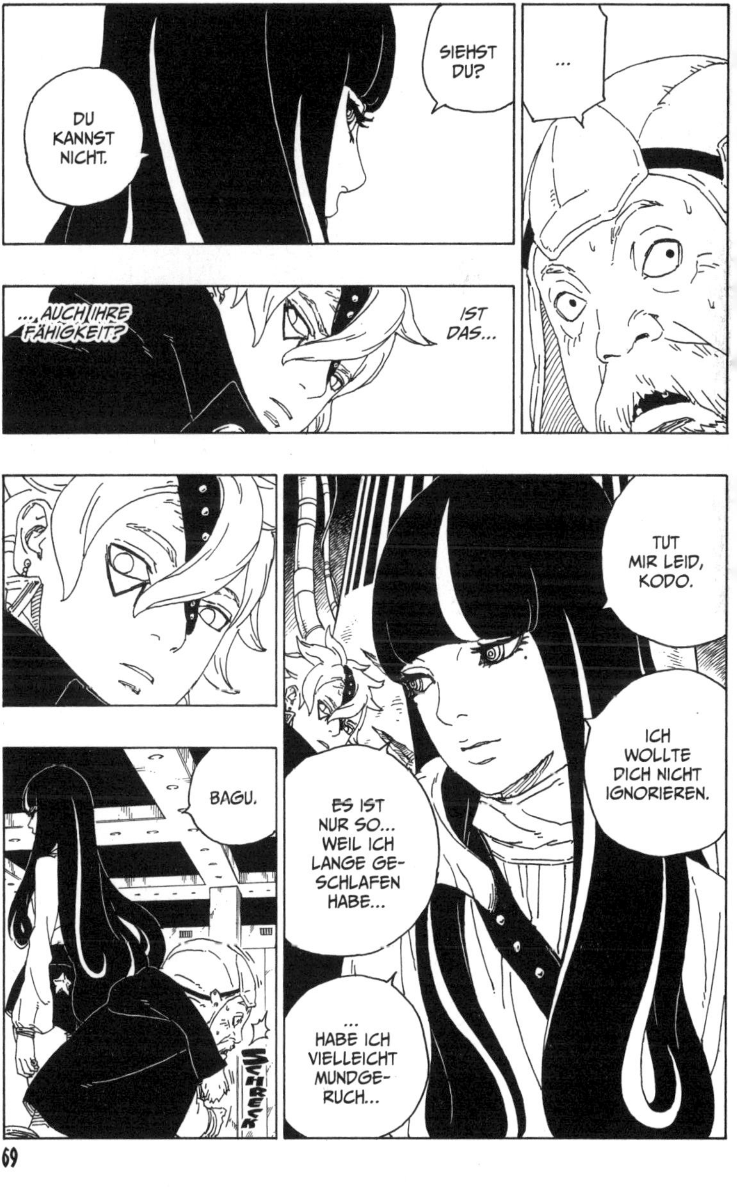
...
SIEHST DU?
DU KANNST NICHT.
IST DAS...
... AUCH IHRE FÄHIGKEIT?
TUT MIR LEID, KODO.
ICH WOLLTE DICH NICHT IGNORIEREN.
ES IST NUR SO... WEIL ICH LANGE GE-SCHLAFEN HABE...
... HABE ICH VIELLEICHT MUNDGE-RUCH...
BAGU.
SCHRECK

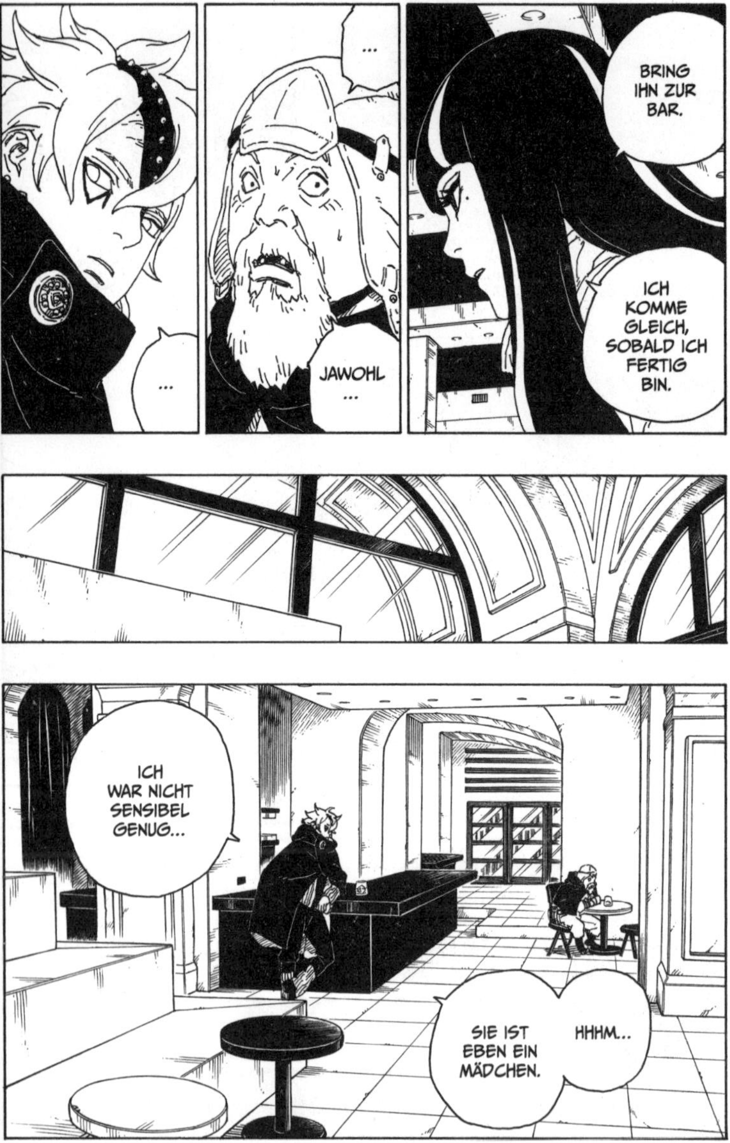
BRING IHN ZUR BAR.
ICH KOMME GLEICH, SOBALD ICH FERTIG BIN.
...
JAWOHL ...
...
HHHM...
SIE IST EBEN EIN MÄDCHEN.
ICH WAR NICHT SENSIBEL GENUG...

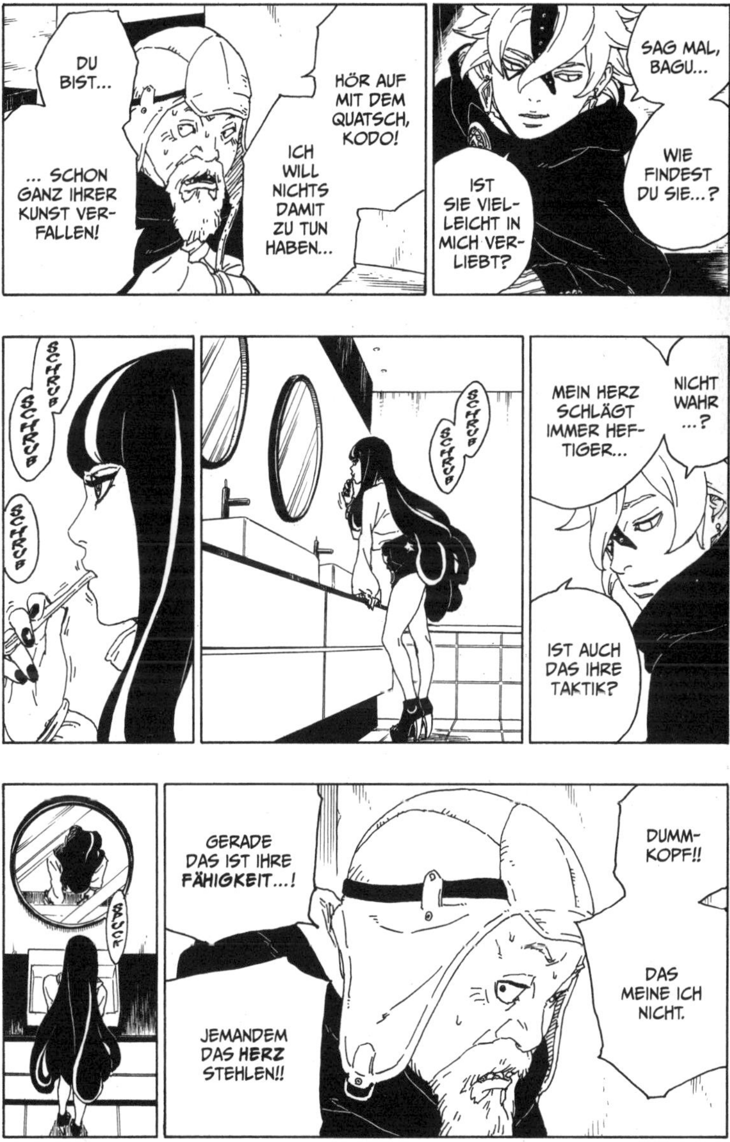
SAG MAL, BAGU...
WIE FINDEST DU SIE...?
IST SIE VIEL-LEICHT IN MICH VER-LIEBT?
HÖR AUF MIT DEM QUATSCH, KODO!
ICH WILL NICHTS DAMIT ZU TUN HABEN...
DU BIST...
... SCHON GANZ IHRER KUNST VER-FALLEN!
NICHT WAHR ...?
MEIN HERZ SCHLÄGT IMMER HEF-TIGER...
IST AUCH DAS IHRE TAKTIK?
SCHRUB
SCHRUB
SCHRUB
SCHRUB
SCHRUB
DUMM-KOPF!!
DAS MEINE ICH NICHT.
GERADE DAS IST IHRE **FÄHIGKEIT**...!
JEMANDEM DAS **HERZ** STEHLEN!!
SPUCK

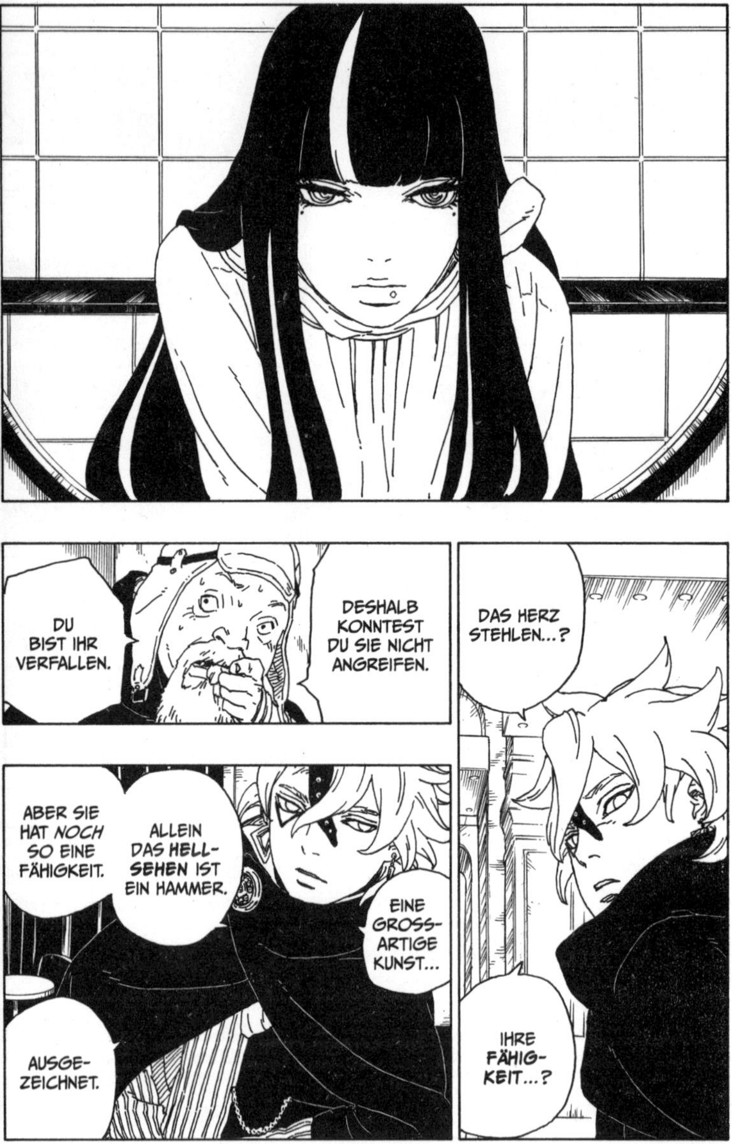

DAS HERZ STEHLEN...?
DESHALB KONNTEST DU SIE NICHT ANGREIFEN.
DU BIST IHR VERFALLEN.
EINE GROSS-ARTIGE KUNST...
ALLEIN DAS HELL-SEHEN IST EIN HAMMER.
ABER SIE HAT *NOCH* SO EINE FÄHIGKEIT.
AUSGE-ZEICHNET.
IHRE FÄHIG-KEIT...?

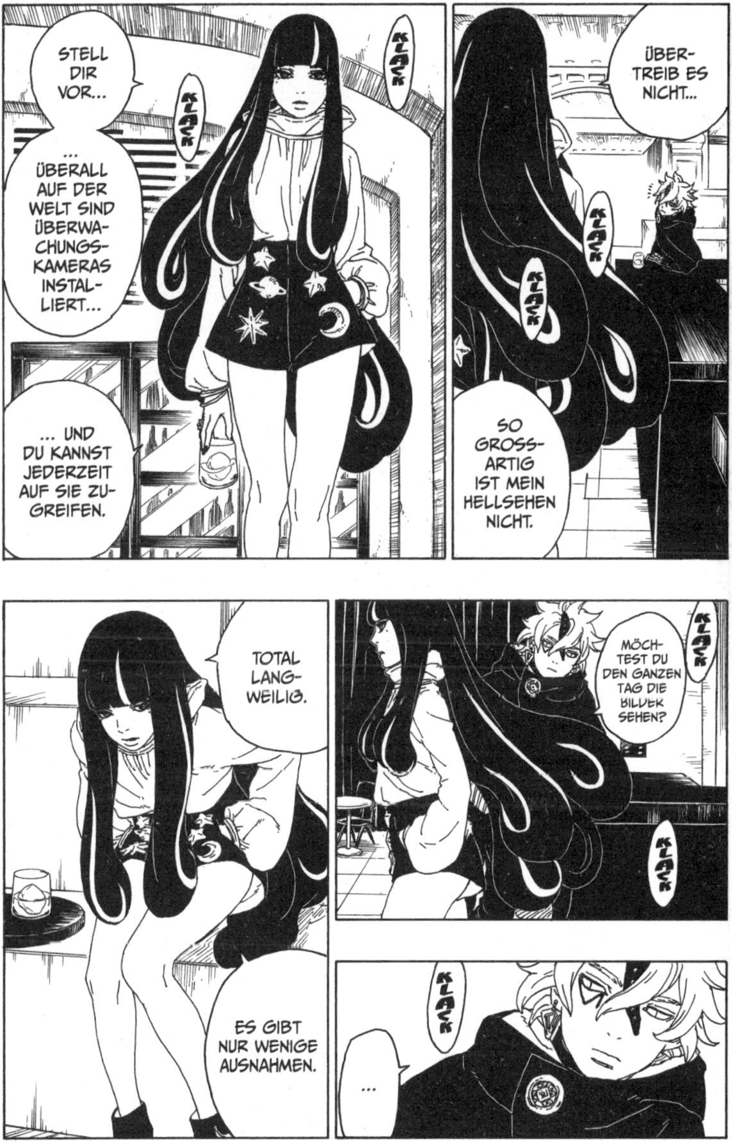
ÜBERTREIB ES NICHT...
KLACK
KLACK
SO GROSSARTIG IST MEIN HELLSEHEN NICHT.
KLACK
STELL DIR VOR...
KLACK
... ÜBERALL AUF DER WELT SIND ÜBERWACHUNGSKAMERAS INSTALLIERT...
... UND DU KANNST JEDERZEIT AUF SIE ZUGREIFEN.
KLACK
MÖCHTEST DU DEN GANZEN TAG DIE BILDER SEHEN?
KLACK
TOTAL LANGWEILIG.
ES GIBT NUR WENIGE AUSNAHMEN.
KLACK
...

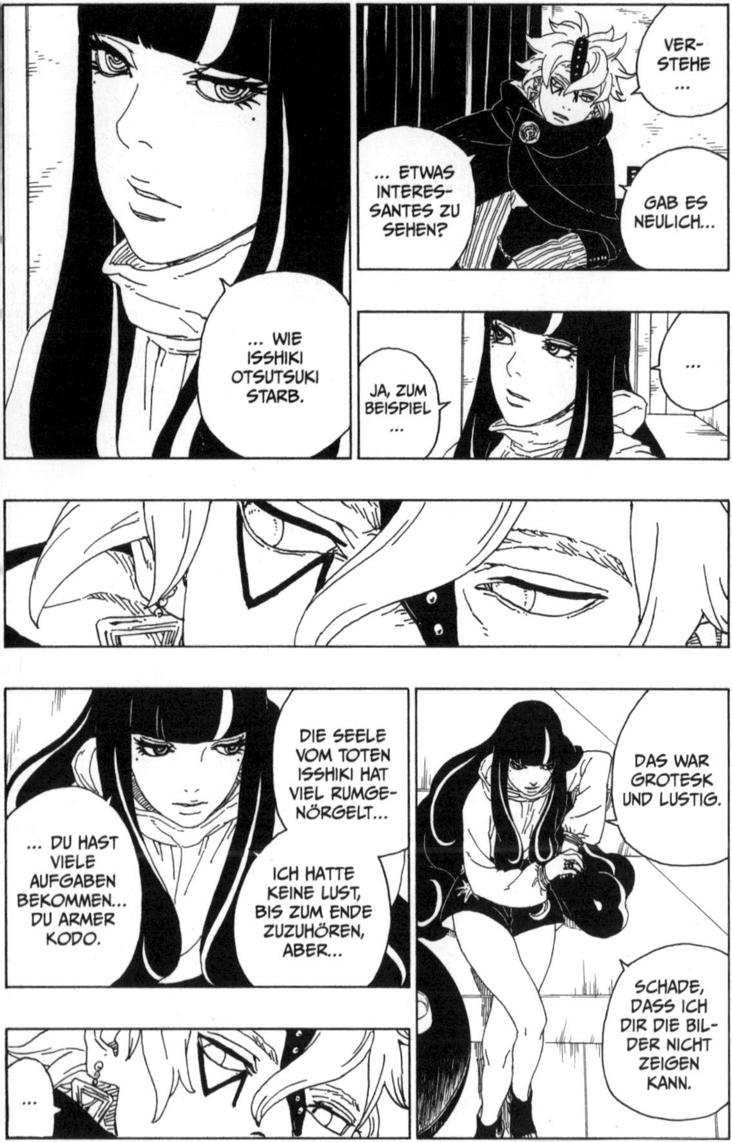

VER-STEHE …
GAB ES NEULICH…
… ETWAS INTERES-SANTES ZU SEHEN?
… WIE ISSHIKI OTSUTSUKI STARB.
…
JA, ZUM BEISPIEL …
DAS WAR GROTESK UND LUSTIG.
SCHADE, DASS ICH DIR DIE BIL-DER NICHT ZEIGEN KANN.
DIE SEELE VOM TOTEN ISSHIKI HAT VIEL RUMGE-NÖRGELT…
ICH HATTE KEINE LUST, BIS ZUM ENDE ZUZUHÖREN, ABER…
… DU HAST VIELE AUFGABEN BEKOMMEN… DU ARMER KODO.
…

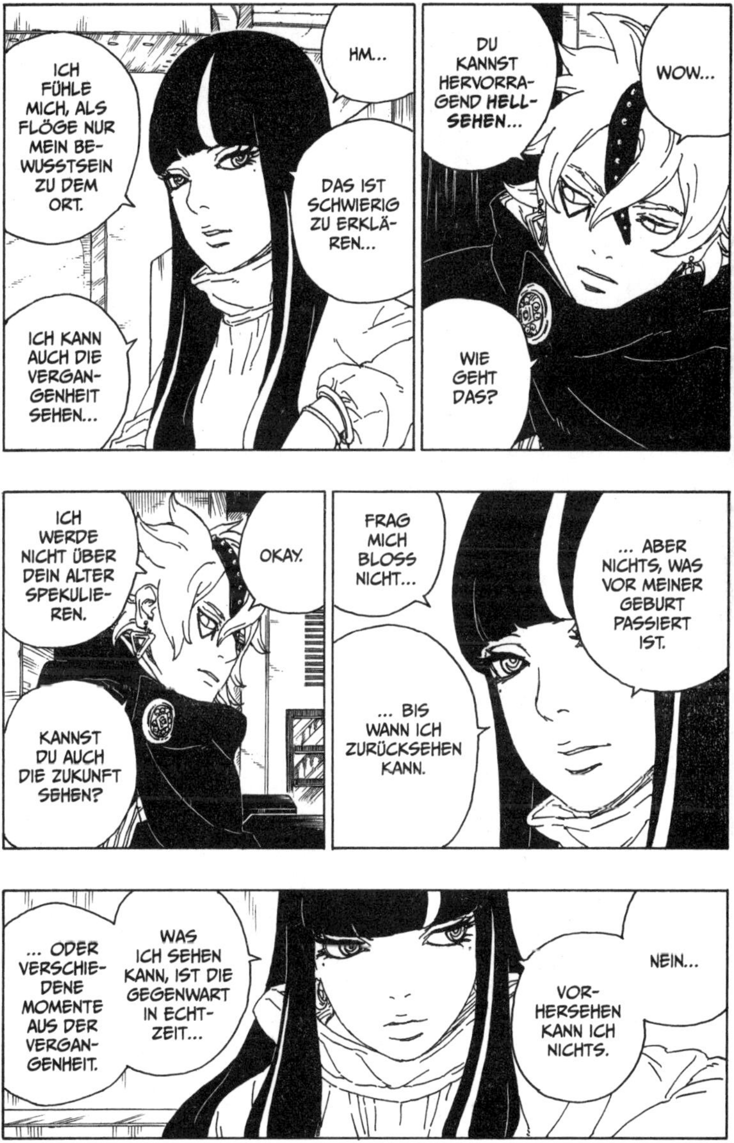
WOW...
DU KANNST HERVORRAGEND HELLSEHEN...
WIE GEHT DAS?
HM...
DAS IST SCHWIERIG ZU ERKLÄREN...
ICH FÜHLE MICH, ALS FLÖGE NUR MEIN BEWUSSTSEIN ZU DEM ORT.
ICH KANN AUCH DIE VERGANGENHEIT SEHEN...
... ABER NICHTS, WAS VOR MEINER GEBURT PASSIERT IST.
FRAG MICH BLOSS NICHT...
... BIS WANN ICH ZURÜCKSEHEN KANN.
OKAY.
ICH WERDE NICHT ÜBER DEIN ALTER SPEKULIEREN.
KANNST DU AUCH DIE ZUKUNFT SEHEN?
NEIN...
VORHERSEHEN KANN ICH NICHTS.
WAS ICH SEHEN KANN, IST DIE GEGENWART IN ECHTZEIT...
... ODER VERSCHIEDENE MOMENTE AUS DER VERGANGENHEIT.

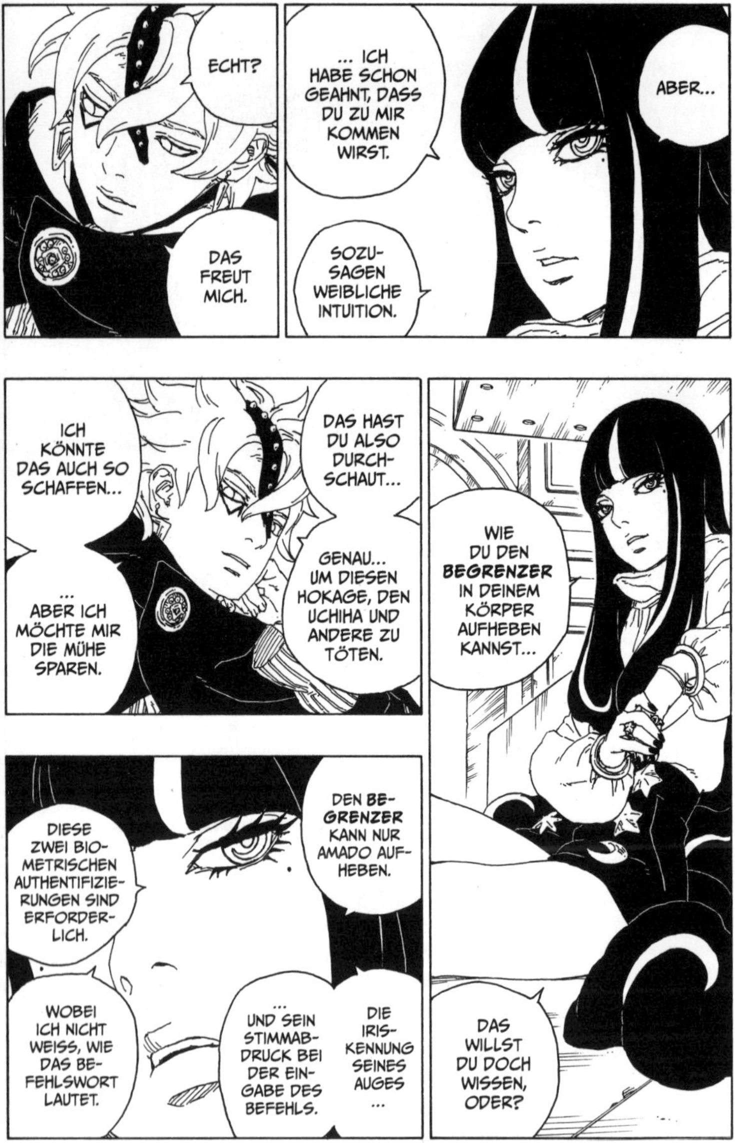
ABER...
... ICH HABE SCHON GEAHNT, DASS DU ZU MIR KOMMEN WIRST.
SOZUSAGEN WEIBLICHE INTUITION.
ECHT?
DAS FREUT MICH.
WIE DU DEN BEGRENZER IN DEINEM KÖRPER AUFHEBEN KANNST...
DAS WILLST DU DOCH WISSEN, ODER?
DAS HAST DU ALSO DURCHSCHAUT...
GENAU... UM DIESEN HOKAGE, DEN UCHIHA UND ANDERE ZU TÖTEN.
ICH KÖNNTE DAS AUCH SO SCHAFFEN...
... ABER ICH MÖCHTE MIR DIE MÜHE SPAREN.
DEN BEGRENZER KANN NUR AMADO AUFHEBEN.
DIESE ZWEI BIOMETRISCHEN AUTHENTIFIZIERUNGEN SIND ERFORDERLICH.
DIE IRISKENNUNG SEINES AUGES ...
... UND SEIN STIMMABDRUCK BEI DER EINGABE DES BEFEHLS.
WOBEI ICH NICHT WEISS, WIE DAS BEFEHLSWORT LAUTET.

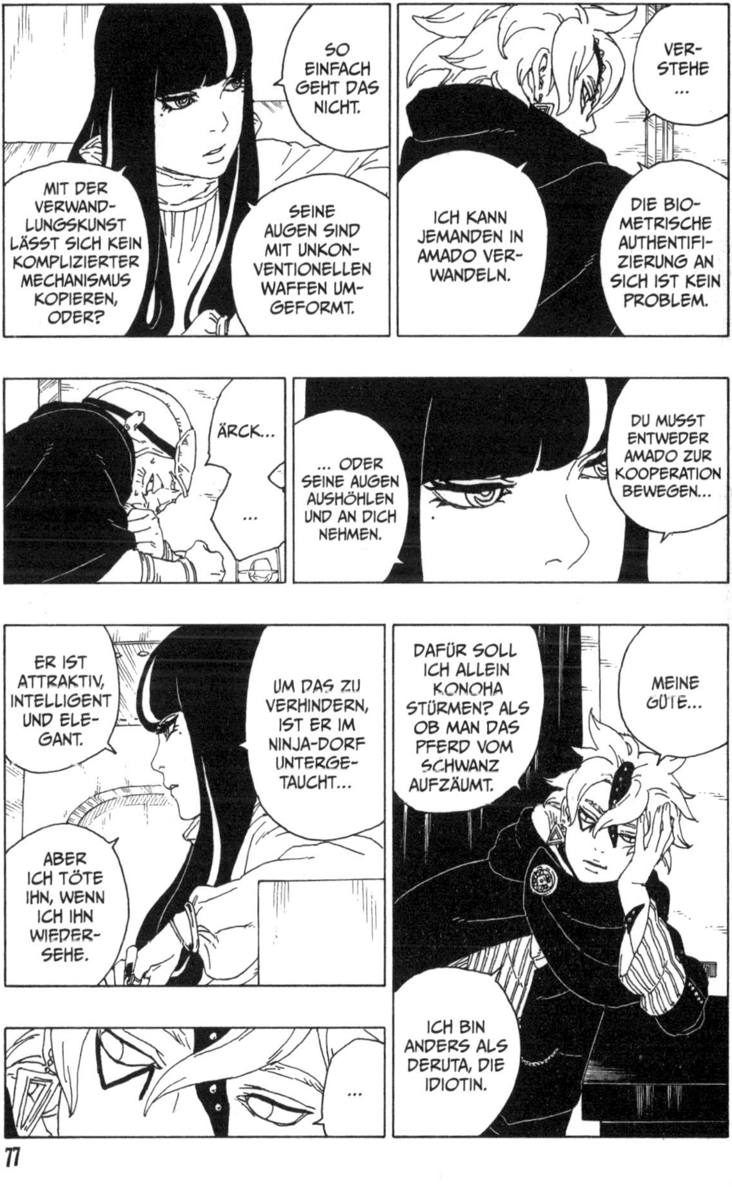
VERSTEHE ...
DIE BIOMETRISCHE AUTHENTIFIZIERUNG AN SICH IST KEIN PROBLEM.
ICH KANN JEMANDEN IN AMADO VERWANDELN.
SO EINFACH GEHT DAS NICHT.
SEINE AUGEN SIND MIT UNKONVENTIONELLEN WAFFEN UMGEFORMT.
MIT DER VERWANDLUNGSKUNST LÄSST SICH KEIN KOMPLIZIERTER MECHANISMUS KOPIEREN, ODER?
DU MUSST ENTWEDER AMADO ZUR KOOPERATION BEWEGEN...
... ODER SEINE AUGEN AUSHÖHLEN UND AN DICH NEHMEN.
ÄRCK...
...
MEINE GÜTE...
DAFÜR SOLL ICH ALLEIN KONOHA STÜRMEN? ALS OB MAN DAS PFERD VOM SCHWANZ AUFZÄUMT.
ICH BIN ANDERS ALS DERUTA, DIE IDIOTIN.
UM DAS ZU VERHINDERN, IST ER IM NINJA-DORF UNTERGETAUCHT...
ER IST ATTRAKTIV, INTELLIGENT UND ELEGANT.
ABER ICH TÖTE IHN, WENN ICH IHN WIEDERSEHE.
...

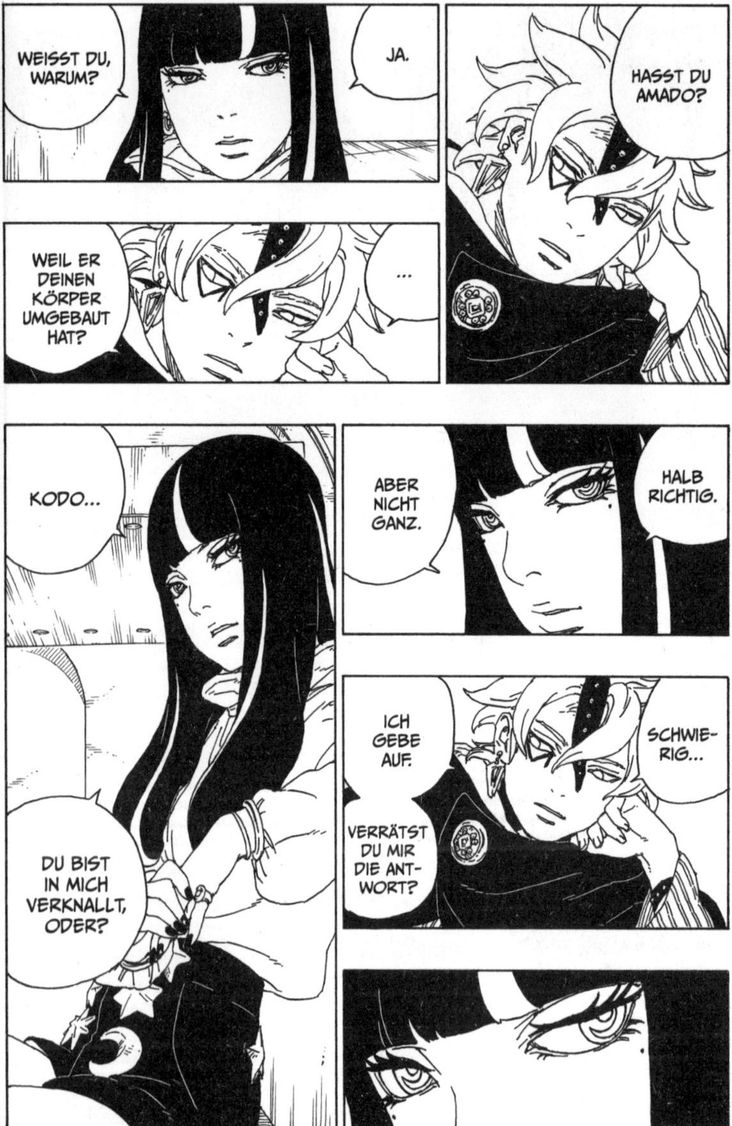
HASST DU AMADO?
JA.
WEISST DU, WARUM?
...
WEIL ER DEINEN KÖRPER UMGEBAUT HAT?
HALB RICHTIG.
ABER NICHT GANZ.
SCHWIE-RIG...
ICH GEBE AUF.
VERRÄTST DU MIR DIE ANT-WORT?
KODO...
DU BIST IN MICH VERKNALLT, ODER?

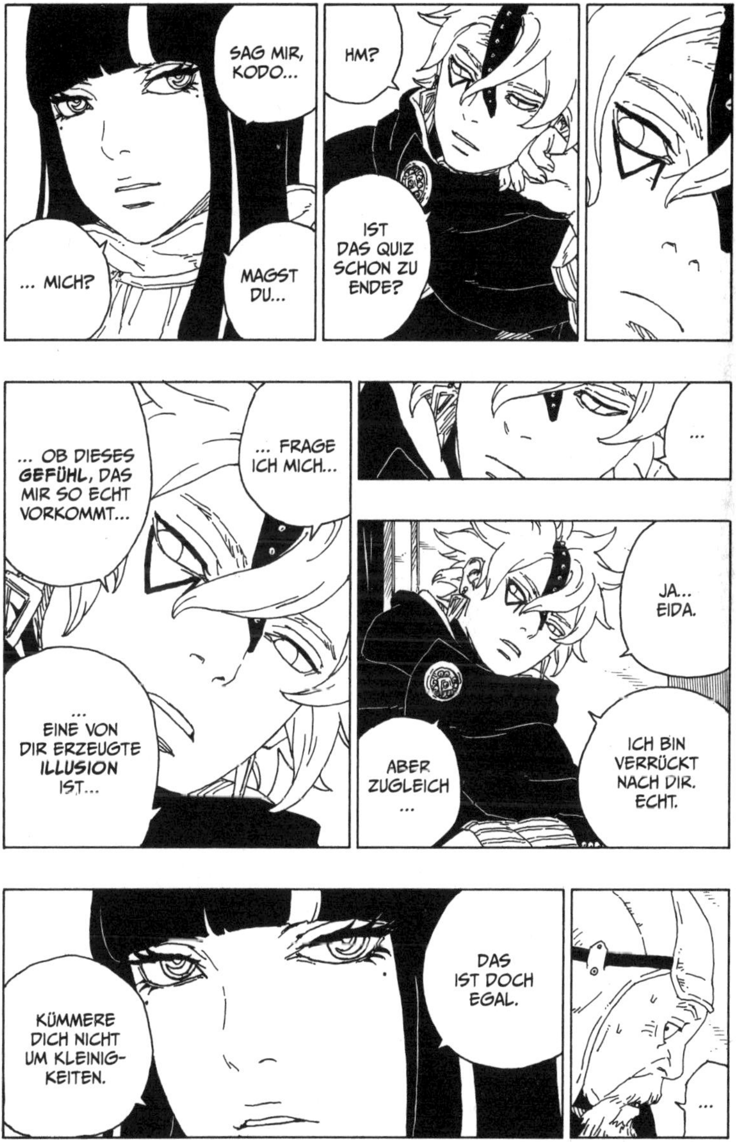
SAG MIR, KODO...
MAGST DU...
... MICH?
HM?
IST DAS QUIZ SCHON ZU ENDE?
... FRAGE ICH MICH...
... OB DIESES GEFÜHL, DAS MIR SO ECHT VORKOMMT...
... EINE VON DIR ERZEUGTE ILLUSION IST...
...
JA... EIDA.
ICH BIN VERRÜCKT NACH DIR. ECHT.
ABER ZUGLEICH ...
DAS IST DOCH EGAL.
KÜMMERE DICH NICHT UM KLEINIG-KEITEN.
...

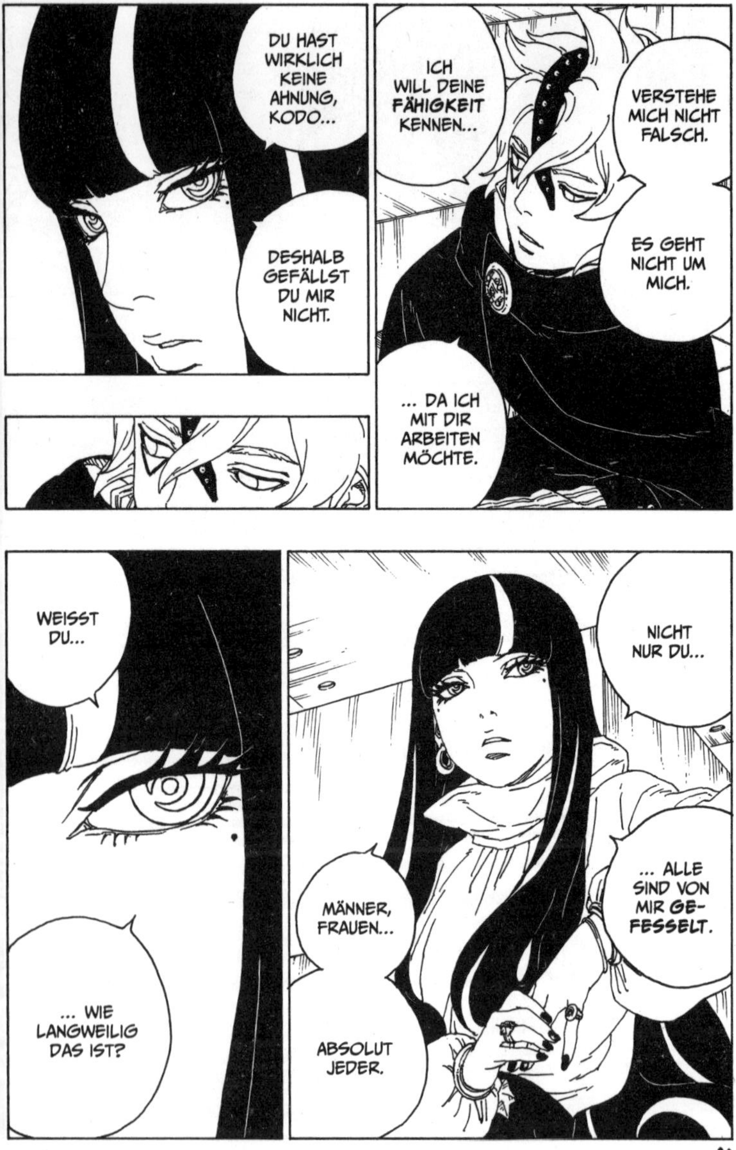
VERSTEHE MICH NICHT FALSCH.
ES GEHT NICHT UM MICH.
ICH WILL DEINE FÄHIGKEIT KENNEN...
... DA ICH MIT DIR ARBEITEN MÖCHTE.
DU HAST WIRKLICH KEINE AHNUNG, KODO...
DESHALB GEFÄLLST DU MIR NICHT.
NICHT NUR DU...
... ALLE SIND VON MIR GE-FESSELT.
MÄNNER, FRAUEN...
ABSOLUT JEDER.
WEISST DU...
... WIE LANGWEILIG DAS IST?

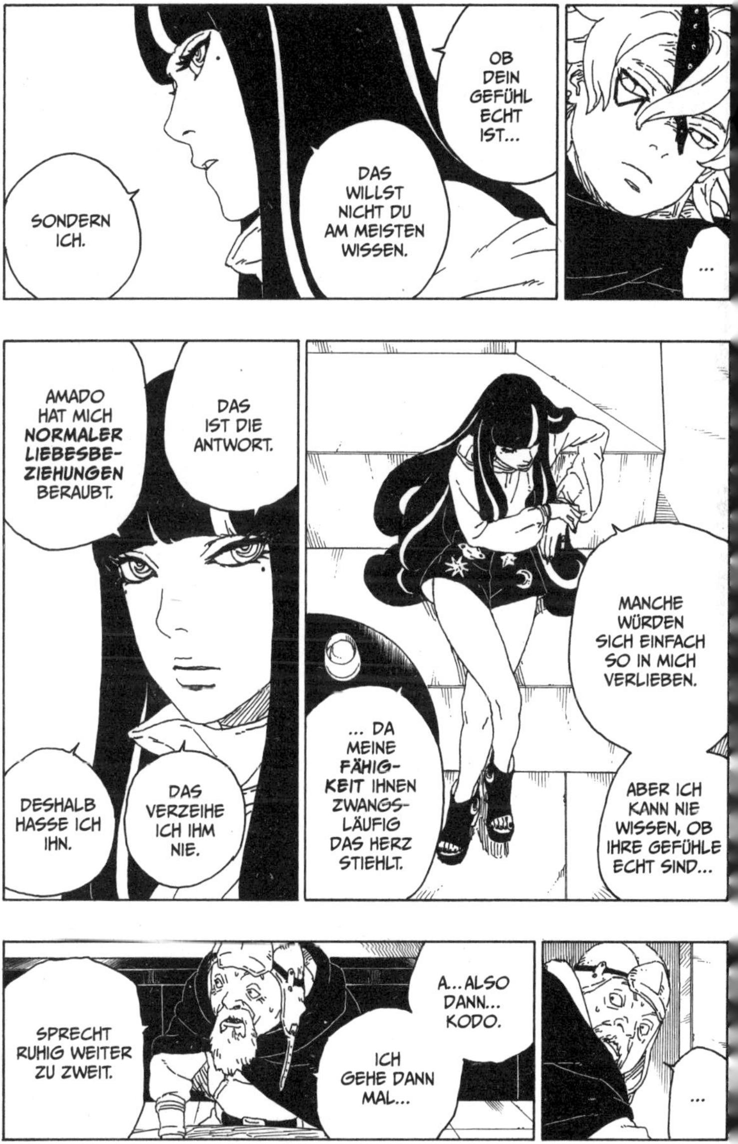
...
OB DEIN GEFÜHL ECHT IST...
DAS WILLST NICHT DU AM MEISTEN WISSEN.
SONDERN ICH.
MANCHE WÜRDEN SICH EINFACH SO IN MICH VERLIEBEN.
ABER ICH KANN NIE WISSEN, OB IHRE GEFÜHLE ECHT SIND...
... DA MEINE FÄHIGKEIT IHNEN ZWANGSLÄUFIG DAS HERZ STIEHLT.
DAS IST DIE ANTWORT.
AMADO HAT MICH NORMALER LIEBESBEZIEHUNGEN BERAUBT.
DAS VERZEIHE ICH IHM NIE.
DESHALB HASSE ICH IHN.
...
A...ALSO DANN... KODO.
ICH GEHE DANN MAL...
SPRECHT RUHIG WEITER ZU ZWEIT.

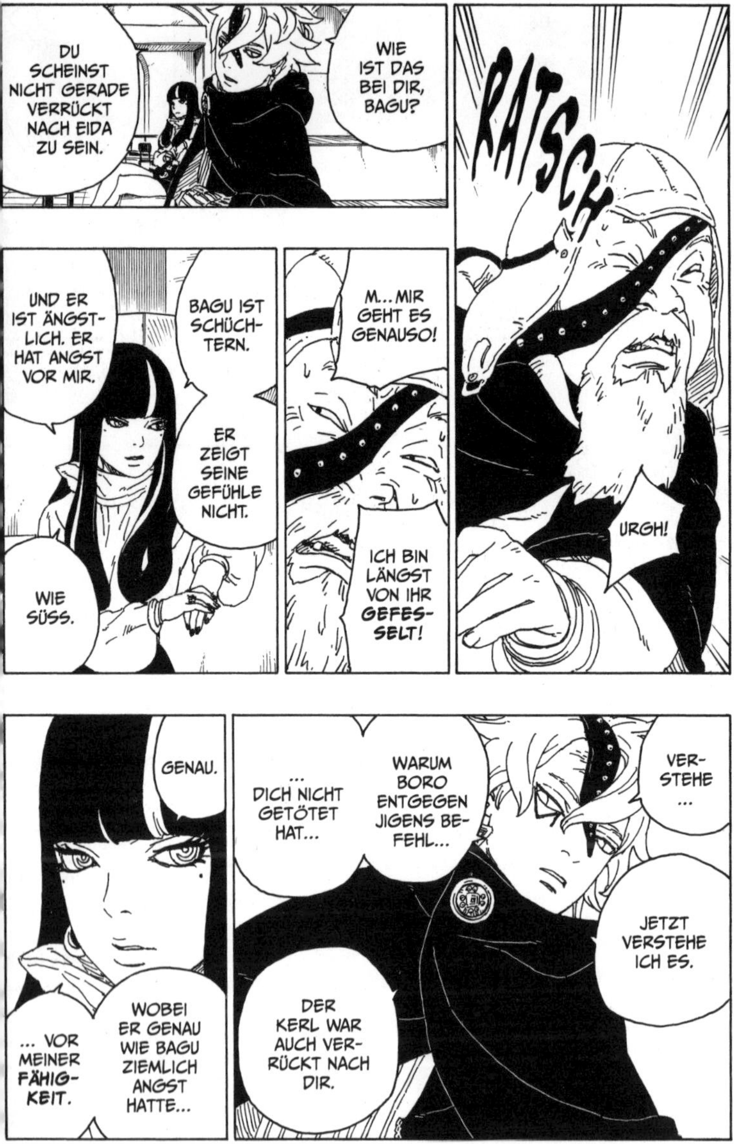
DU SCHEINST NICHT GERADE VERRÜCKT NACH EIDA ZU SEIN.
WIE IST DAS BEI DIR, BAGU?
M... MIR GEHT ES GENAUSO!
ICH BIN LÄNGST VON IHR GEFESSELT!
RATSCH
URGH!
BAGU IST SCHÜCHTERN.
ER ZEIGT SEINE GEFÜHLE NICHT.
UND ER IST ÄNGSTLICH. ER HAT ANGST VOR MIR.
WIE SÜSS.
VERSTEHE ...
WARUM BORO ENTGEGEN JIGENS BEFEHL...
... DICH NICHT GETÖTET HAT...
JETZT VERSTEHE ICH ES.
DER KERL WAR AUCH VERRÜCKT NACH DIR.
GENAU.
WOBEI ER GENAU WIE BAGU ZIEMLICH ANGST HATTE...
... VOR MEINER FÄHIGKEIT.

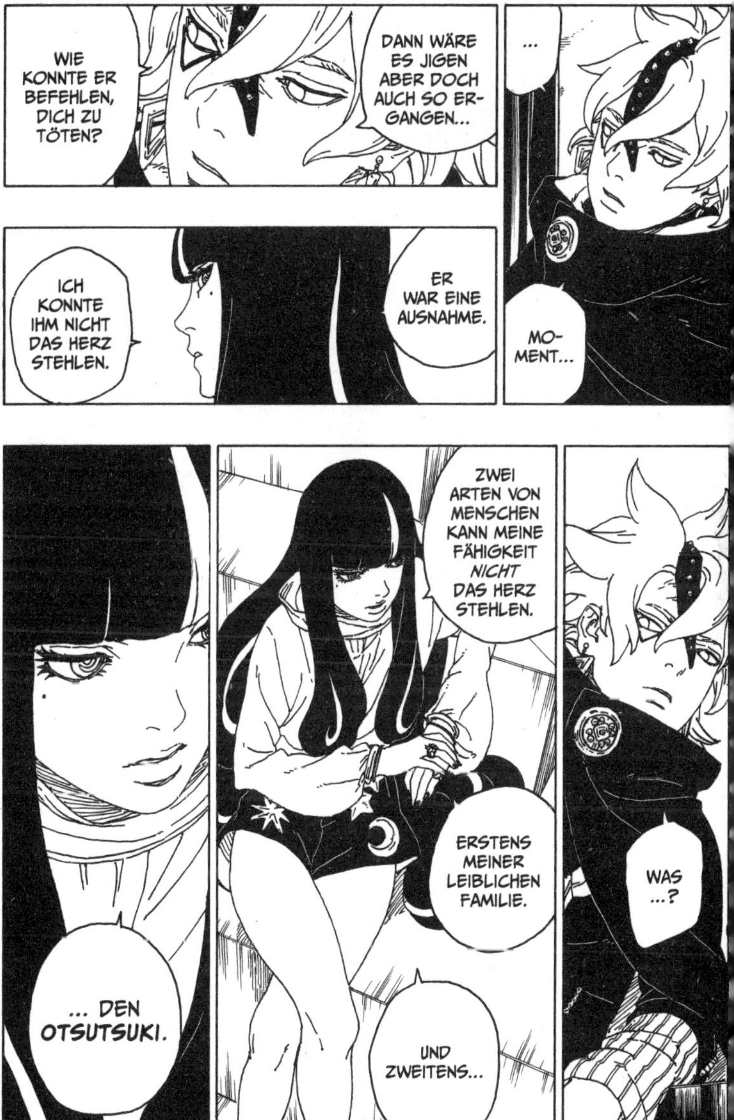
DANN WÄRE ES JIGEN ABER DOCH AUCH SO ERGANGEN...
WIE KONNTE ER BEFEHLEN, DICH ZU TÖTEN?
ER WAR EINE AUSNAHME.
ICH KONNTE IHM NICHT DAS HERZ STEHLEN.
...
MOMENT...
WAS ...?
ZWEI ARTEN VON MENSCHEN KANN MEINE FÄHIGKEIT *NICHT* DAS HERZ STEHLEN.
ERSTENS MEINER LEIBLICHEN FAMILIE.
UND ZWEITENS...
... DEN OTSUTSUKI.

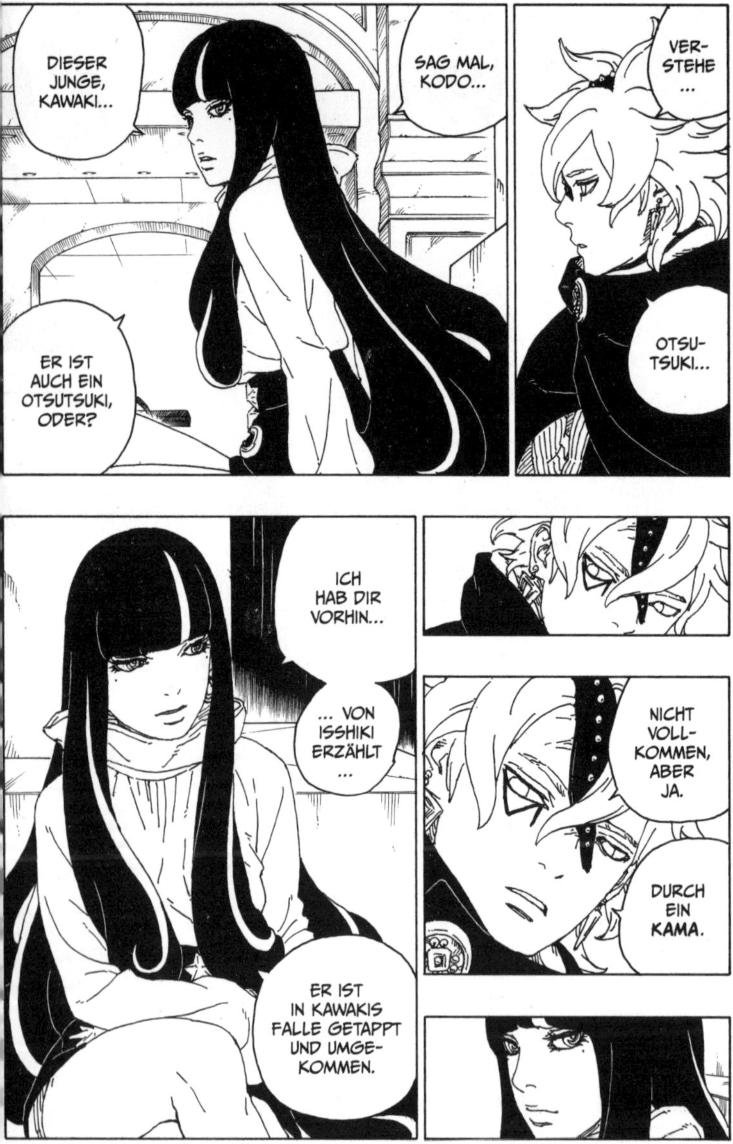
VER-STEHE ...
OTSU-TSUKI...
SAG MAL, KODO...
DIESER JUNGE, KAWAKI...
ER IST AUCH EIN OTSUTSUKI, ODER?
NICHT VOLL-KOMMEN, ABER JA.
DURCH EIN KAMA.
ICH HAB DIR VORHIN...
... VON ISSHIKI ERZÄHLT ...
ER IST IN KAWAKIS FALLE GETAPPT UND UMGE-KOMMEN.

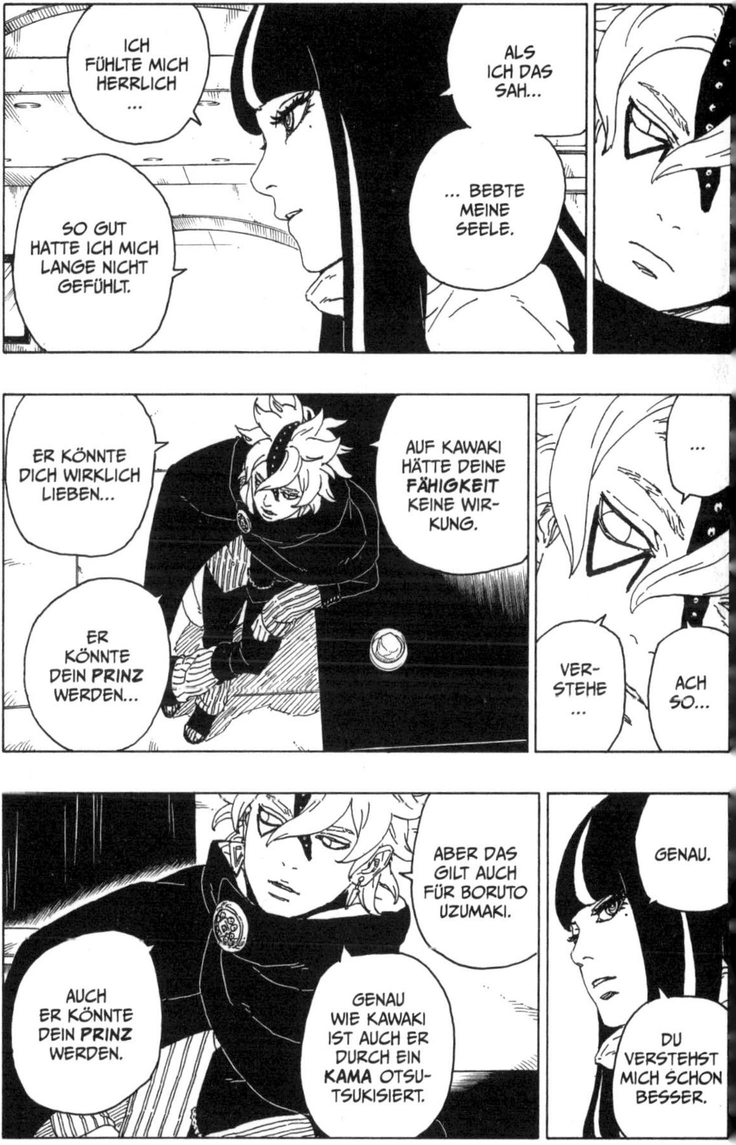
ALS ICH DAS SAH...
... BEBTE MEINE SEELE.
ICH FÜHLTE MICH HERRLICH ...
SO GUT HATTE ICH MICH LANGE NICHT GEFÜHLT.
...
ACH SO...
VERSTEHE ...
AUF KAWAKI HÄTTE DEINE **FÄHIGKEIT** KEINE WIRKUNG.
ER KÖNNTE DICH WIRKLICH LIEBEN...
ER KÖNNTE DEIN **PRINZ** WERDEN...
GENAU.
DU VERSTEHST MICH SCHON BESSER.
ABER DAS GILT AUCH FÜR BORUTO UZUMAKI.
GENAU WIE KAWAKI IST AUCH ER DURCH EIN **KAMA** OTSUTSUKISIERT.
AUCH ER KÖNNTE DEIN **PRINZ** WERDEN.

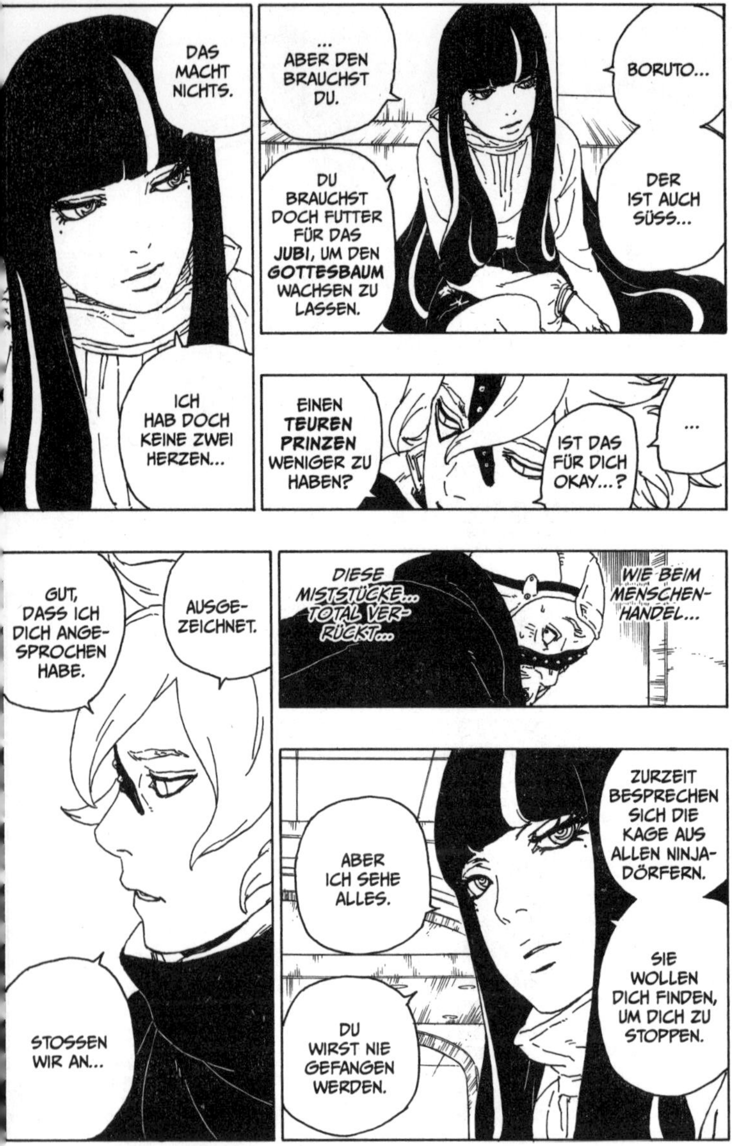

BORUTO...
DER IST AUCH SÜSS...
... ABER DEN BRAUCHST DU.
DU BRAUCHST DOCH FUTTER FÜR DAS JUBI, UM DEN GOTTESBAUM WACHSEN ZU LASSEN.
...
IST DAS FÜR DICH OKAY...?
EINEN TEUREN PRINZEN WENIGER ZU HABEN?
DAS MACHT NICHTS.
ICH HAB DOCH KEINE ZWEI HERZEN...
WIE BEIM MENSCHENHANDEL...
DIESE MISTSTÜCKE... TOTAL VERRÜCKT...
ZURZEIT BESPRECHEN SICH DIE KAGE AUS ALLEN NINJADÖRFERN.
SIE WOLLEN DICH FINDEN, UM DICH ZU STOPPEN.
ABER ICH SEHE ALLES.
DU WIRST NIE GEFANGEN WERDEN.
AUSGEZEICHNET.
GUT, DASS ICH DICH ANGESPROCHEN HABE.
STOSSEN WIR AN...

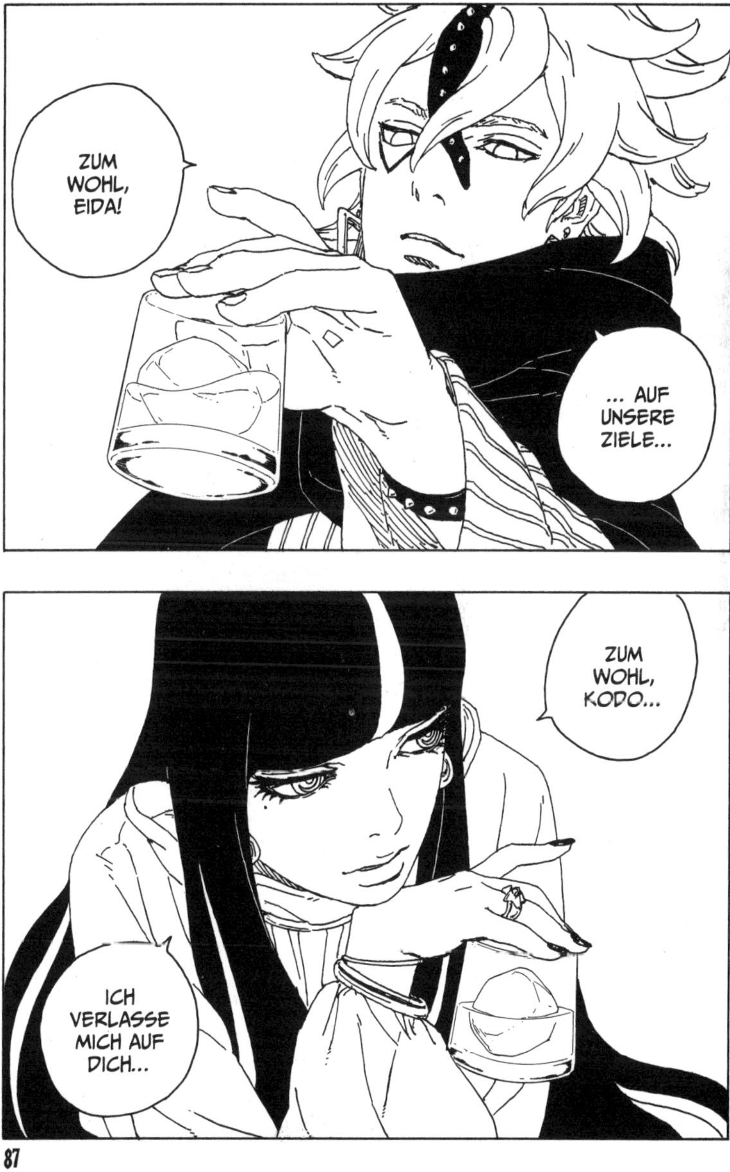
ZUM WOHL, EIDA!
... AUF UNSERE ZIELE...
ZUM WOHL, KODO...
ICH VERLASSE MICH AUF DICH...

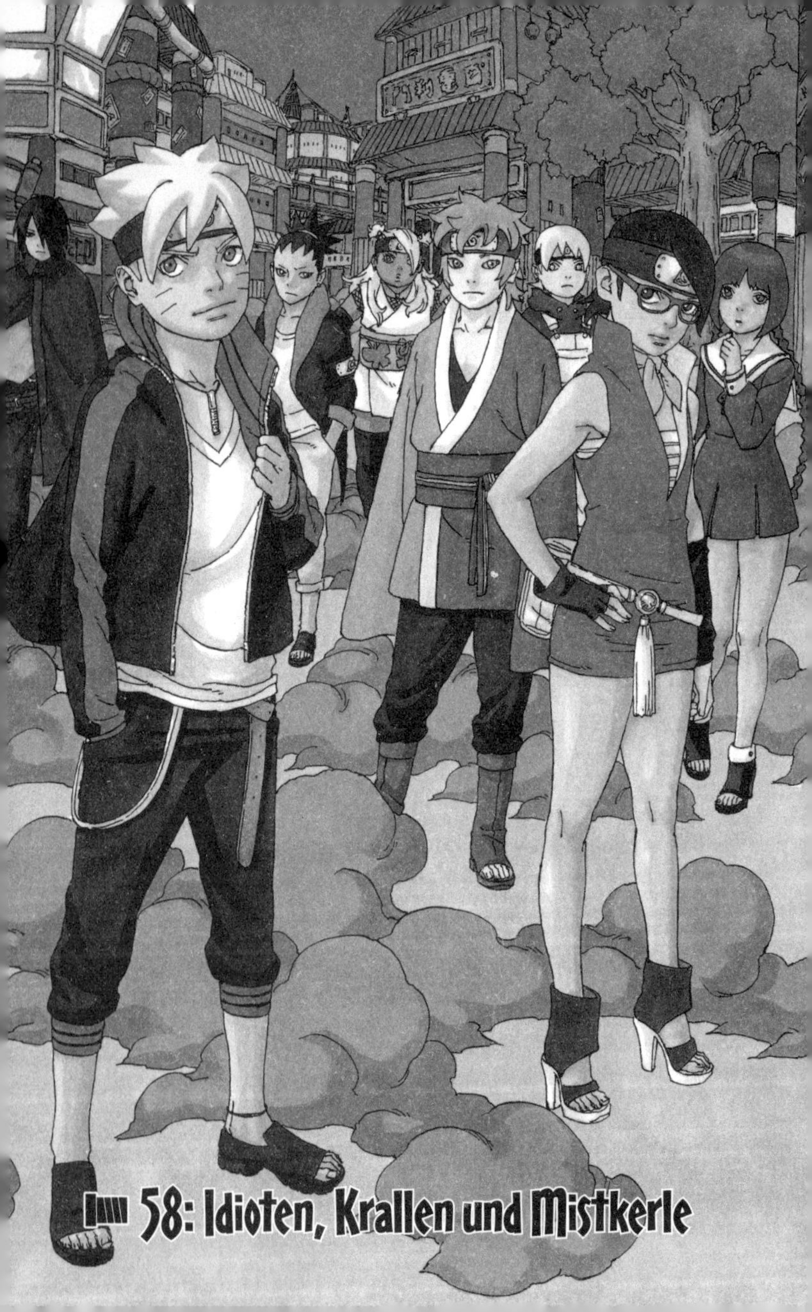
58: Idioten, Krallen und Mistkerle

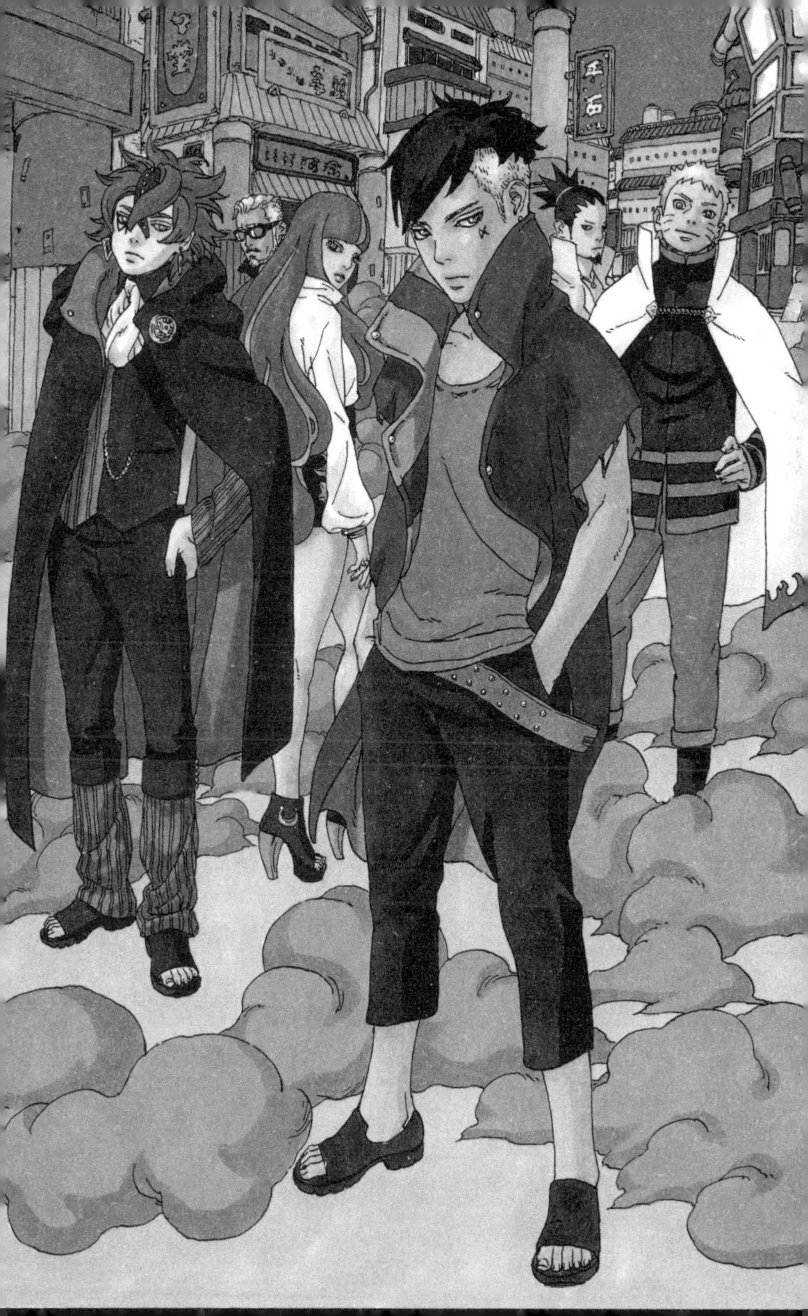

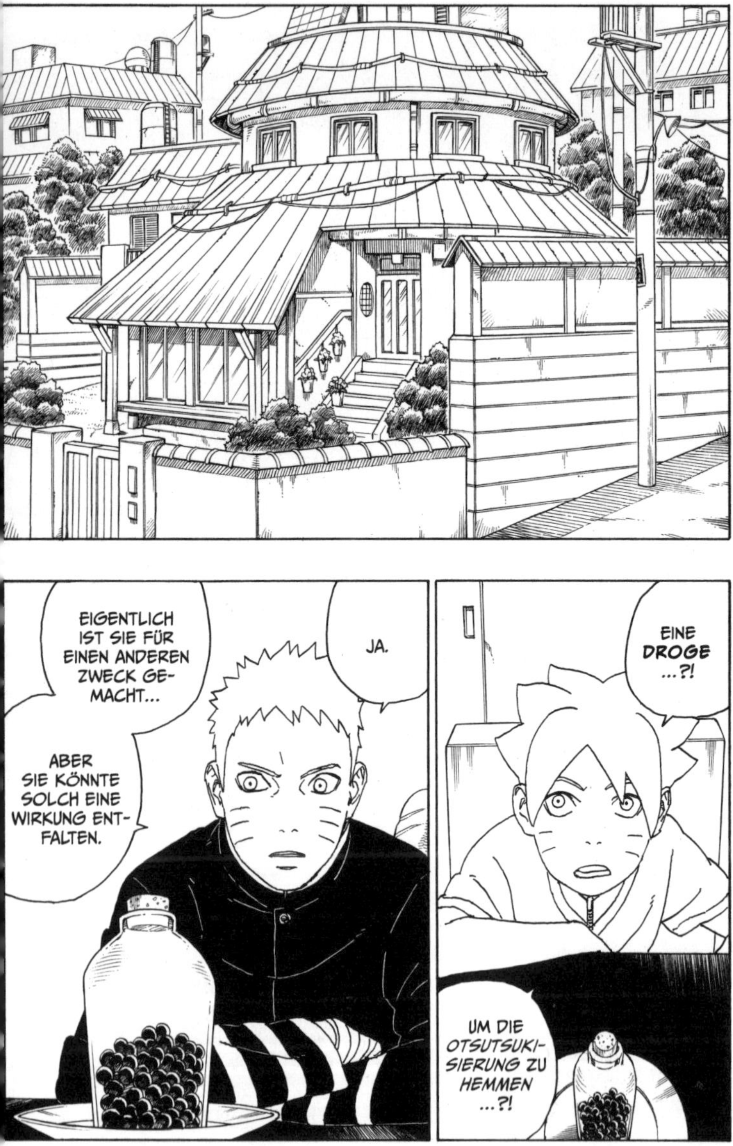
EINE DROGE ...?!
UM DIE OTSUTSUKI-SIERUNG ZU HEMMEN ...?!
JA.
EIGENTLICH IST SIE FÜR EINEN ANDEREN ZWECK GE-MACHT...
ABER SIE KÖNNTE SOLCH EINE WIRKUNG ENT-FALTEN.

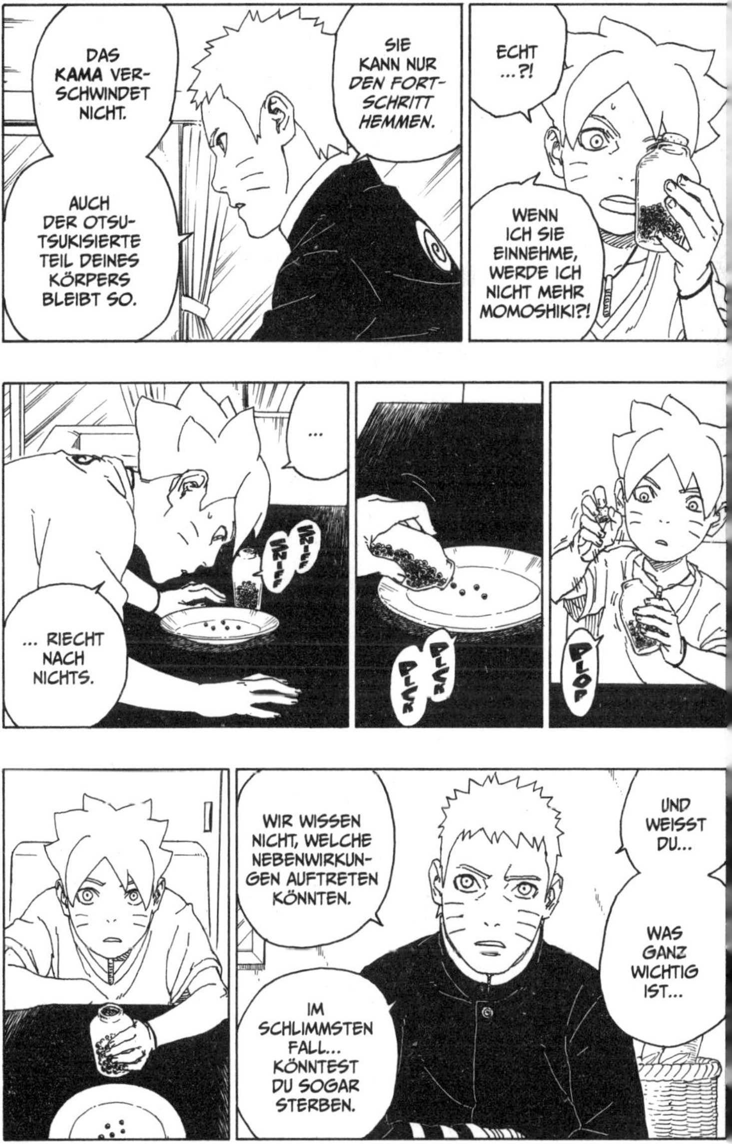
ECHT …?!
WENN ICH SIE EINNEHME, WERDE ICH NICHT MEHR MOMOSHIKI?!
SIE KANN NUR DEN FORTSCHRITT HEMMEN.
DAS KAMA VERSCHWINDET NICHT.
AUCH DER OTSUTSUKISIERTE TEIL DEINES KÖRPERS BLEIBT SO.
PLOP
PLICK
PLICK
…
SNIFF
SNIFF
… RIECHT NACH NICHTS.
UND WEISST DU…
WAS GANZ WICHTIG IST…
WIR WISSEN NICHT, WELCHE NEBENWIRKUNGEN AUFTRETEN KÖNNTEN.
IM SCHLIMMSTEN FALL… KÖNNTEST DU SOGAR STERBEN.

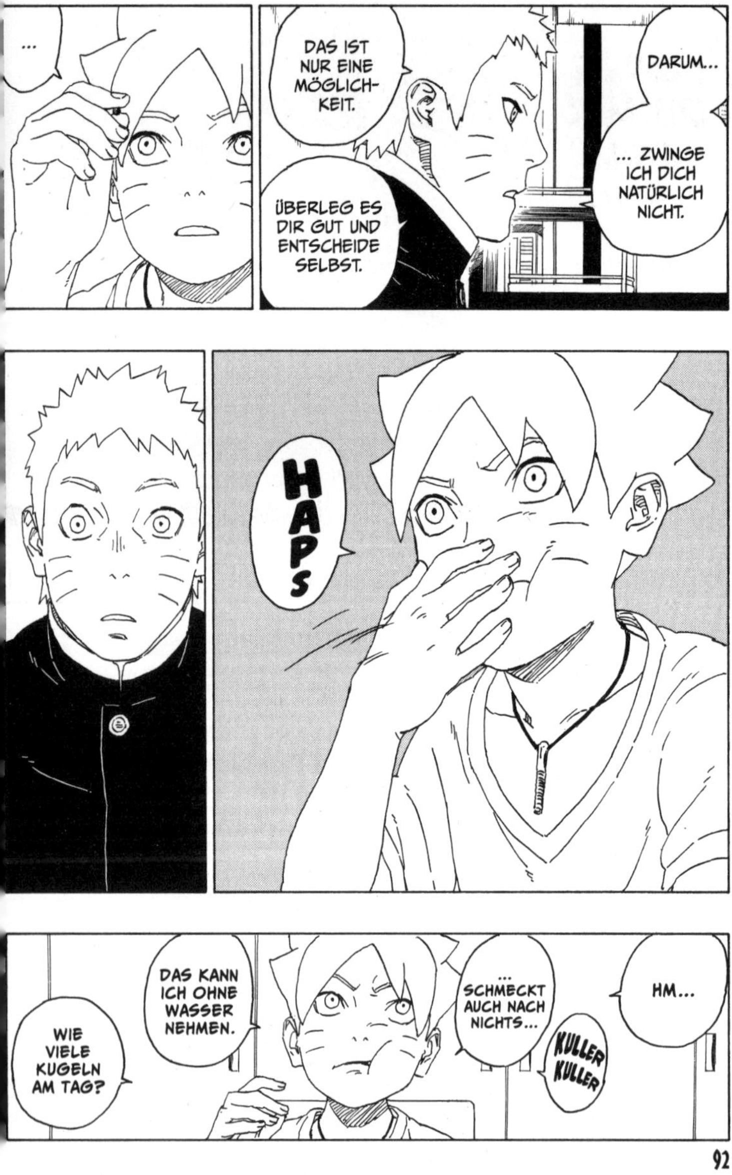
DARUM...
... ZWINGE ICH DICH NATÜRLICH NICHT.
DAS IST NUR EINE MÖGLICHKEIT.
ÜBERLEG ES DIR GUT UND ENTSCHEIDE SELBST.
...
HAPS
HM...
... SCHMECKT AUCH NACH NICHTS...
KULLER KULLER
DAS KANN ICH OHNE WASSER NEHMEN.
WIE VIELE KUGELN AM TAG?

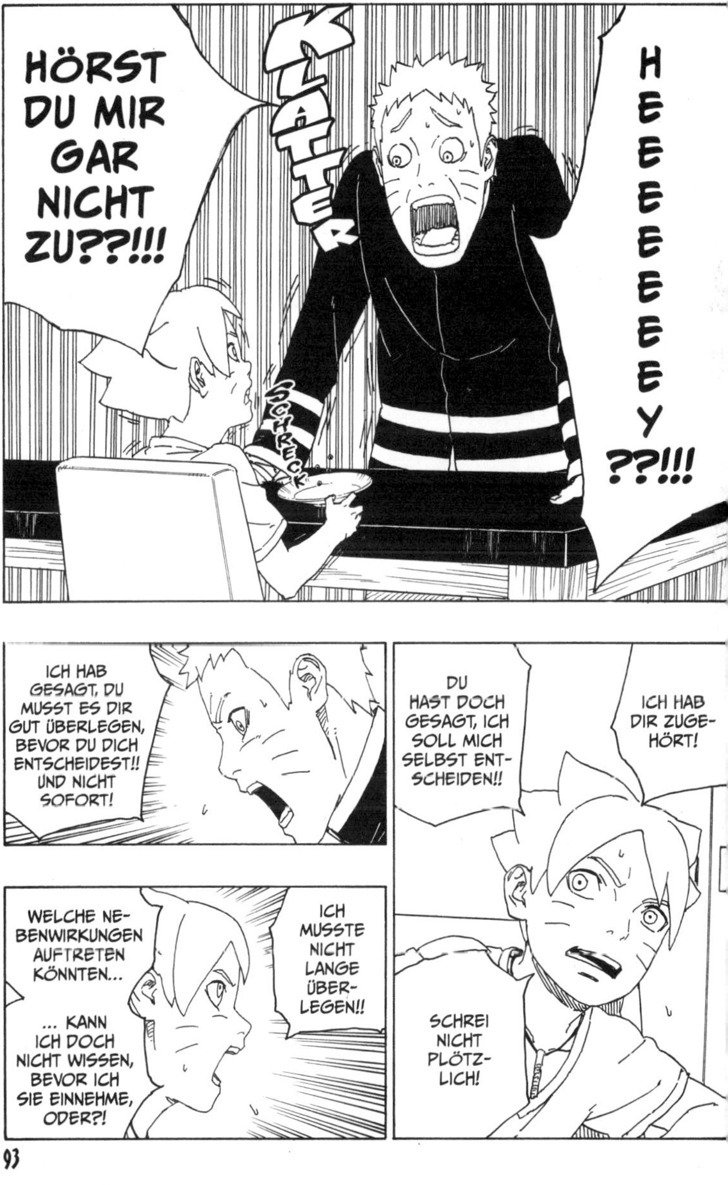
HEEEEEEEY??!!!
KLATTER
HÖRST DU MIR GAR NICHT ZU??!!!
SCHRECK
ICH HAB DIR ZUGE-HÖRT!
DU HAST DOCH GESAGT, ICH SOLL MICH SELBST ENT-SCHEIDEN!!
ICH HAB GESAGT, DU MUSST ES DIR GUT ÜBERLEGEN, BEVOR DU DICH ENTSCHEIDEST!! UND NICHT SOFORT!
SCHREI NICHT PLÖTZ-LICH!
ICH MUSSTE NICHT LANGE ÜBER-LEGEN!!
WELCHE NE-BENWIRKUNGEN AUFTRETEN KÖNNTEN...
... KANN ICH DOCH NICHT WISSEN, BEVOR ICH SIE EINNEHME, ODER?!

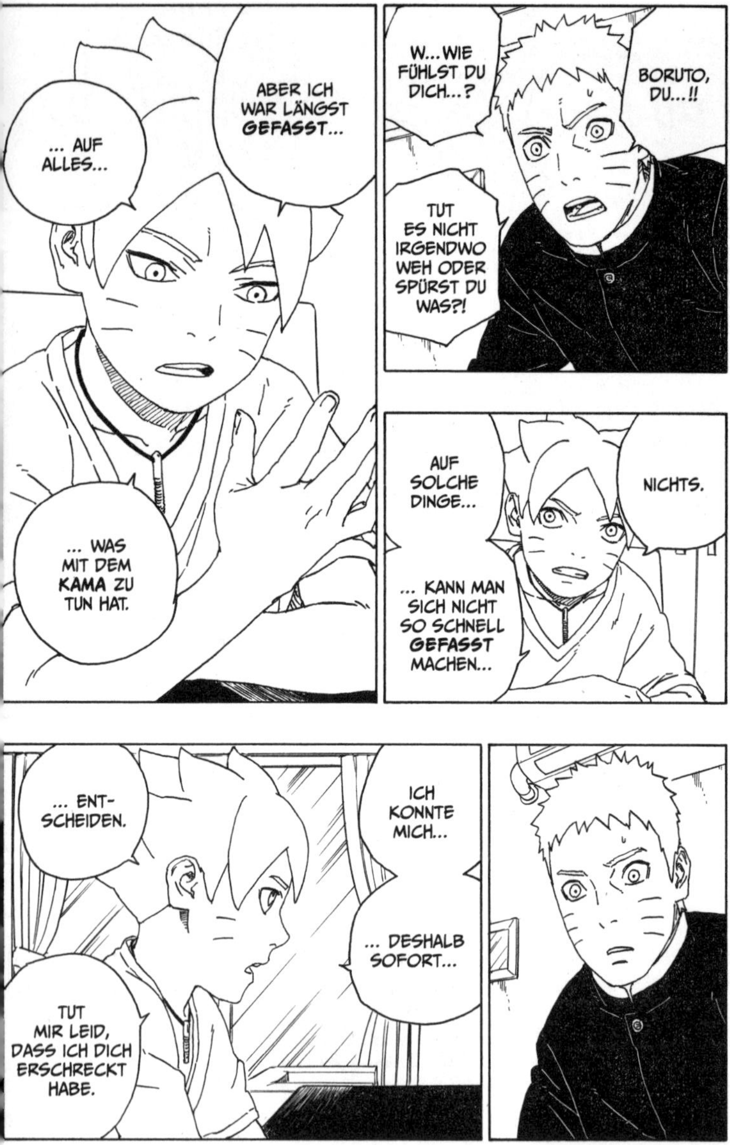
BORUTO, DU...!!
W...WIE FÜHLST DU DICH...?
TUT ES NICHT IRGENDWO WEH ODER SPÜRST DU WAS?!
NICHTS.
AUF SOLCHE DINGE...
... KANN MAN SICH NICHT SO SCHNELL GEFASST MACHEN...
ABER ICH WAR LÄNGST GEFASST...
... AUF ALLES...
... WAS MIT DEM KAMA ZU TUN HAT.
ICH KONNTE MICH...
... DESHALB SOFORT...
... ENT- SCHEIDEN.
TUT MIR LEID, DASS ICH DICH ERSCHRECKT HABE.

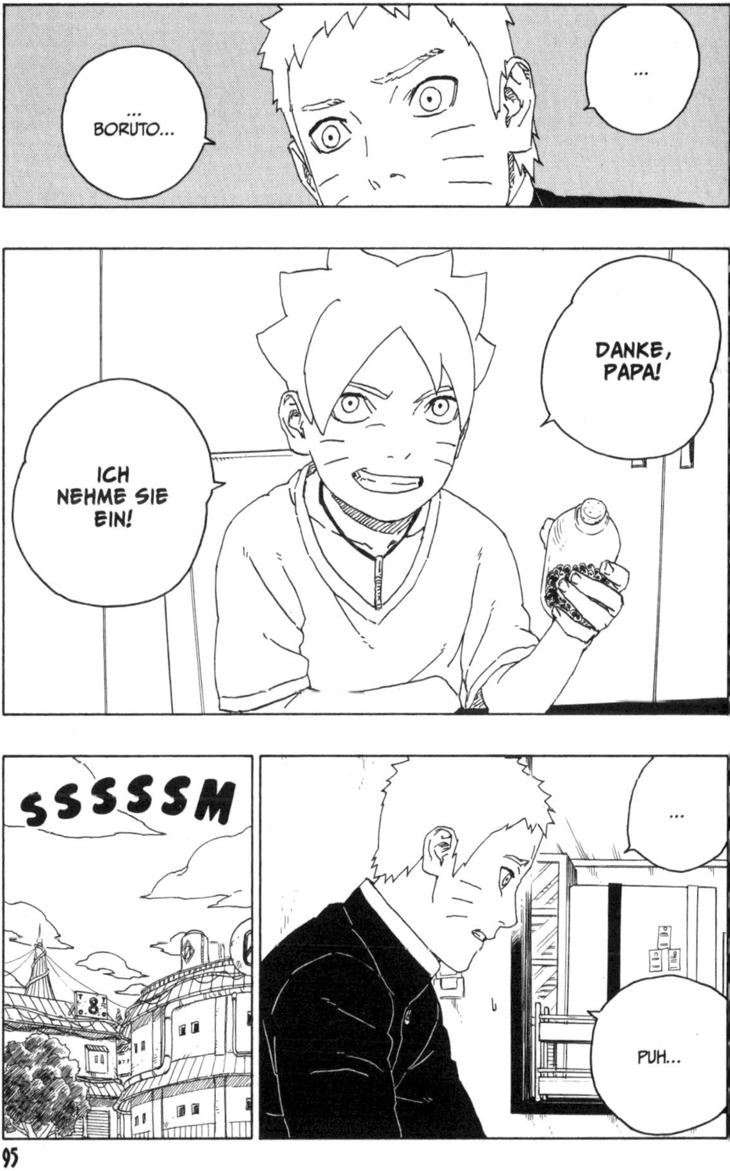
...
... BORUTO...
DANKE, PAPA!
ICH NEHME SIE EIN!
...
PUH...
SSSSSM

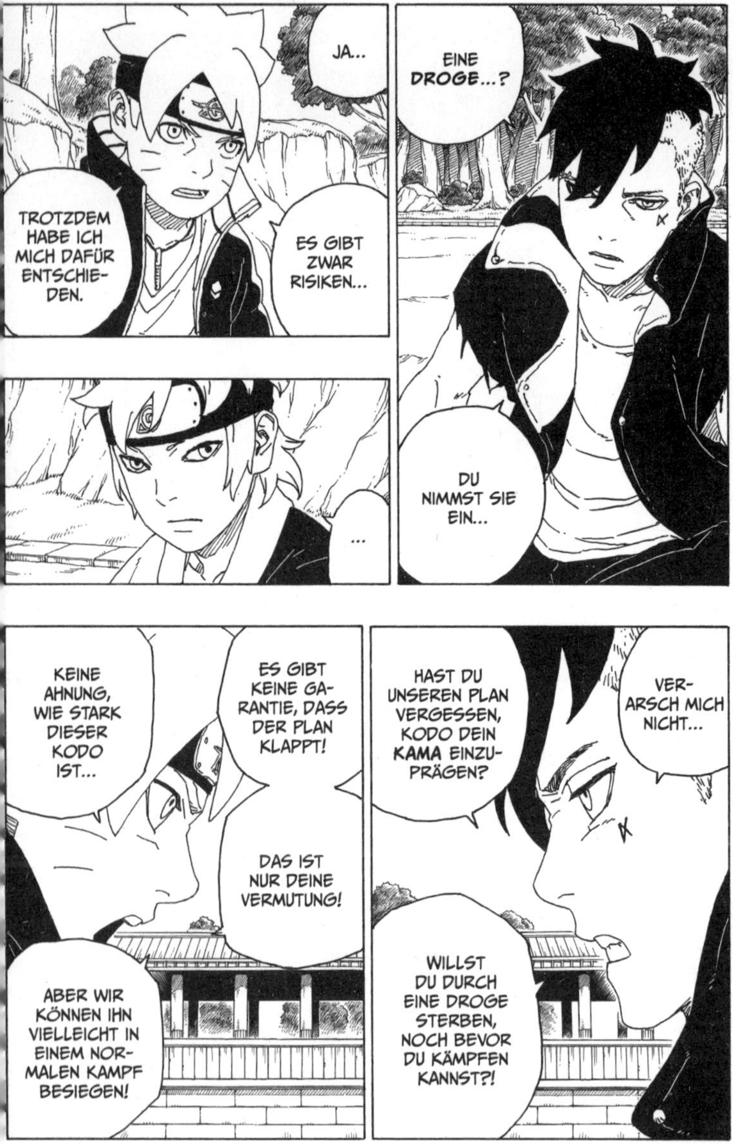

EINE DROGE...?
JA...
ES GIBT ZWAR RISIKEN...
TROTZDEM HABE ICH MICH DAFÜR ENTSCHIE-DEN.
DU NIMMST SIE EIN...
...
VER-ARSCH MICH NICHT...
HAST DU UNSEREN PLAN VERGESSEN, KODO DEIN KAMA EINZU-PRÄGEN?
WILLST DU DURCH EINE DROGE STERBEN, NOCH BEVOR DU KÄMPFEN KANNST?!
ES GIBT KEINE GA-RANTIE, DASS DER PLAN KLAPPT!
KEINE AHNUNG, WIE STARK DIESER KODO IST...
DAS IST NUR DEINE VERMUTUNG!
ABER WIR KÖNNEN IHN VIELLEICHT IN EINEM NOR-MALEN KAMPF BESIEGEN!

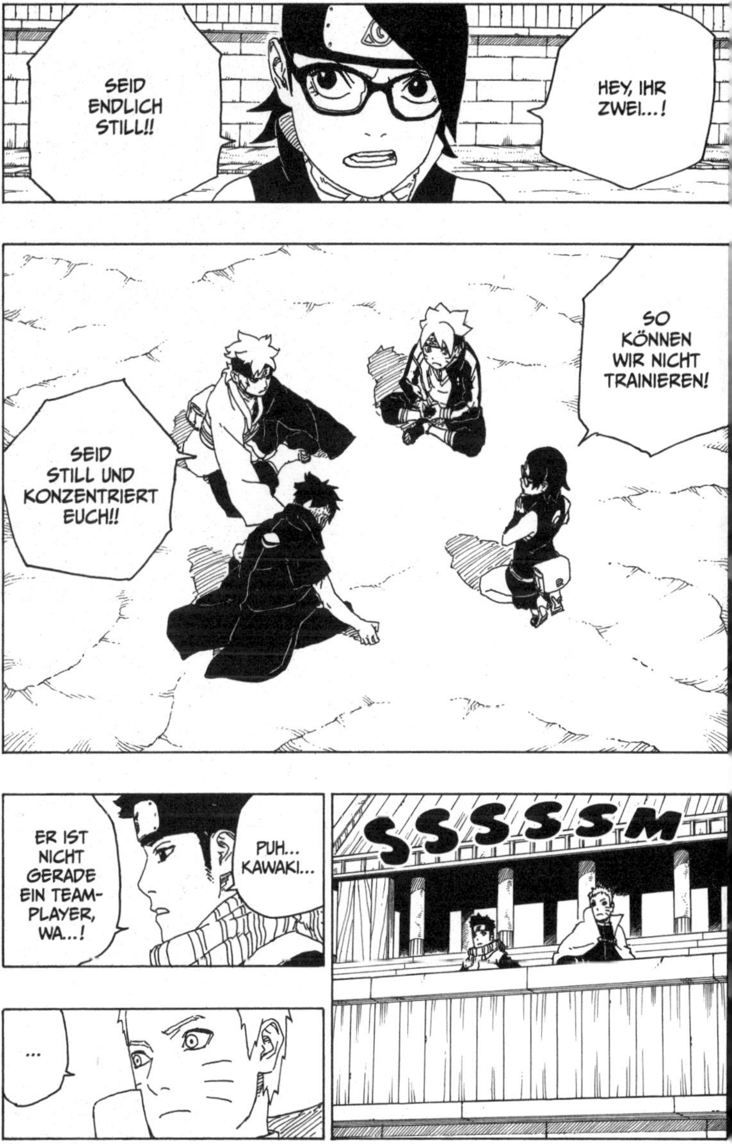
HEY, IHR ZWEI...!
SEID ENDLICH STILL!!
SO KÖNNEN WIR NICHT TRAINIEREN!
SEID STILL UND KONZENTRIERT EUCH!!
SSSSSM
PUH... KAWAKI...
ER IST NICHT GERADE EIN TEAM-PLAYER, WA...!
...

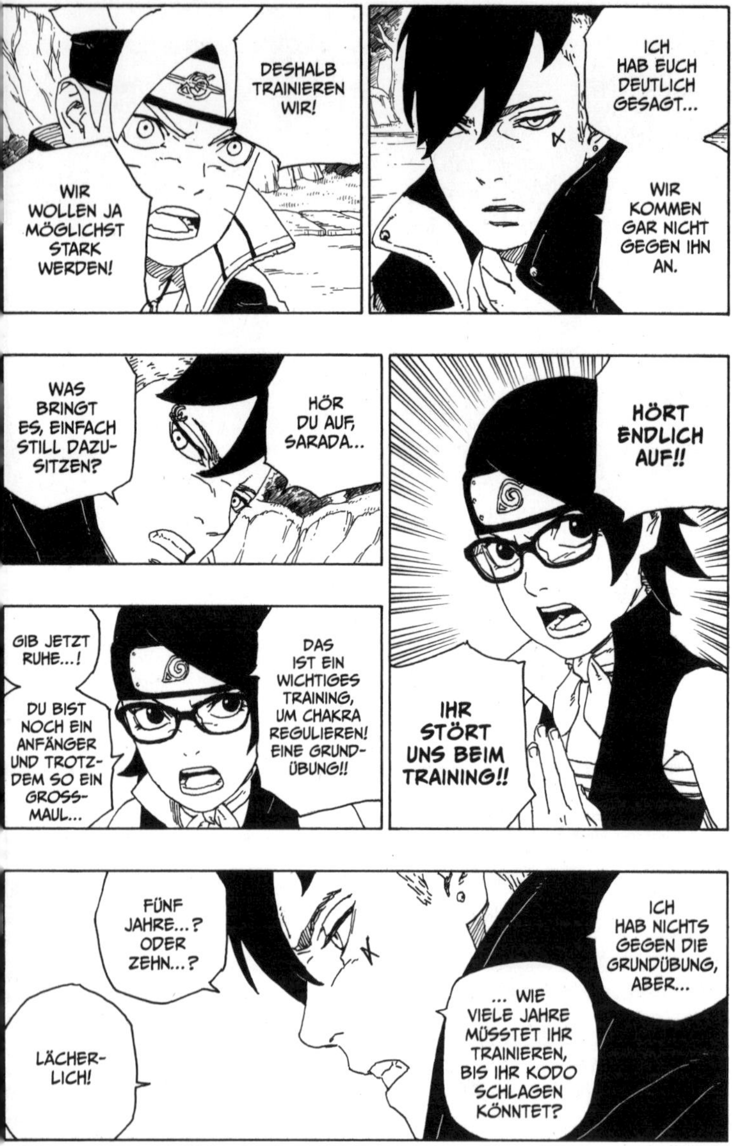
ICH HAB EUCH DEUTLICH GESAGT...
WIR KOMMEN GAR NICHT GEGEN IHN AN.
DESHALB TRAINIEREN WIR!
WIR WOLLEN JA MÖGLICHST STARK WERDEN!
HÖRT ENDLICH AUF!!
IHR STÖRT UNS BEIM TRAINING!!
HÖR DU AUF, SARADA...
WAS BRINGT ES, EINFACH STILL DAZU-SITZEN?
DAS IST EIN WICHTIGES TRAINING, UM CHAKRA REGULIEREN! EINE GRUND-ÜBUNG!!
GIB JETZT RUHE...!
DU BIST NOCH EIN ANFÄNGER UND TROTZ-DEM SO EIN GROSS-MAUL...
ICH HAB NICHTS GEGEN DIE GRUNDÜBUNG, ABER...
... WIE VIELE JAHRE MÜSSTET IHR TRAINIEREN, BIS IHR KODO SCHLAGEN KÖNNTET?
FÜNF JAHRE...? ODER ZEHN...?
LÄCHERLICH!

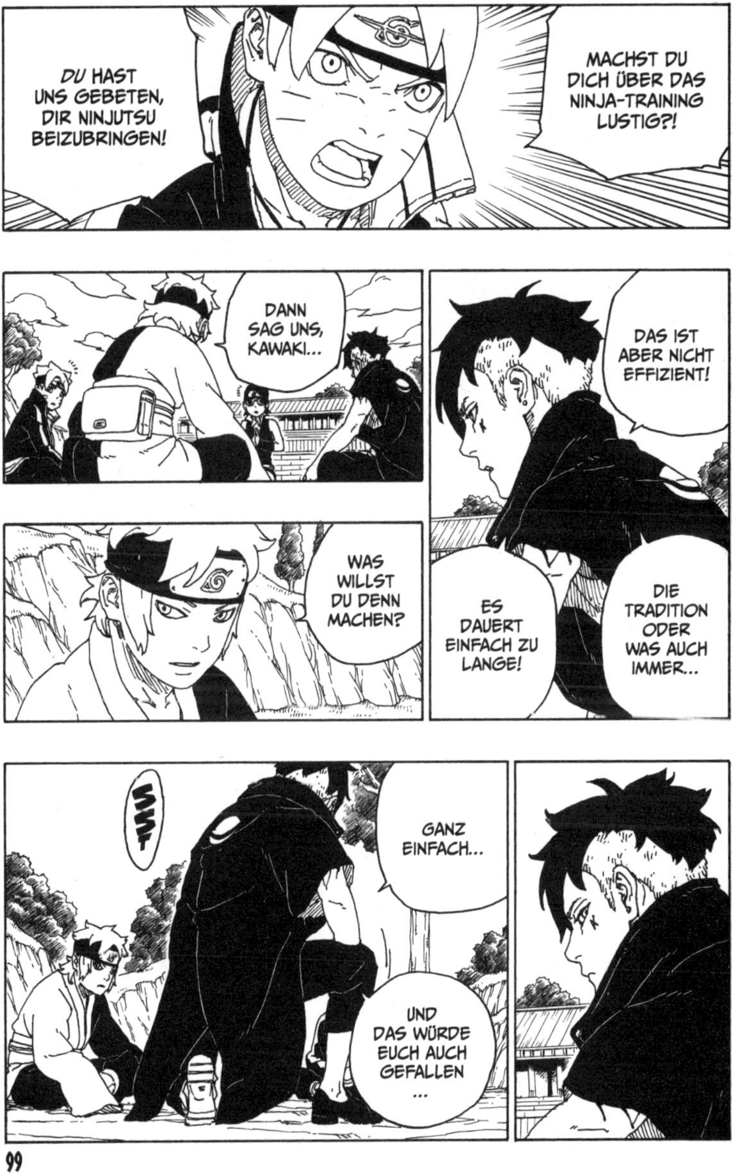
MACHST DU DICH ÜBER DAS NINJA-TRAINING LUSTIG?!
DU HAST UNS GEBETEN, DIR NINJUTSU BEIZUBRINGEN!
DAS IST ABER NICHT EFFIZIENT!
DIE TRADITION ODER WAS AUCH IMMER...
ES DAUERT EINFACH ZU LANGE!
DANN SAG UNS, KAWAKI...
WAS WILLST DU DENN MACHEN?
SSST
GANZ EINFACH...
UND DAS WÜRDE EUCH AUCH GEFALLEN ...

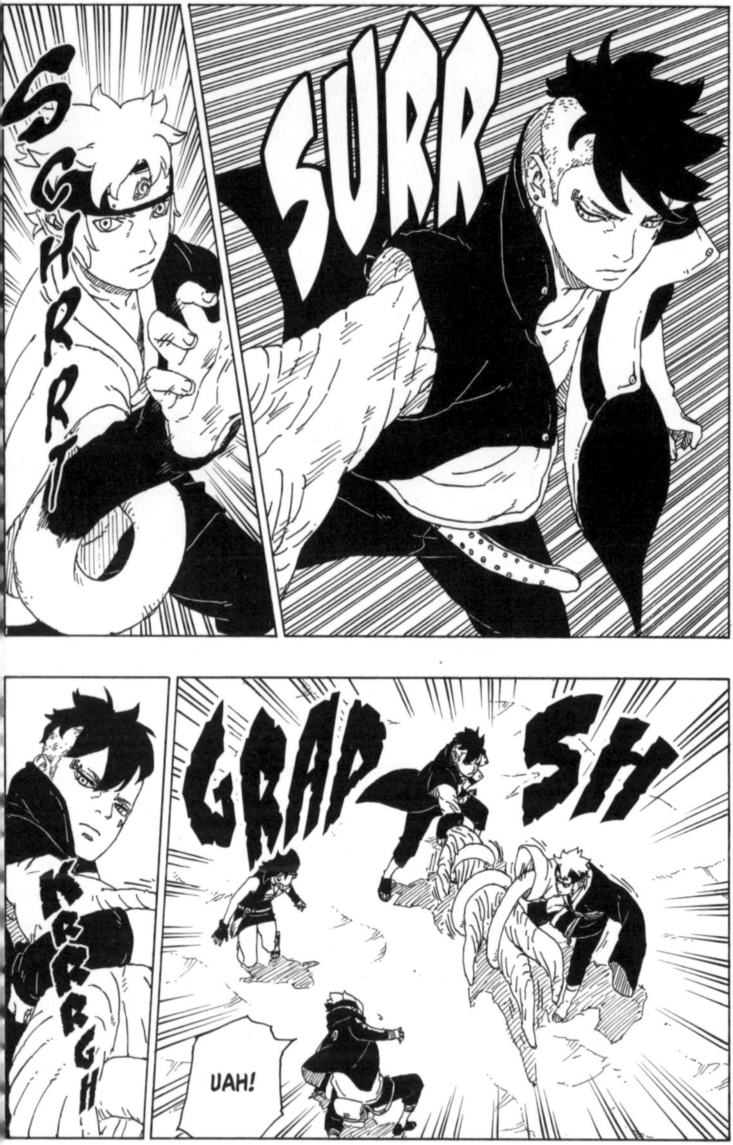
SURR
SCHRRT
GRAD
SH
UAH!
KRRRGH

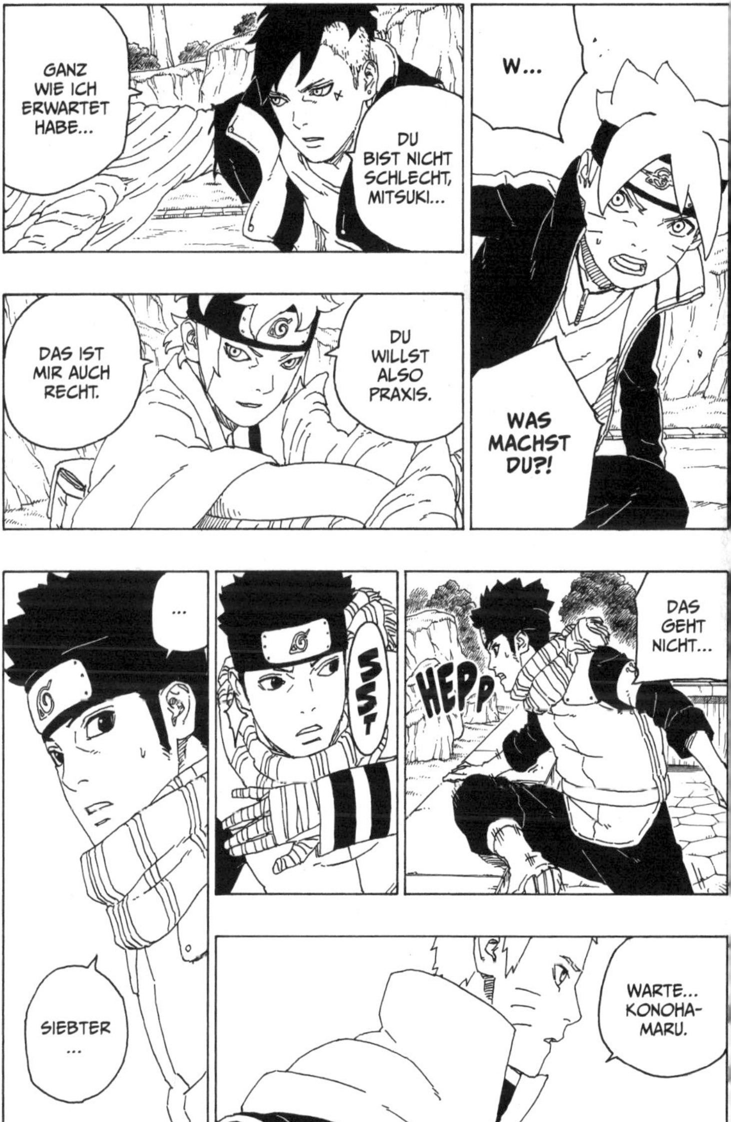
W...
DU BIST NICHT SCHLECHT, MITSUKI...
GANZ WIE ICH ERWARTET HABE...
DU WILLST ALSO PRAXIS.
DAS IST MIR AUCH RECHT.
WAS MACHST DU?!
DAS GEHT NICHT...
HEPP
SST
...
WARTE... KONOHA-MARU.
SIEBTER ...

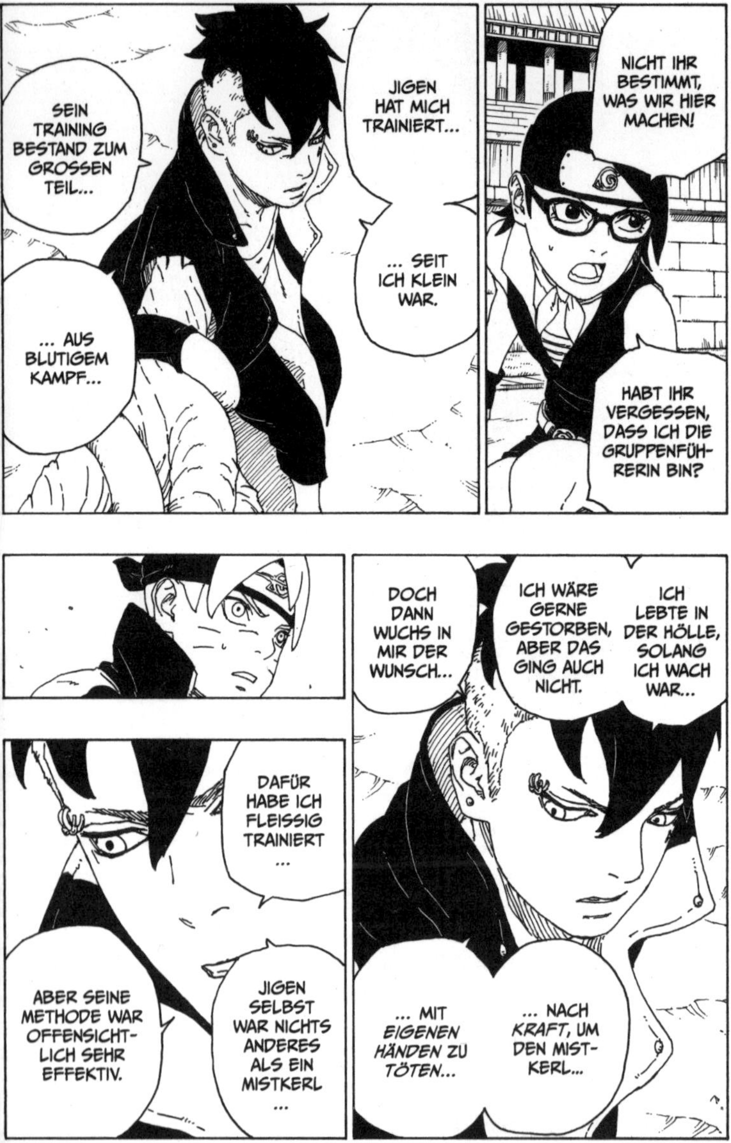
NICHT IHR BESTIMMT, WAS WIR HIER MACHEN!
HABT IHR VERGESSEN, DASS ICH DIE GRUPPENFÜHRERIN BIN?
JIGEN HAT MICH TRAINIERT...
... SEIT ICH KLEIN WAR.
SEIN TRAINING BESTAND ZUM GROSSEN TEIL...
... AUS BLUTIGEM KAMPF...
ICH LEBTE IN DER HÖLLE, SOLANG ICH WACH WAR...
ICH WÄRE GERNE GESTORBEN, ABER DAS GING AUCH NICHT.
DOCH DANN WUCHS IN MIR DER WUNSCH...
... NACH *KRAFT*, UM DEN MISTKERL...
... MIT *EIGENEN HÄNDEN ZU TÖTEN*...
DAFÜR HABE ICH FLEISSIG TRAINIERT ...
JIGEN SELBST WAR NICHTS ANDERES ALS EIN MISTKERL ...
ABER SEINE METHODE WAR OFFENSICHTLICH SEHR EFFEKTIV.

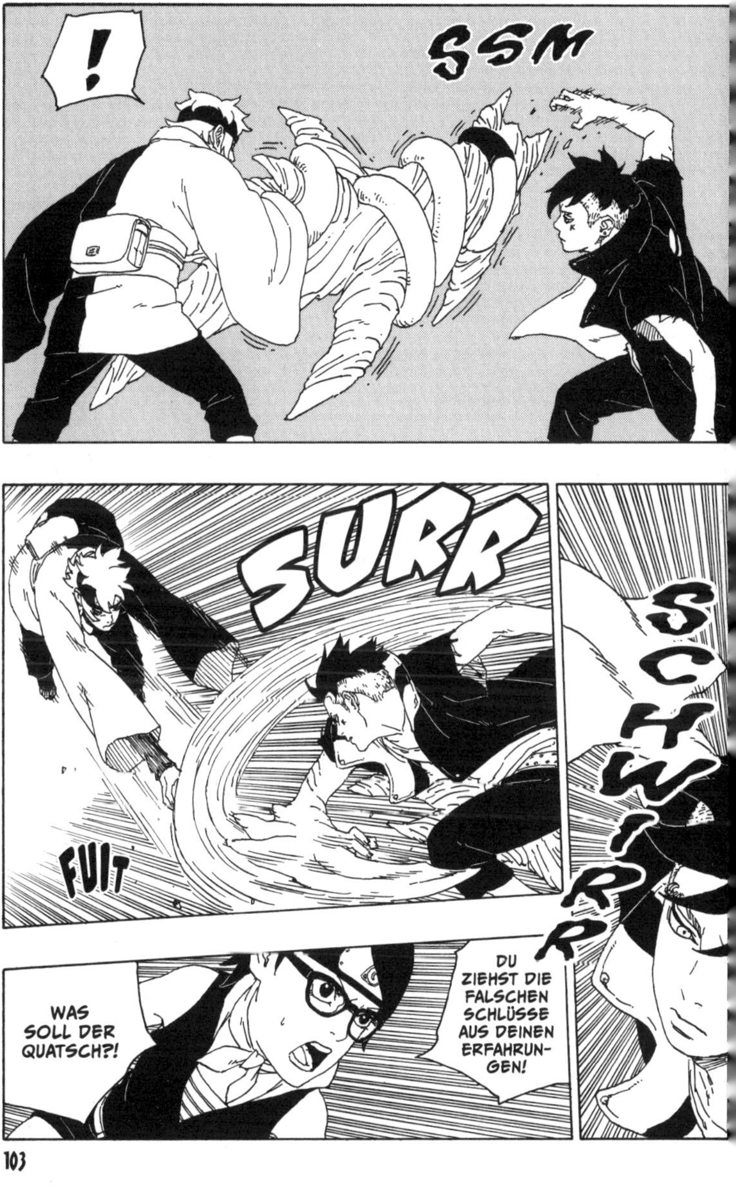
!
SSM
SURR
SCHWIRRR
FUIT
DU ZIEHST DIE FALSCHEN SCHLÜSSE AUS DEINEN ERFAHRUN-GEN!
WAS SOLL DER QUATSCH?!

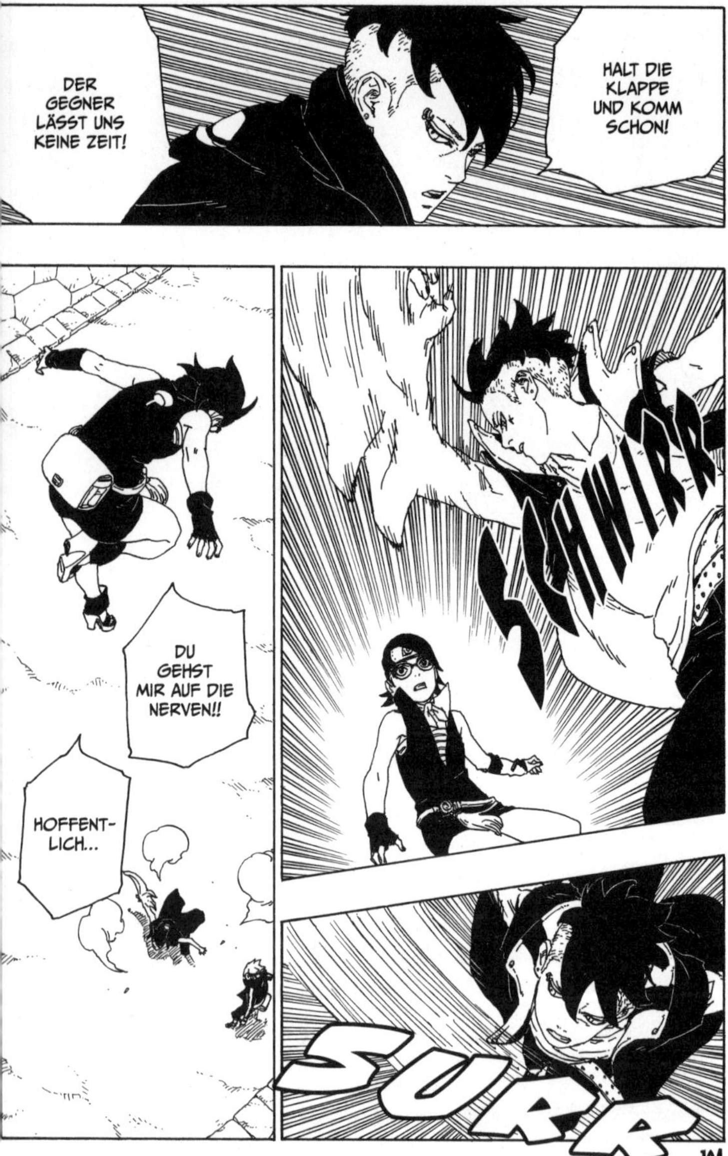
HALT DIE KLAPPE UND KOMM SCHON!
DER GEGNER LÄSST UNS KEINE ZEIT!
SCHWIRR
DU GEHST MIR AUF DIE NERVEN!!
HOFFENT-LICH...
SURR

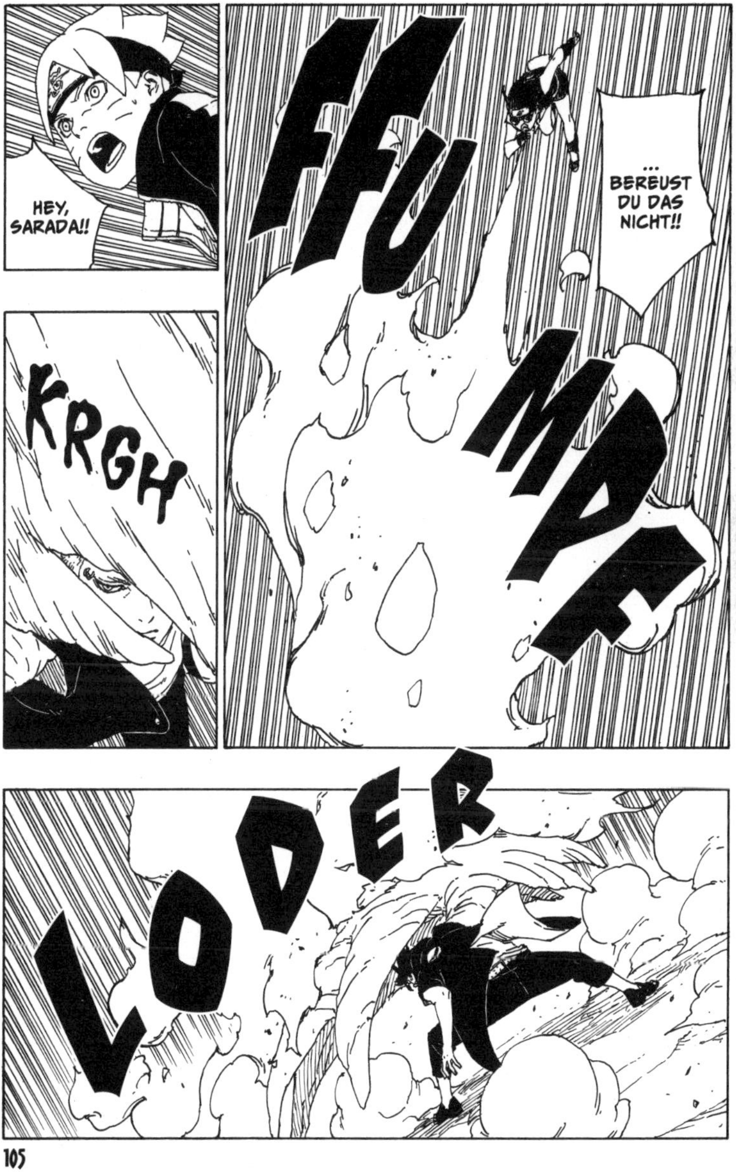
FFUMPF
... BEREUST DU DAS NICHT!!
HEY, SARADA!!
KRGH
LODER

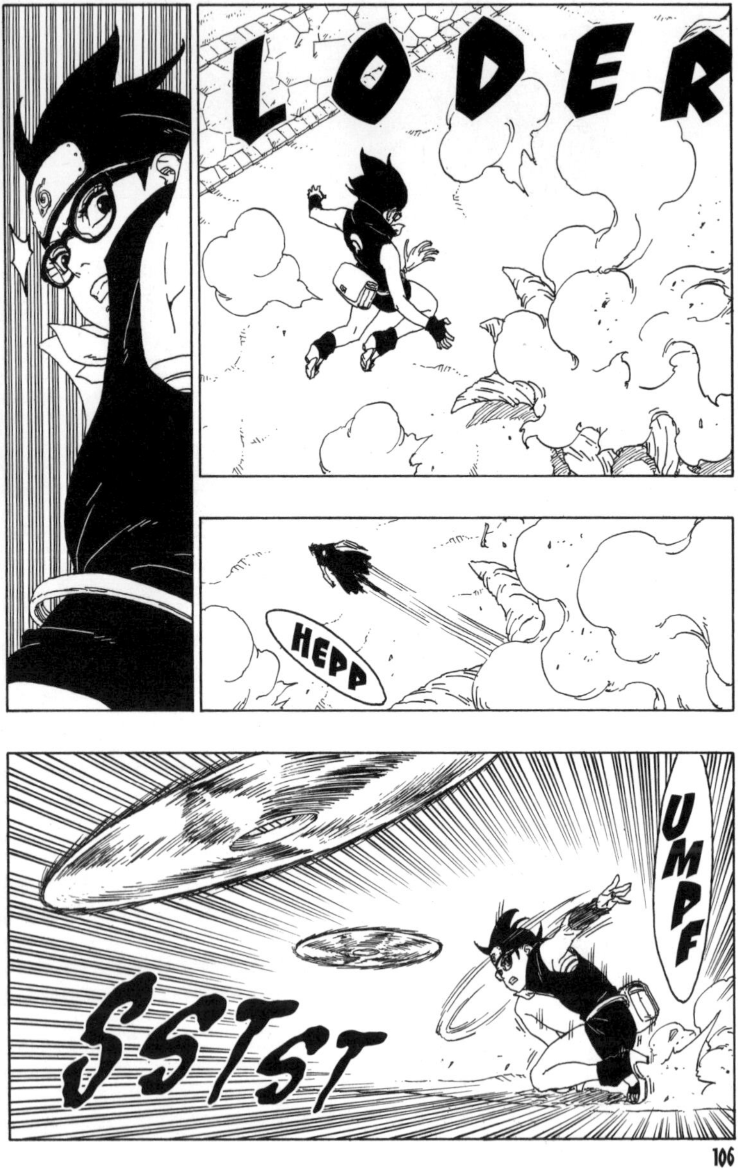
LODER
HEPP
UMPF
SSTST

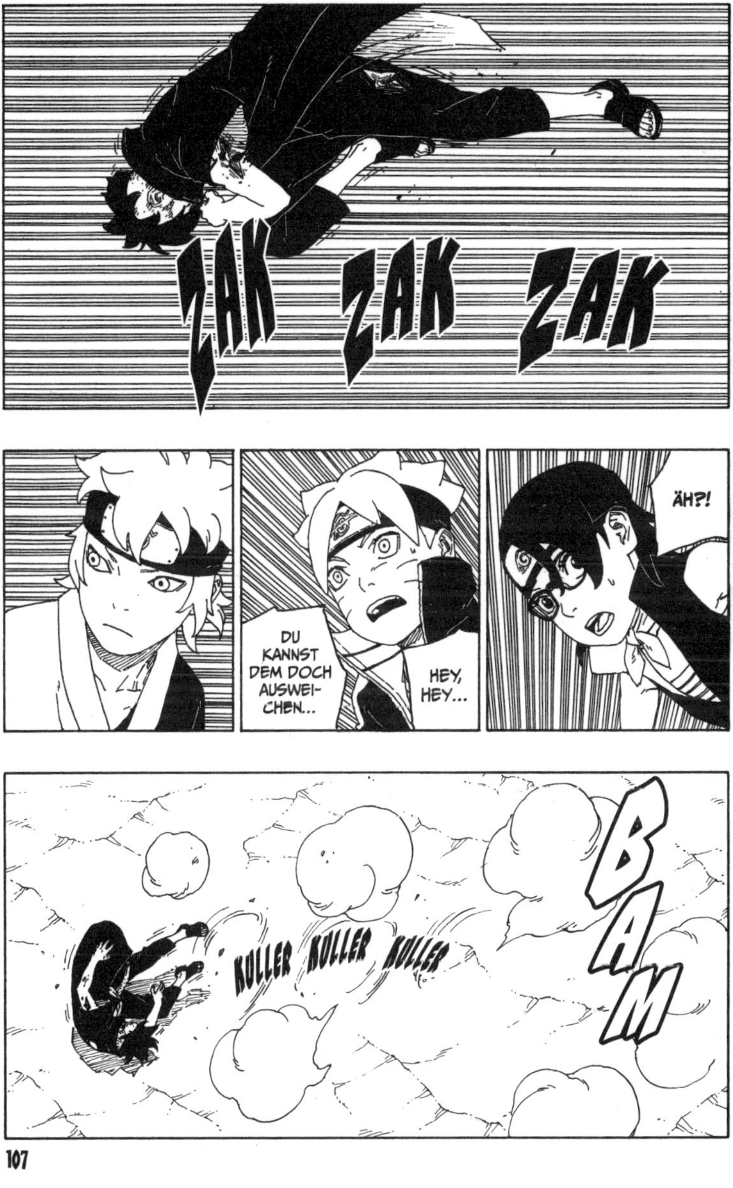
ZAK ZAK ZAK
ÄH?!
HEY, HEY...
DU KANNST DEM DOCH AUSWEICHEN...
BAM
KULLER KULLER KULLER

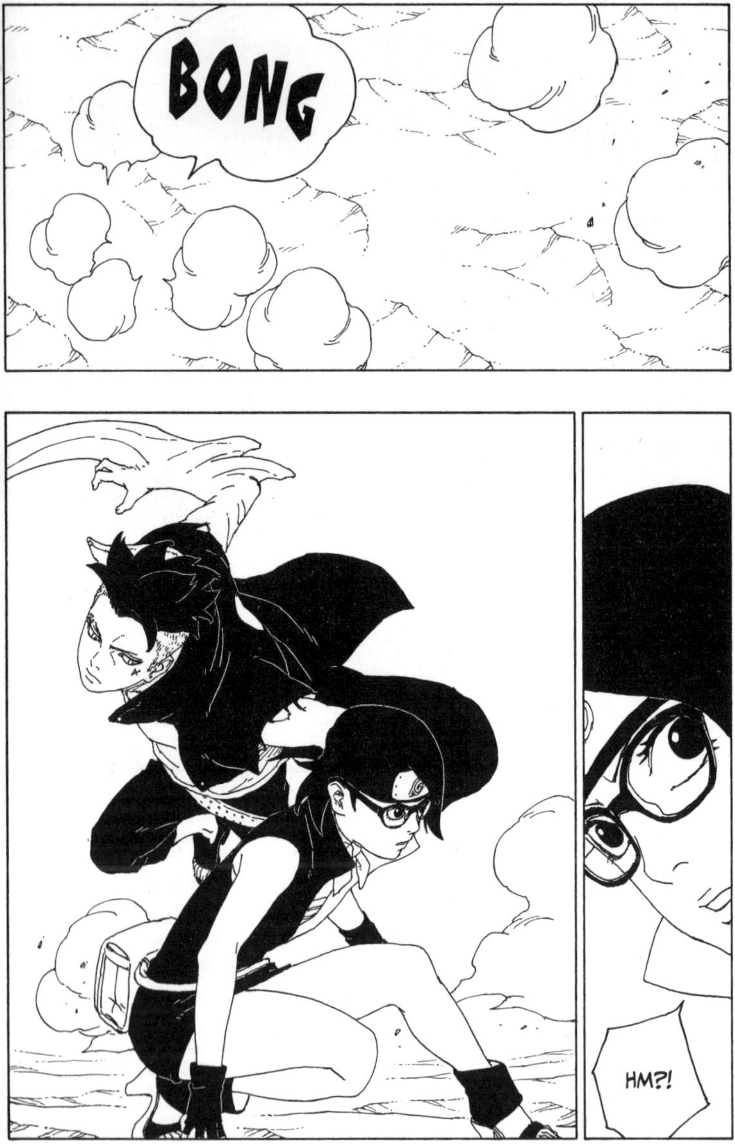
BONG
HM?!

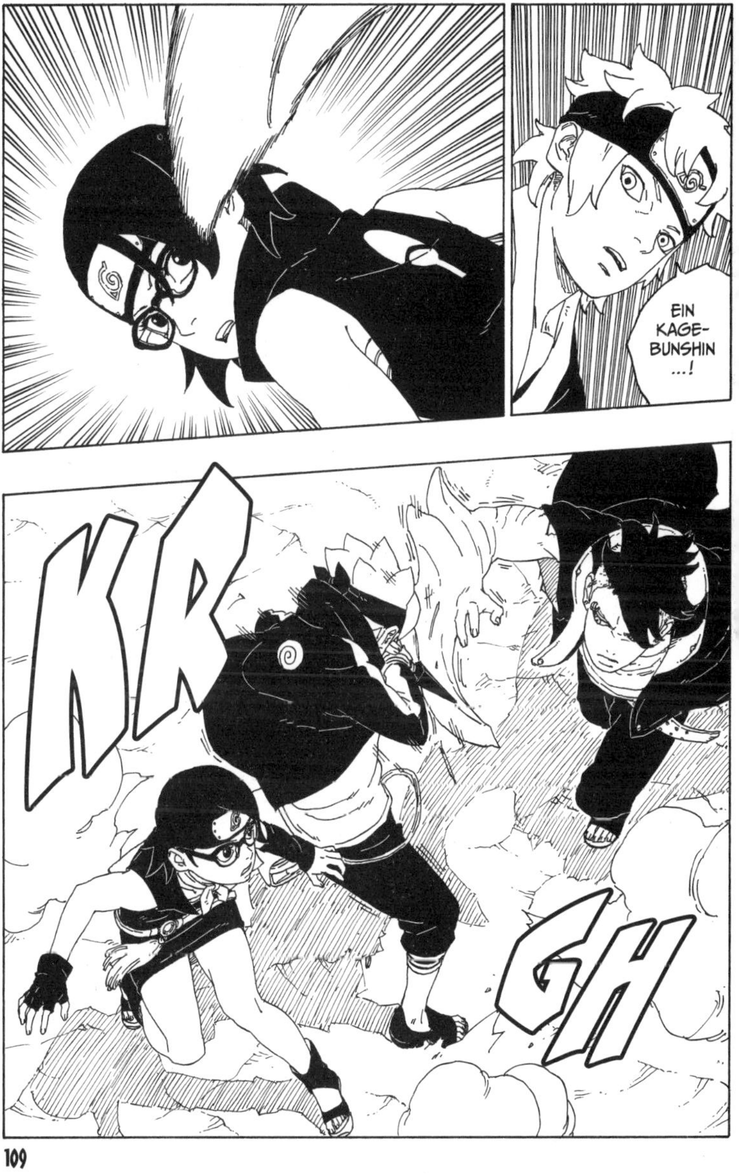
EIN KAGE-BUNSHIN ...!
KRACH

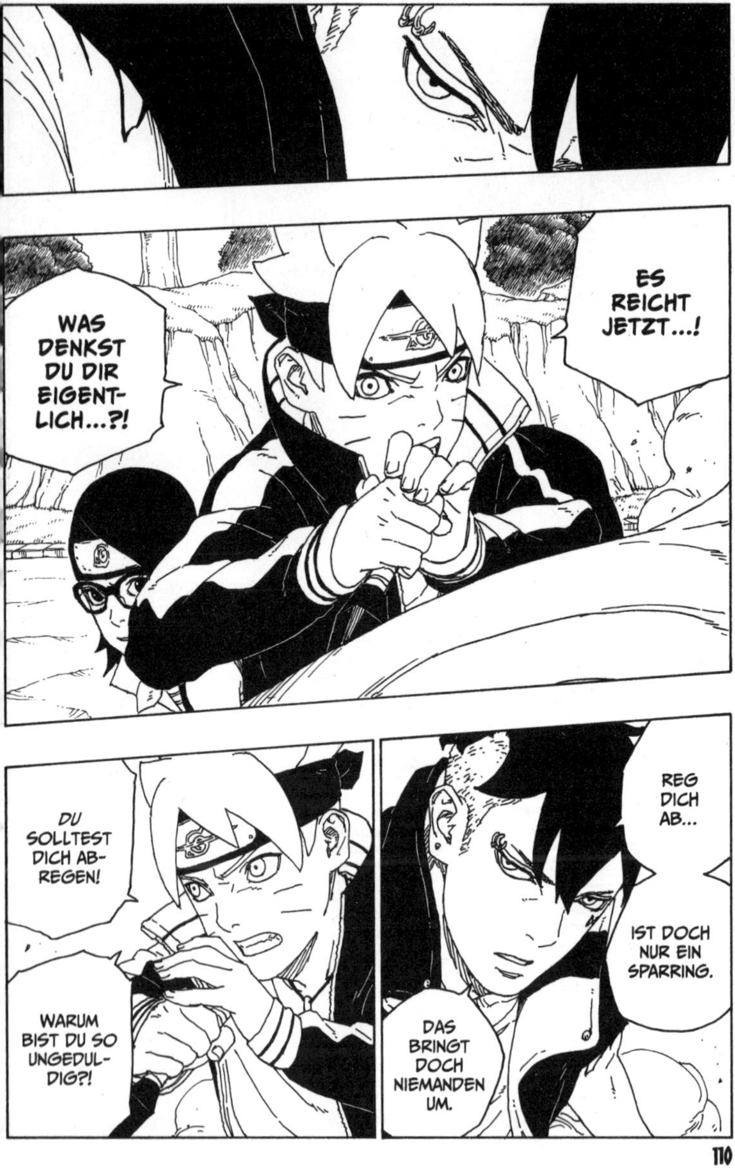

ES REICHT JETZT...!
WAS DENKST DU DIR EIGENTLICH...?!
REG DICH AB...
IST DOCH NUR EIN SPARRING.
DAS BRINGT DOCH NIEMANDEN UM.
DU SOLLTEST DICH ABREGEN!
WARUM BIST DU SO UNGEDULDIG?!

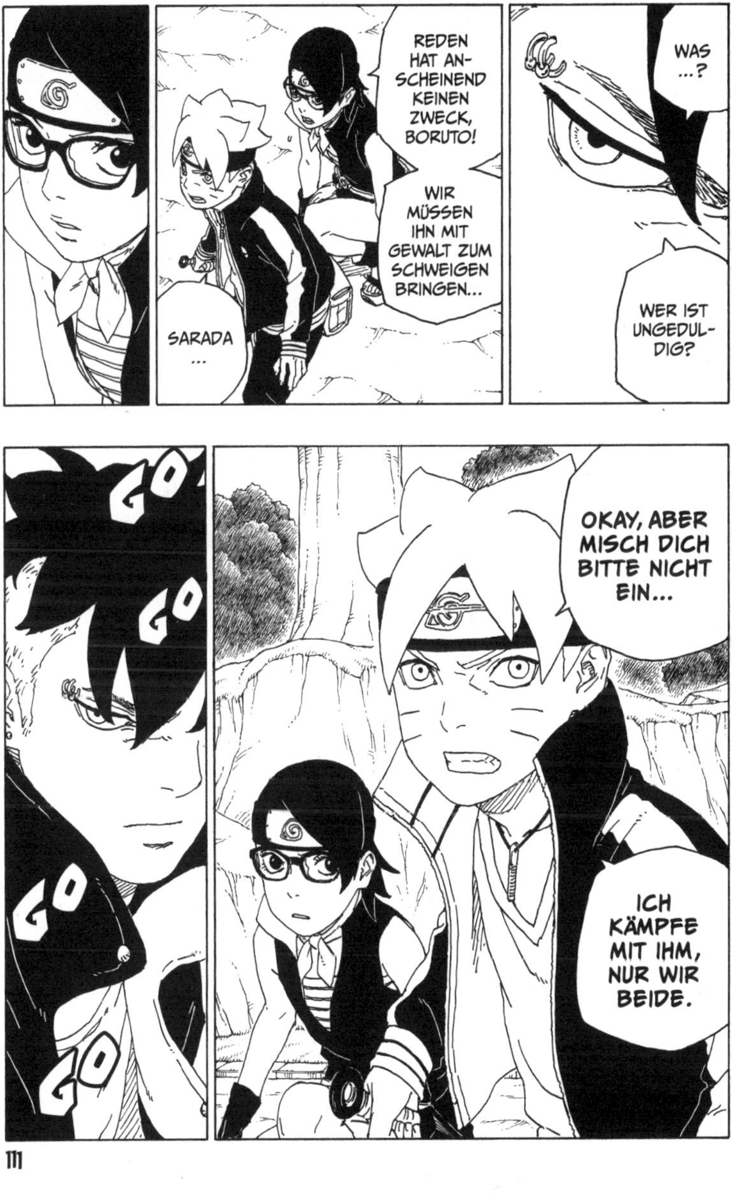
WAS ...?
WER IST UNGEDUL-DIG?
REDEN HAT AN-SCHEINEND KEINEN ZWECK, BORUTO!
WIR MÜSSEN IHN MIT GEWALT ZUM SCHWEIGEN BRINGEN...
SARADA ...
OKAY, ABER MISCH DICH BITTE NICHT EIN...
ICH KÄMPFE MIT IHM, NUR WIR BEIDE.
GO GO GO GO

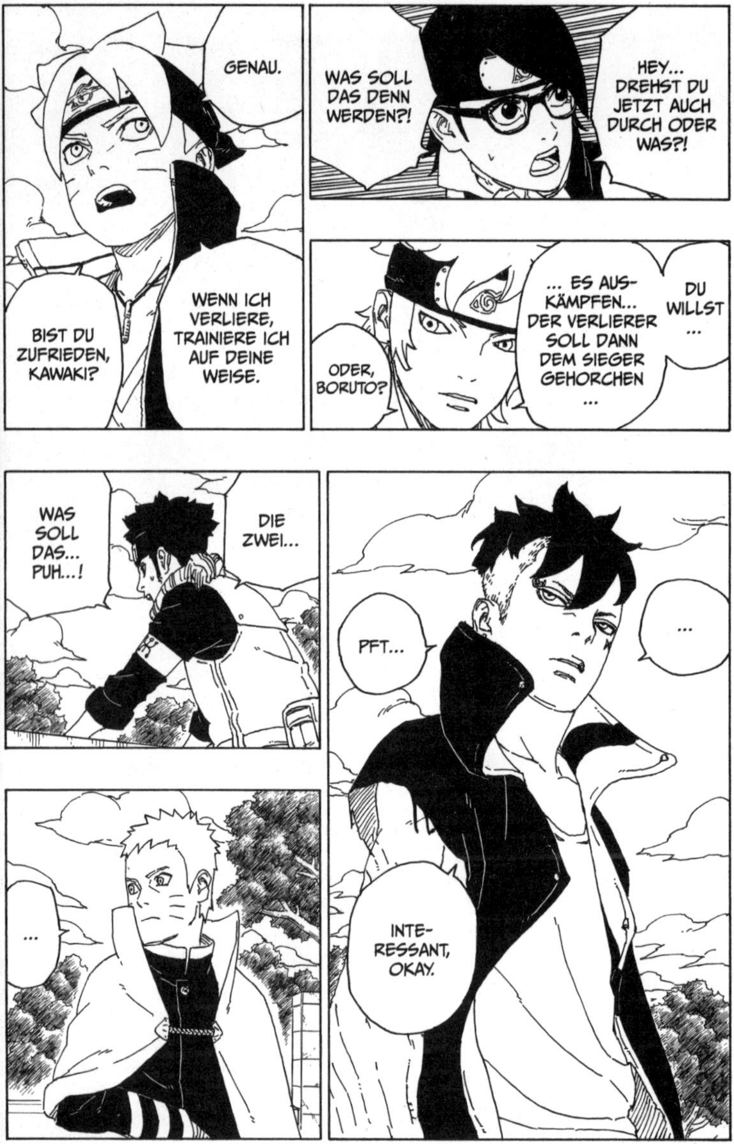
HEY... DREHST DU JETZT AUCH DURCH ODER WAS?!
WAS SOLL DAS DENN WERDEN?!
DU WILLST ...
... ES AUS-KÄMPFEN... DER VERLIERER SOLL DANN DEM SIEGER GEHORCHEN ...
ODER, BORUTO?
GENAU.
WENN ICH VERLIERE, TRAINIERE ICH AUF DEINE WEISE.
BIST DU ZUFRIEDEN, KAWAKI?
...
PFT...
INTE-RESSANT, OKAY.
DIE ZWEI...
WAS SOLL DAS... PUH...!
...

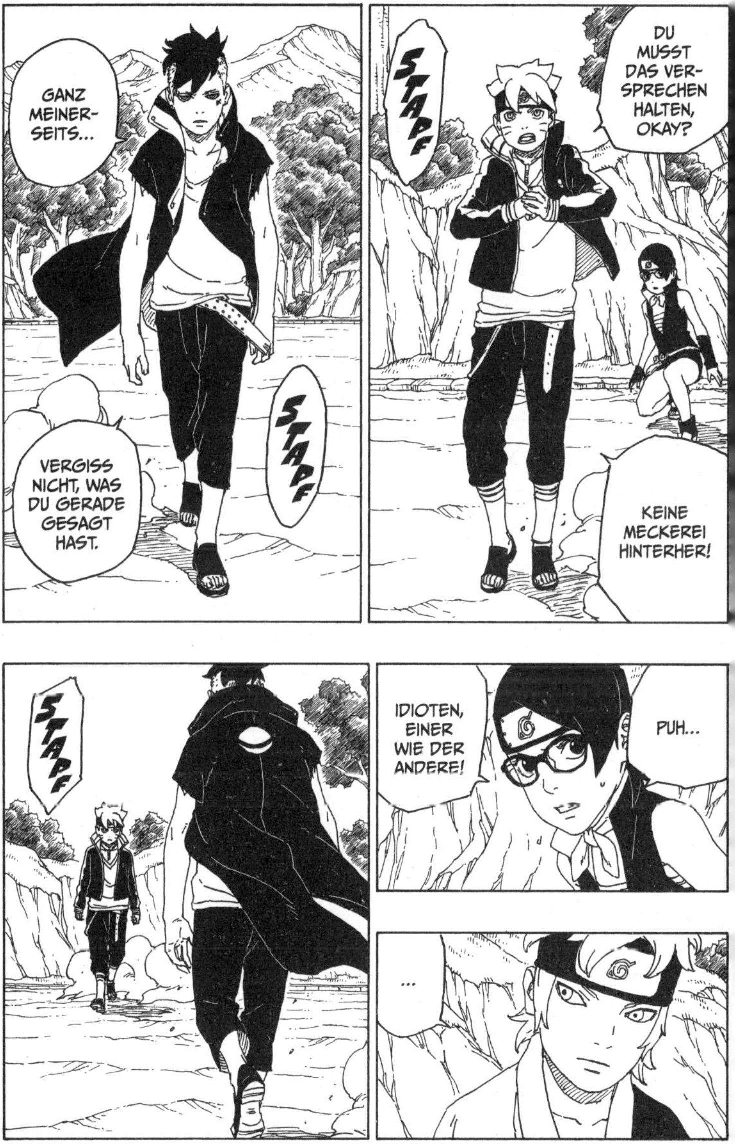
DU MUSST DAS VER-SPRECHEN HALTEN, OKAY?
STAPF
KEINE MECKEREI HINTERHER!
GANZ MEINER-SEITS...
STAPF
VERGISS NICHT, WAS DU GERADE GESAGT HAST.
PUH...
IDIOTEN, EINER WIE DER ANDERE!
...
STAPF

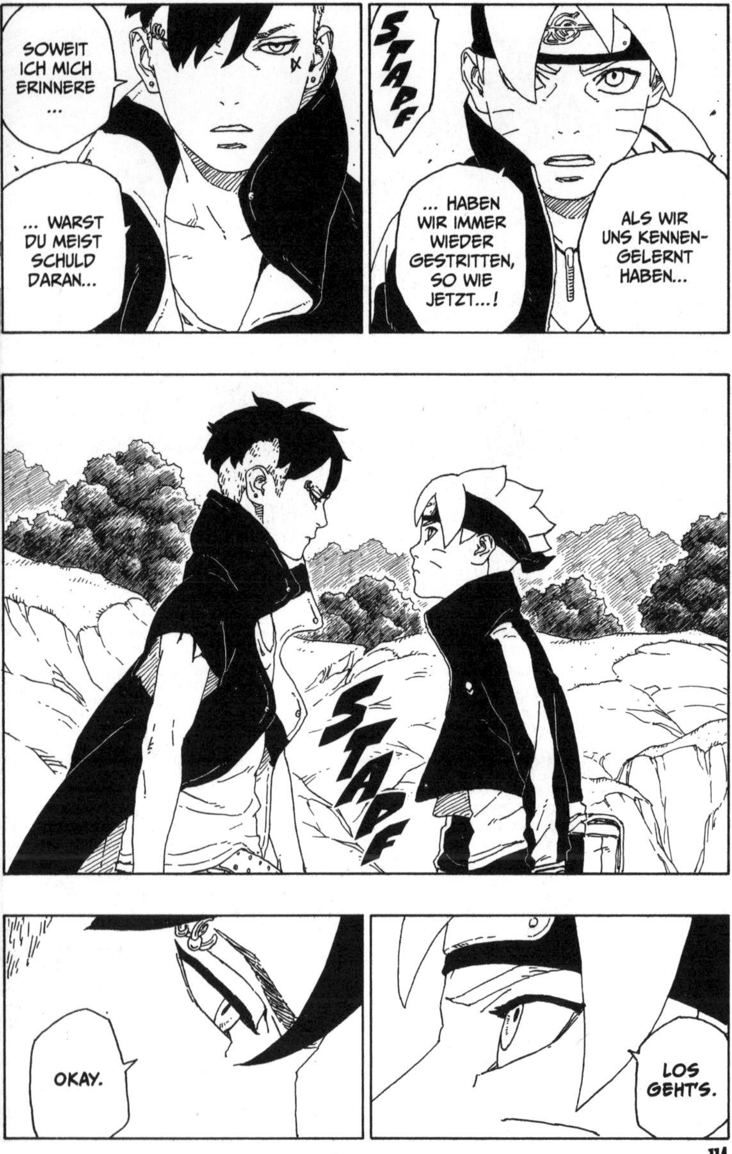
ALS WIR UNS KENNENGELERNT HABEN...
... HABEN WIR IMMER WIEDER GESTRITTEN, SO WIE JETZT...!
STAPF
SOWEIT ICH MICH ERINNERE ...
... WARST DU MEIST SCHULD DARAN...
STAPF
LOS GEHT'S.
OKAY.

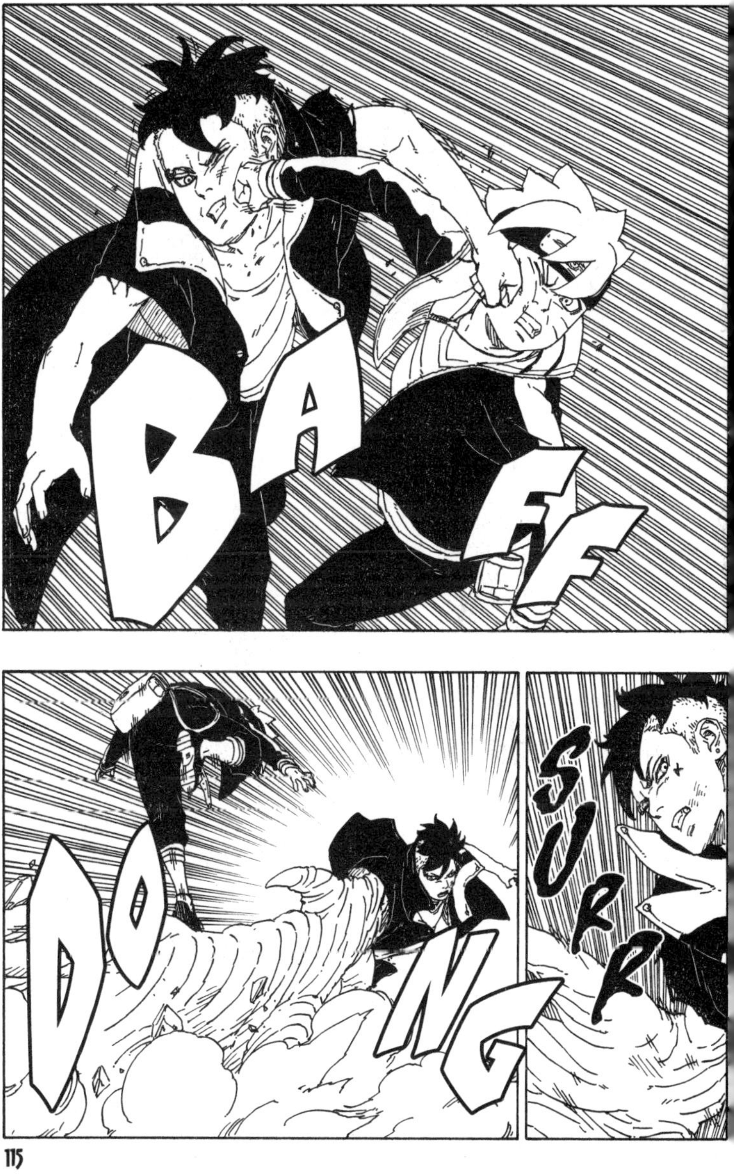
BAFF
DOONG
SURRR

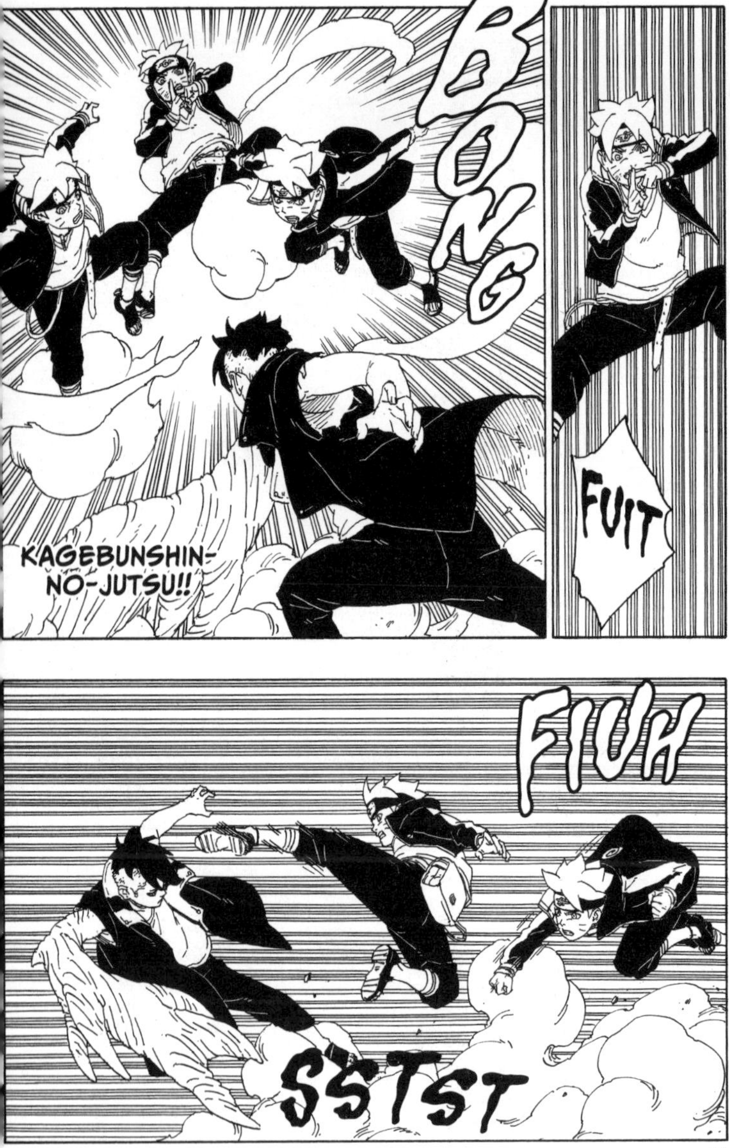
FUIT
BONG
KAGEBUNSHIN-NO-JUTSU!!
FIUH
SSTST

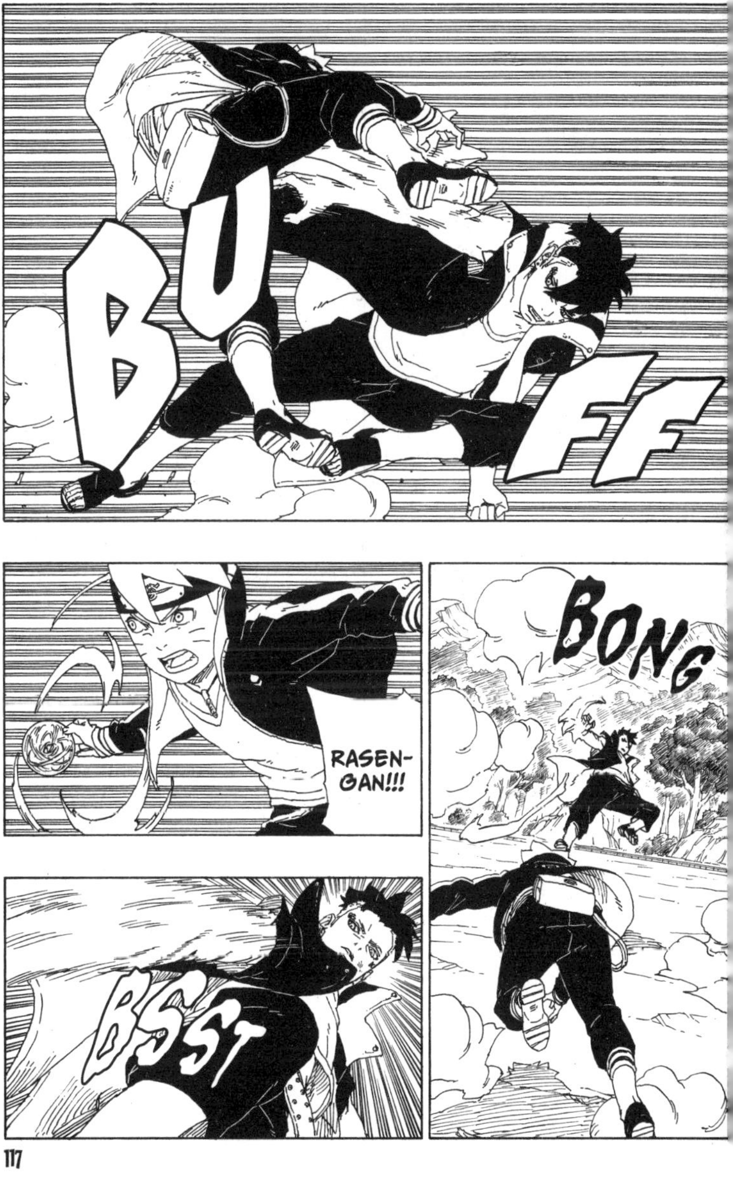

BUFF
BONG
RASEN-
GAN!!!
BSST

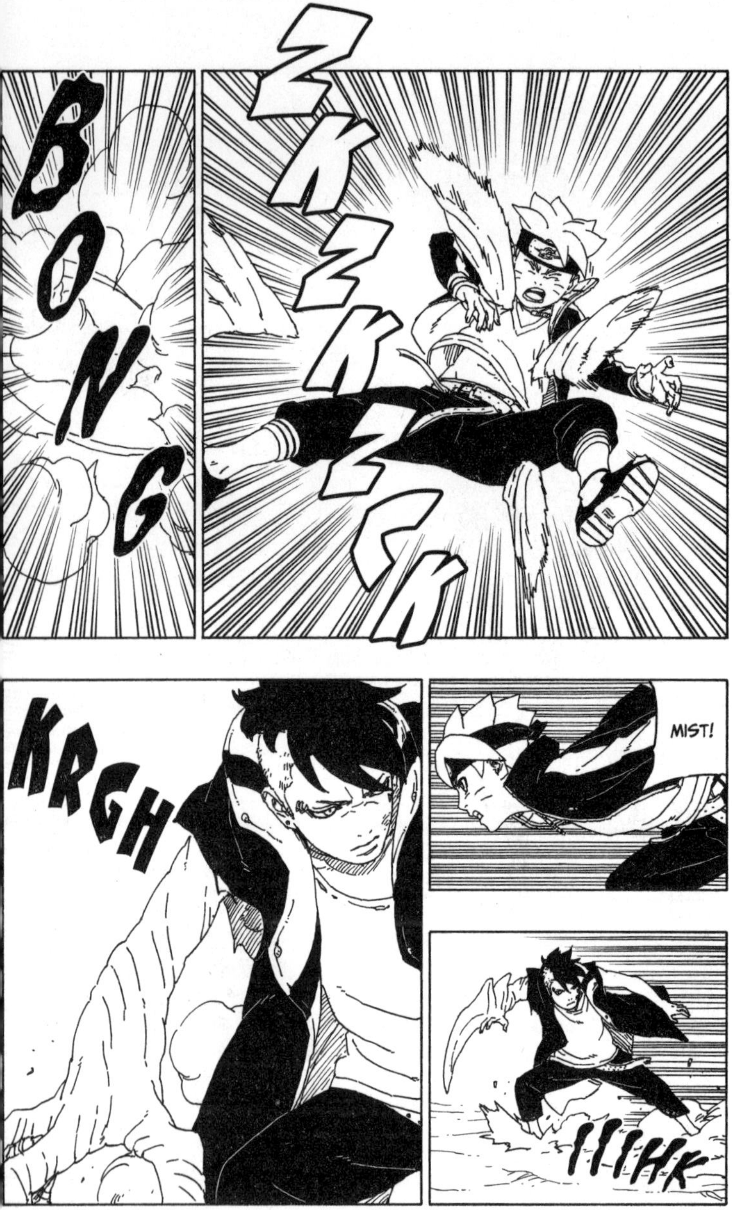
ZKZKZCK
BONG
MIST!
IIIHK
KRGH

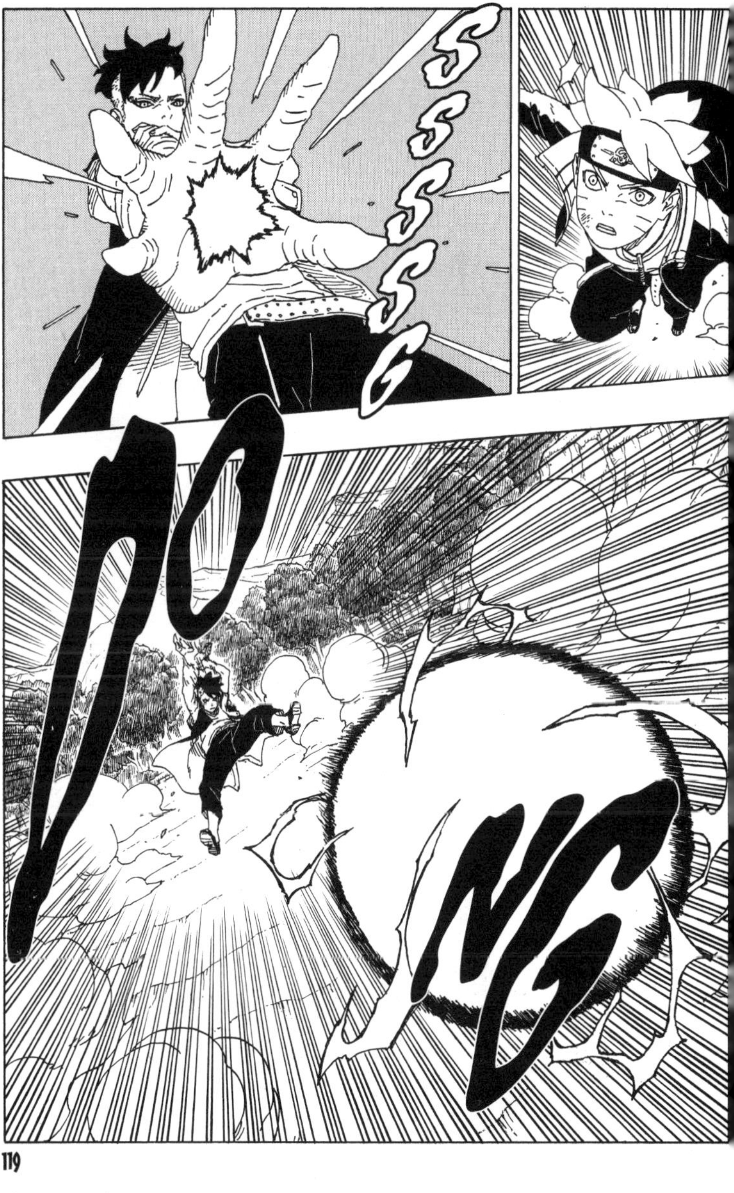
SSSSG
DONG

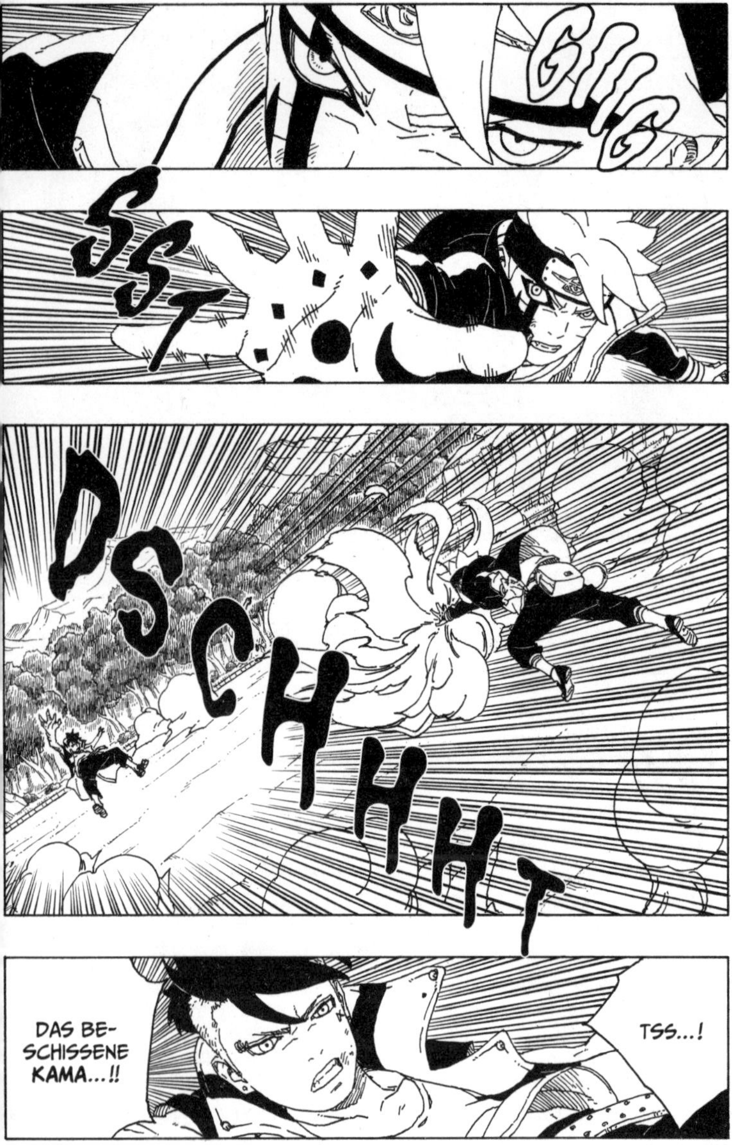
GIGG
SST
DSCHHHHT
TSS...!
DAS BE-
SCHISSENE
KAMA...!!

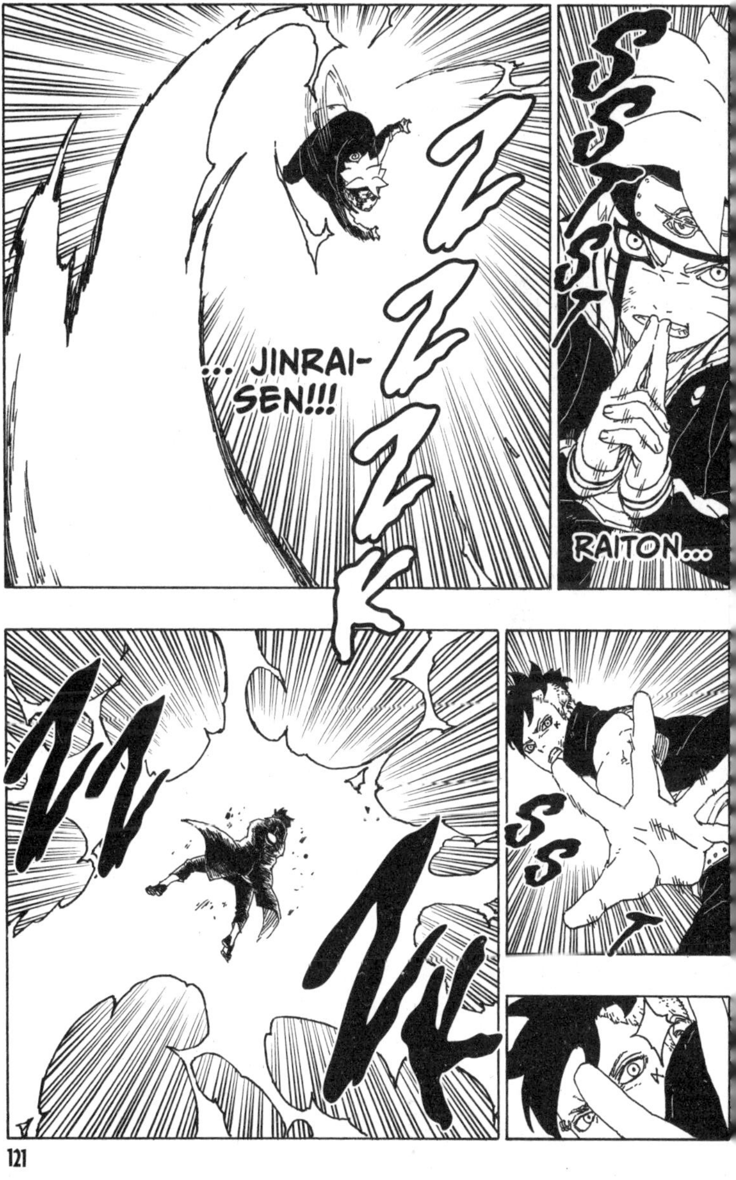
RAITON...
... JINRAI-SEN!!!

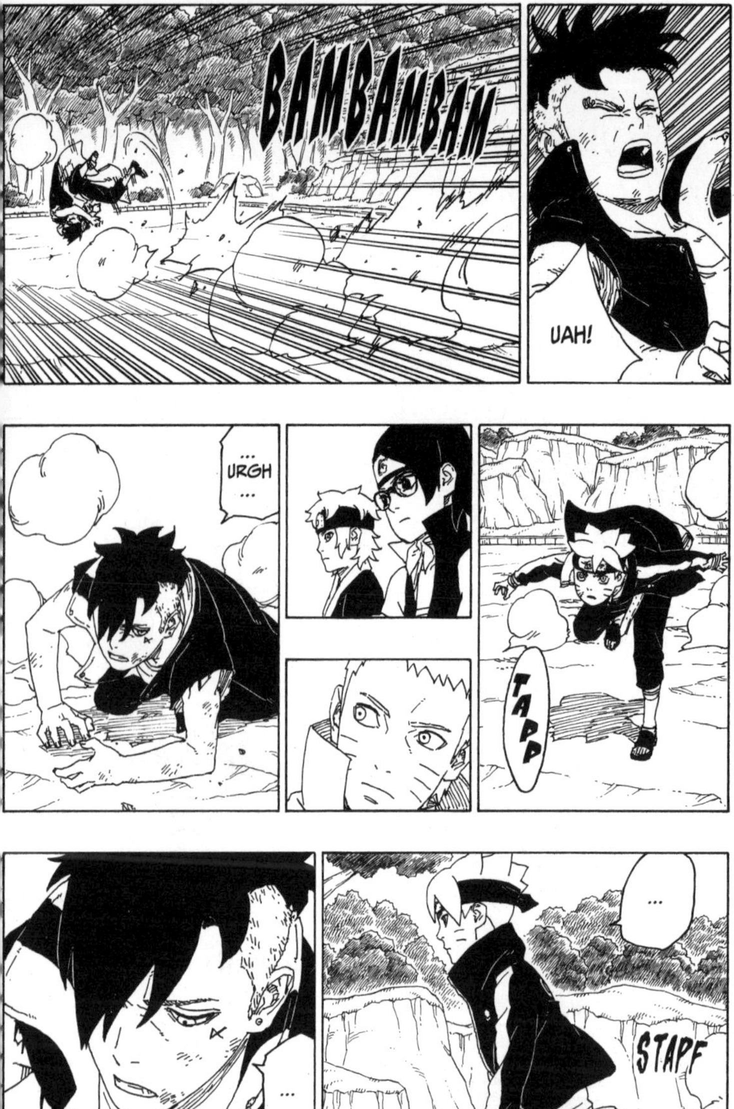
BAMBAMBAM
UAH!
TAPP
... URGH ...
...
STAPF
...

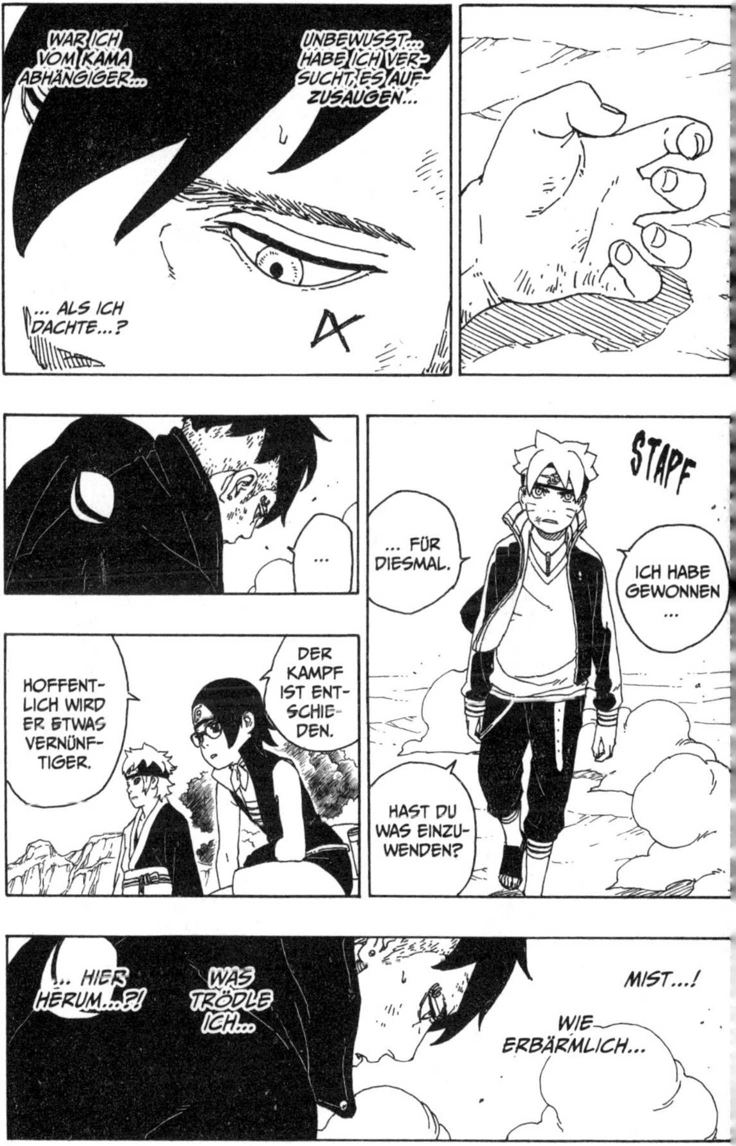

UNBEWUSST... HABE ICH VERSUCHT, ES AUFZUSAUGEN...
WAR ICH VOM KAMA ABHÄNGIGER...
... ALS ICH DACHTE...?
STAPF
ICH HABE GEWONNEN ...
... FÜR DIESMAL.
HAST DU WAS EINZUWENDEN?
...
DER KAMPF IST ENTSCHIEDEN.
HOFFENTLICH WIRD ER ETWAS VERNÜNFTIGER.
MIST...!
WIE ERBÄRMLICH...
WAS TRÖDLE ICH...
... HIER HERUM...?!

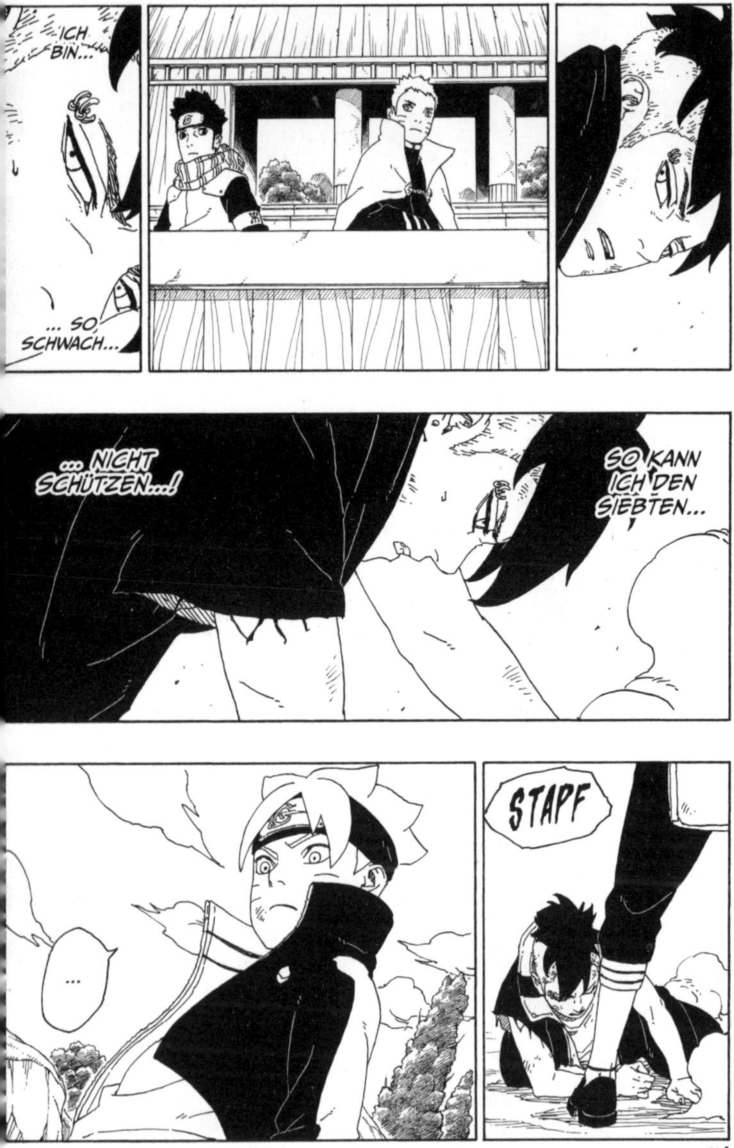

ICH BIN...
... SO SCHWACH...
SO KANN ICH DEN SIEBTEN...
... NICHT SCHÜTZEN...!
STAPF
...

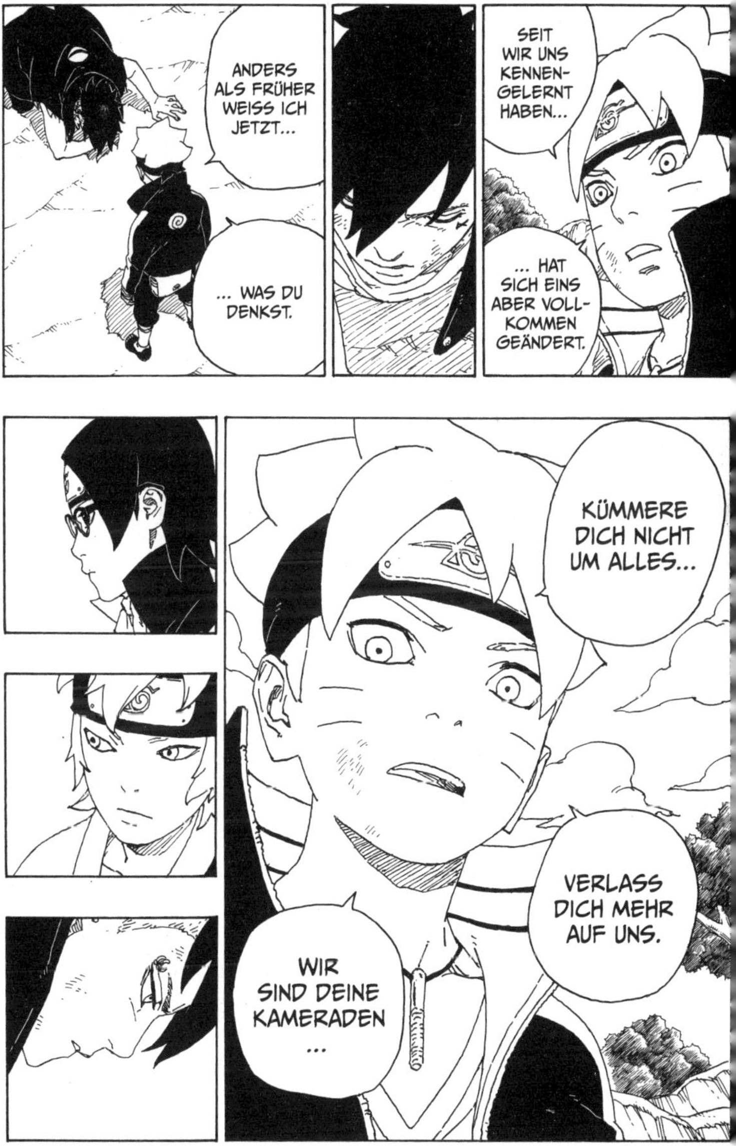
SEIT WIR UNS KENNEN-GELERNT HABEN...
... HAT SICH EINS ABER VOLL-KOMMEN GEÄNDERT.
ANDERS ALS FRÜHER WEISS ICH JETZT...
... WAS DU DENKST.
KÜMMERE DICH NICHT UM ALLES...
VERLASS DICH MEHR AUF UNS.
WIR SIND DEINE KAMERADEN ...

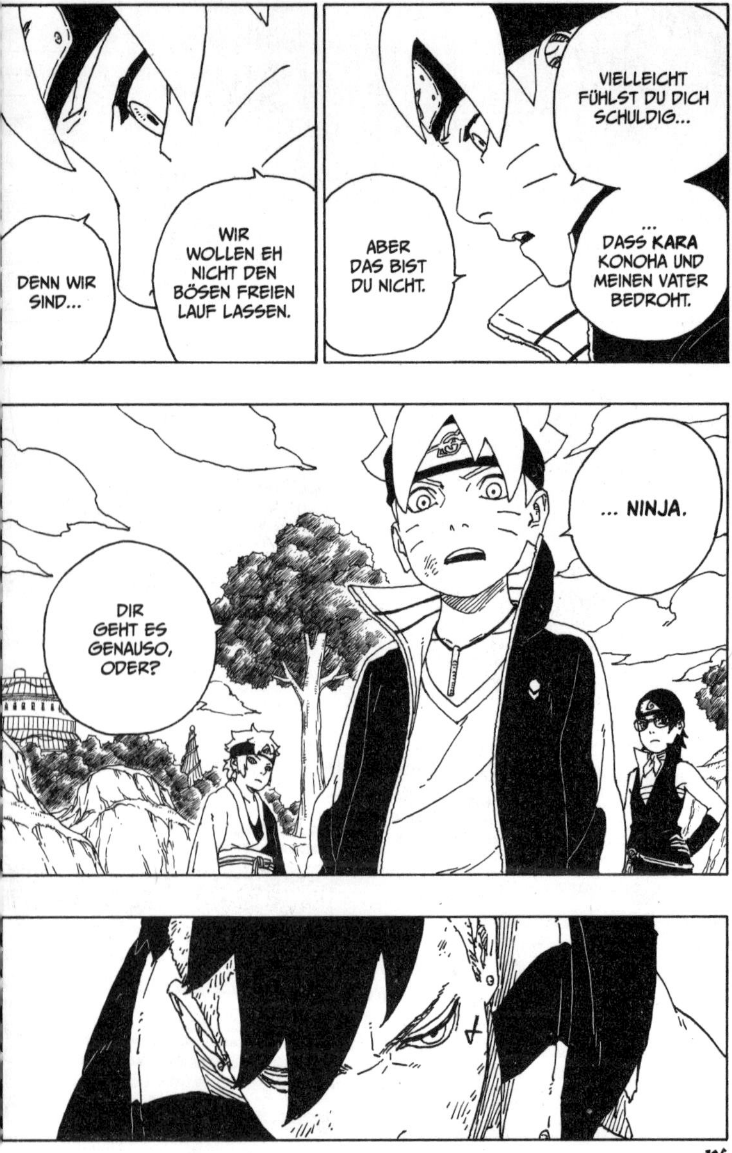
VIELLEICHT FÜHLST DU DICH SCHULDIG...
... DASS KARA KONOHA UND MEINEN VATER BEDROHT.
ABER DAS BIST DU NICHT.
WIR WOLLEN EH NICHT DEN BÖSEN FREIEN LAUF LASSEN.
DENN WIR SIND...
... NINJA.
DIR GEHT ES GENAUSO, ODER?

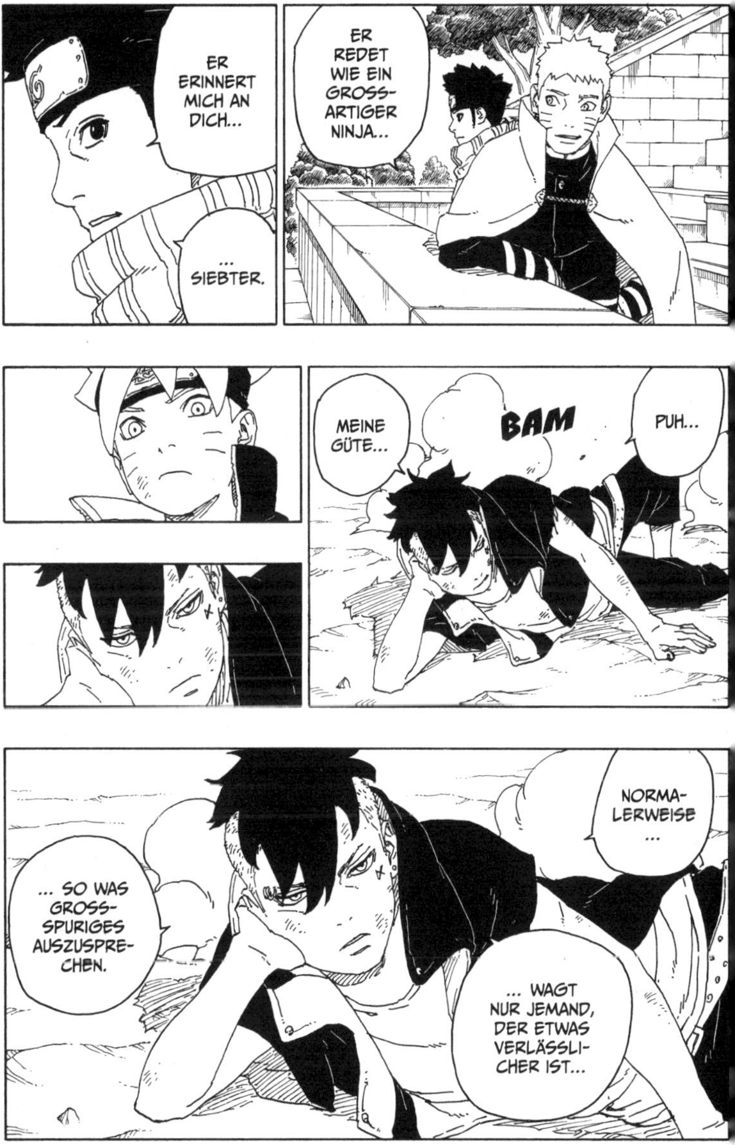
ER REDET WIE EIN GROSS-ARTIGER NINJA...
ER ERINNERT MICH AN DICH...
... SIEBTER.
PUH...
BAM
MEINE GÜTE...
NORMALERWEISE ...
... WAGT NUR JEMAND, DER ETWAS VERLÄSSLICHER IST...
... SO WAS GROSSSPURIGES AUSZUSPRECHEN.

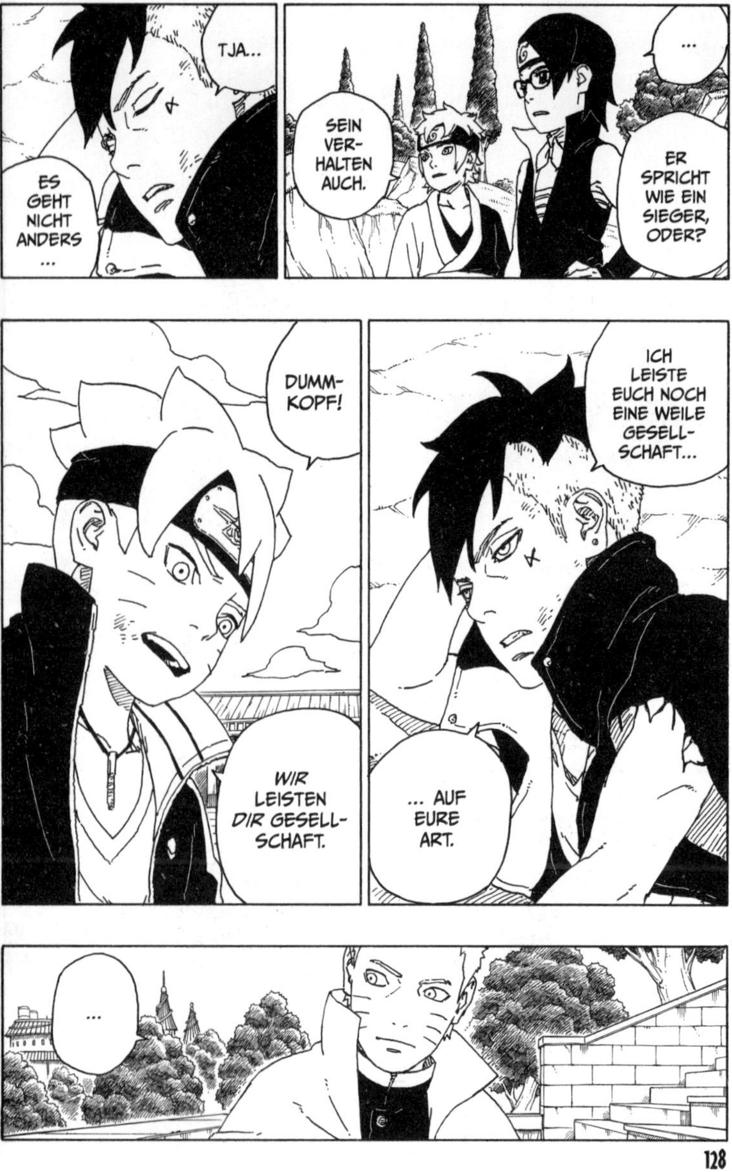
...
ER SPRICHT WIE EIN SIEGER, ODER?
SEIN VERHALTEN AUCH.
TJA...
ES GEHT NICHT ANDERS ...
ICH LEISTE EUCH NOCH EINE WEILE GESELLSCHAFT...
... AUF EURE ART.
DUMMKOPF!
WIR LEISTEN DIR GESELLSCHAFT.
...

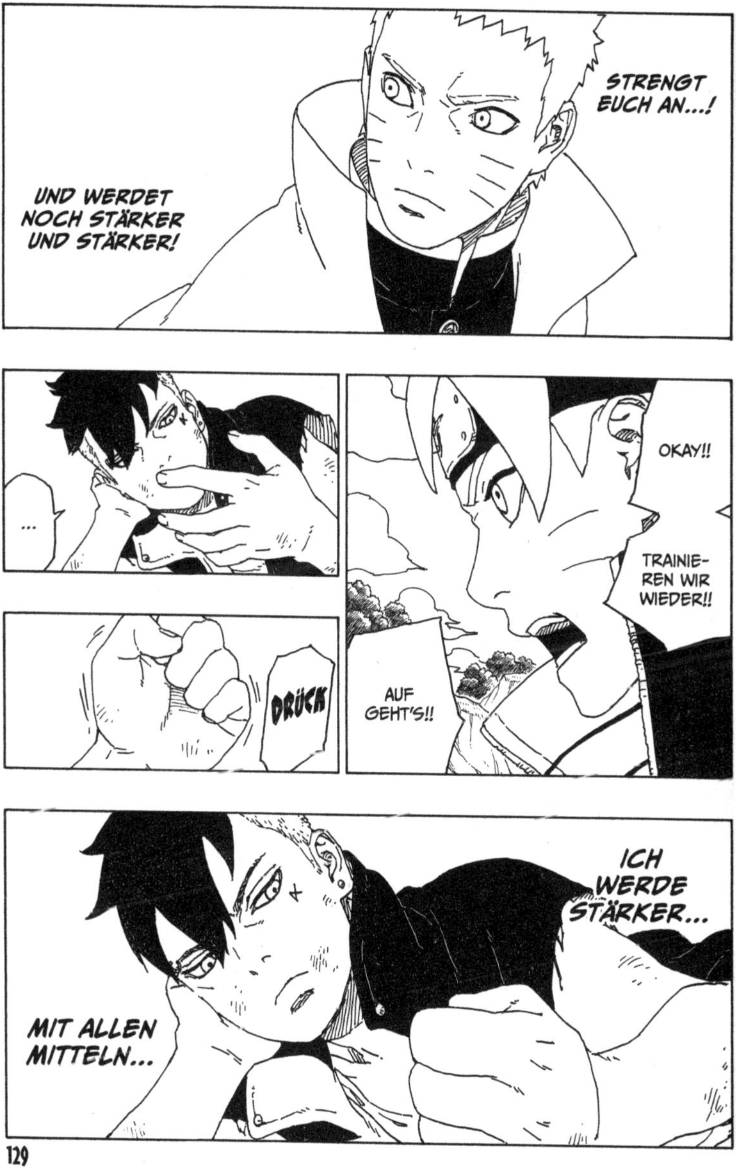
STRENGT EUCH AN...!
UND WERDET NOCH STÄRKER UND STÄRKER!
OKAY!!
TRAINIEREN WIR WIEDER!!
AUF GEHT'S!!
...
DRÜCK
ICH WERDE STÄRKER...
MIT ALLEN MITTELN...

BORu-GANG

CHARAKTERDESIGN BY BORU-FANS – NACHGEZEICHNET VON MEISTER IKEMOTO!!

FÜR DIE »WEEKLY SHONEN JUMP«-KOLUMNE »BORU-GANG« ZEICHNET MEISTER IKEMOTO DIE ORIGINELLSTEN BORUTO-CHARAKTERE NACH, DIE VON FANS ENTWORFEN WURDEN!!

DER NAME DES CHARAKTERS:

TORIMA KIRIO

ENTWORFEN VON:

HIMAWARI-PANZER AUS MIYAZAKI

BEWERTUNG DER JURY:

UNS GEFÄLLT SCHON ALLEIN DIE IDEE, DASS ES AUCH IN DER NINJA-WELT KLEINTIER-FRISEURE GIBT! DASS ER BEI MENSCHEN NUR AFROLOOK MACHT, IST AUCH ORIGINELL!

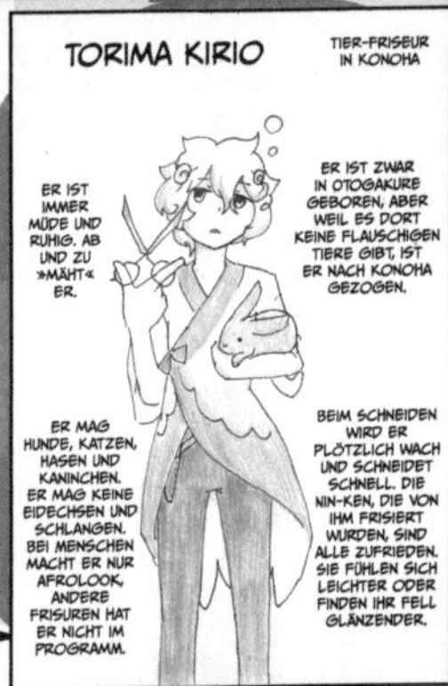

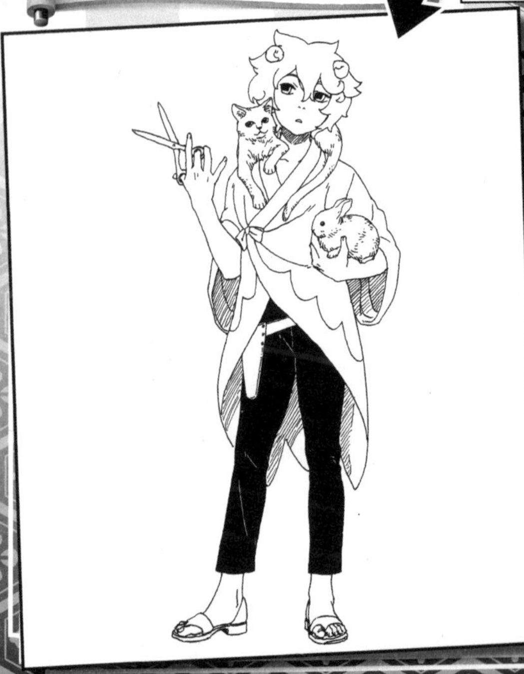

TADAA!! UND HIER IST MEISTER IKEMOTOS ZEICHNUNG!!

ICH MUSSTE NICHT VIEL BEARBEITEN, WEIL DIE ORIGINALZEICHNUNG SCHON VOLLSTÄNDIG WAR. DIE »KUNDENREZENSIONEN« DER NIN-KEN KLINGEN REAL UND WITZIG! WER KEINEN AFROLOOK HABEN WILL, SOLLTE SICH IHM BESSER NICHT NÄHERN.

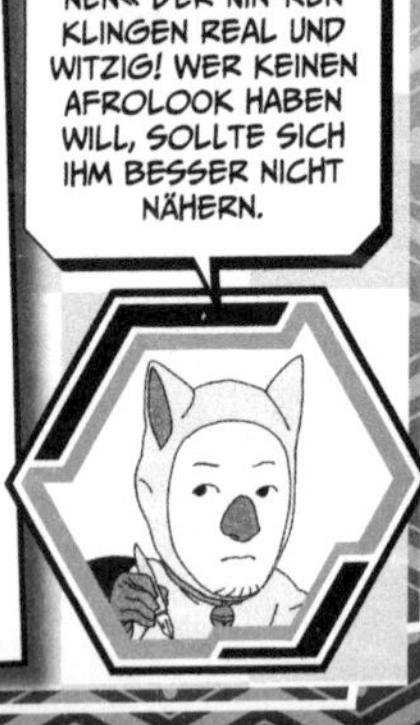

59: Ritte

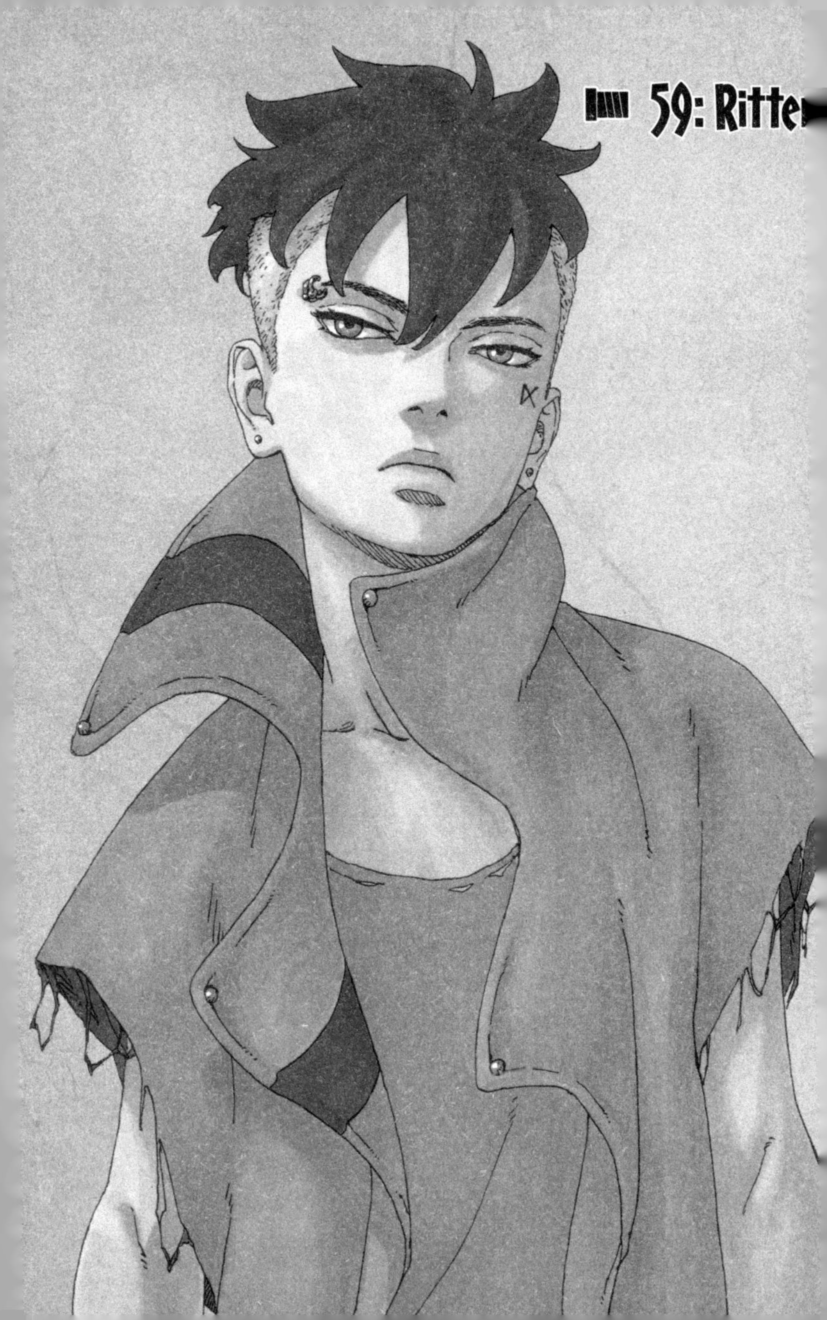

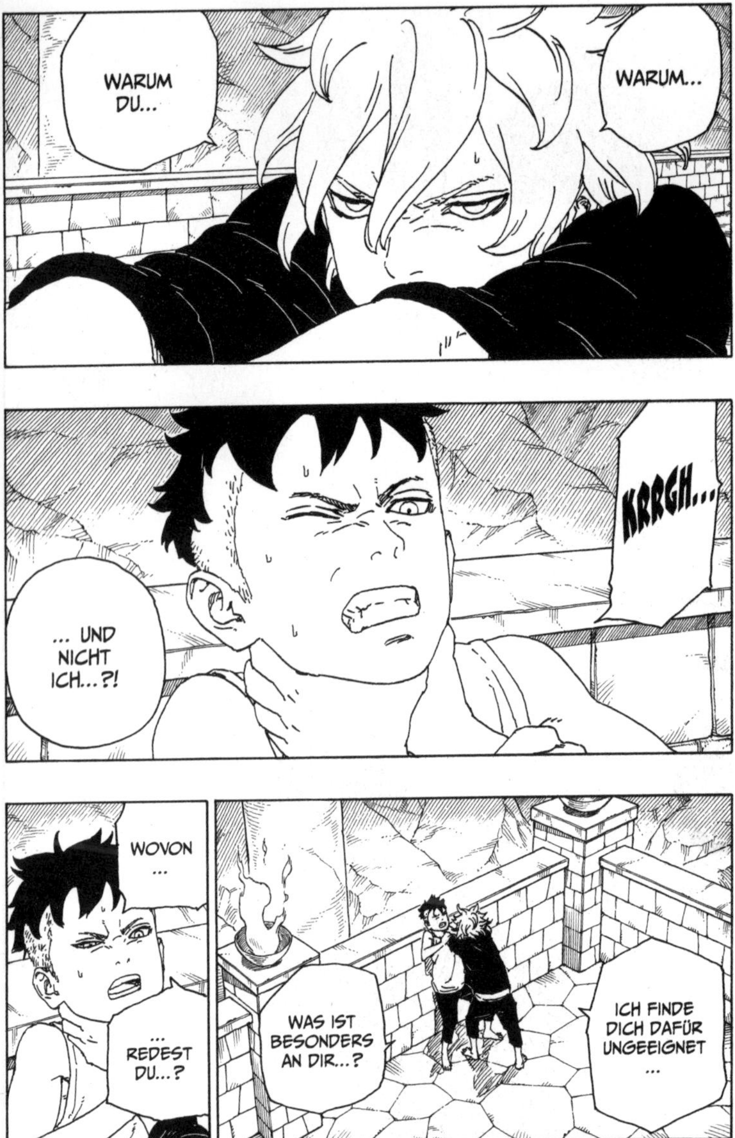
WARUM...
WARUM DU...
KRRGH...
... UND NICHT ICH...?!
ICH FINDE DICH DAFÜR UNGEEIGNET ...
WAS IST BESONDERS AN DIR...?
WOVON ...
... REDEST DU...?

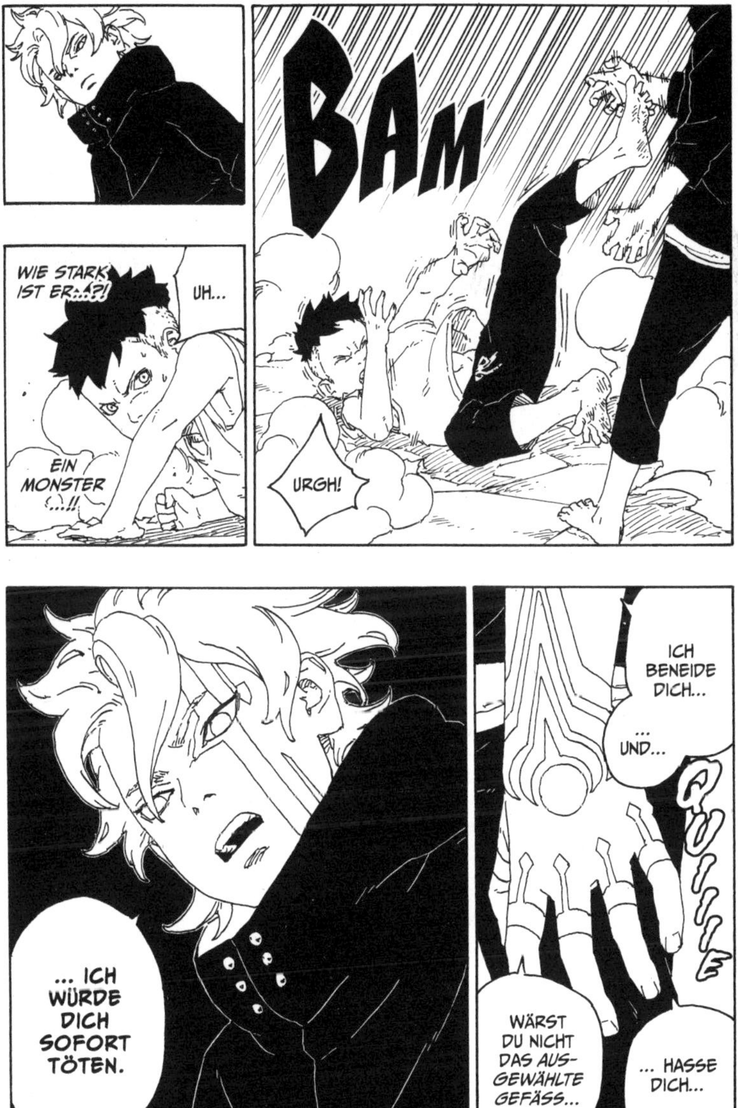
BAM
URGH!
UH...
WIE STARK IST ER...?!
EIN MONSTER ...!!
ICH BENEIDE DICH...
... UND...
QUIIIIE
... HASSE DICH...
WÄRST DU NICHT DAS AUS-GEWÄHLTE GEFÄSS...
... ICH WÜRDE DICH SOFORT TÖTEN.

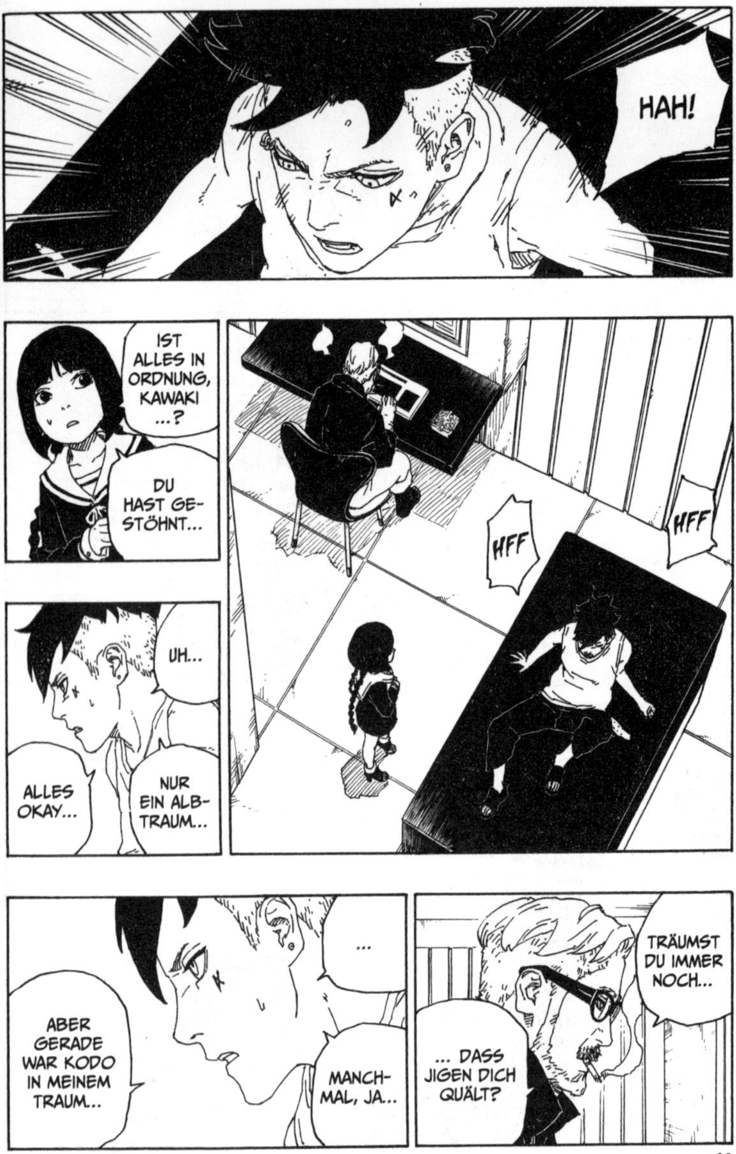
HAH!
IST ALLES IN ORDNUNG, KAWAKI ...?
DU HAST GESTÖHNT...
HFF
HFF
UH...
NUR EIN ALBTRAUM...
ALLES OKAY...
TRÄUMST DU IMMER NOCH...
... DASS JIGEN DICH QUÄLT?
...
MANCHMAL, JA...
ABER GERADE WAR KODO IN MEINEM TRAUM...

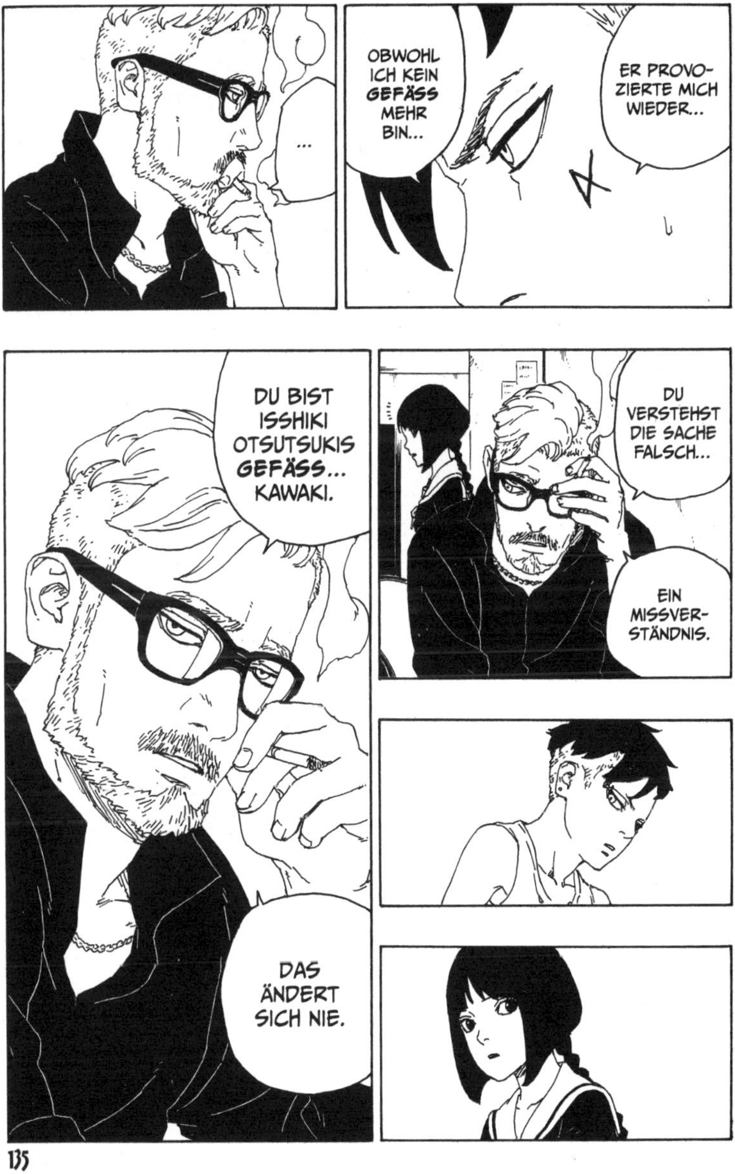
ER PROVOZIERTE MICH WIEDER...
OBWOHL ICH KEIN GEFÄSS MEHR BIN...
...
DU VERSTEHST DIE SACHE FALSCH...
EIN MISSVERSTÄNDNIS.
DU BIST ISSHIKI OTSUTSUKIS GEFÄSS... KAWAKI.
DAS ÄNDERT SICH NIE.

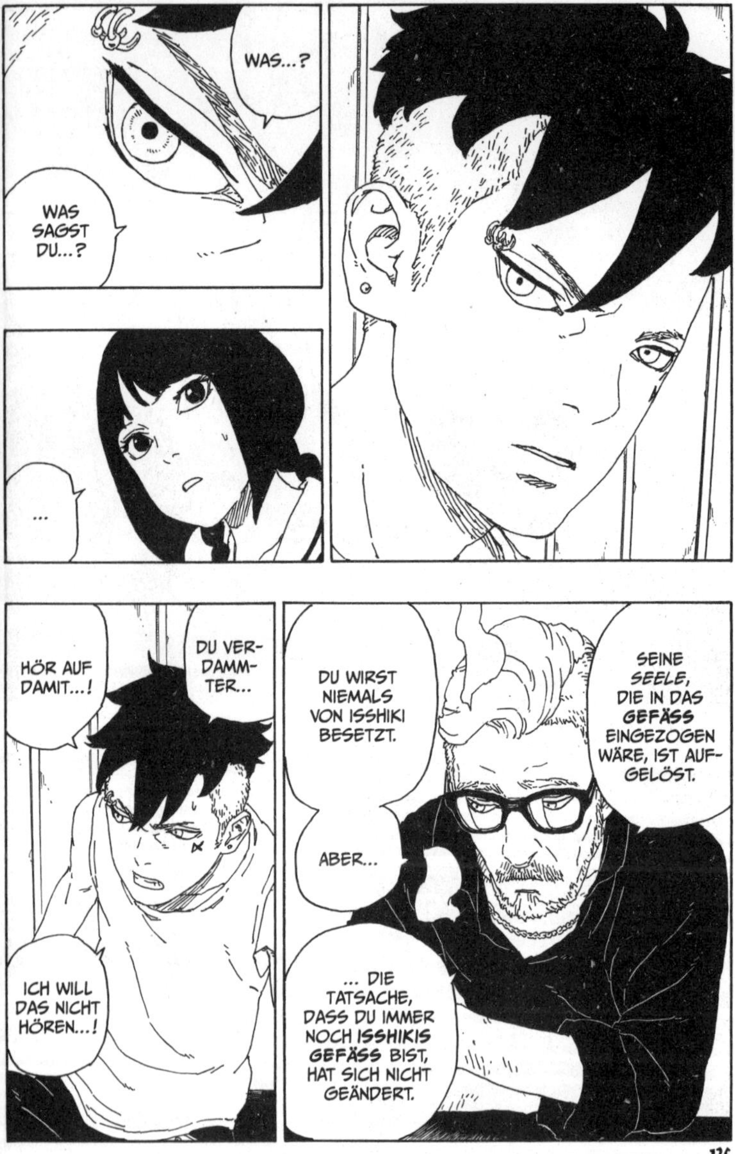
WAS...?
WAS SAGST DU...?
...
SEINE SEELE, DIE IN DAS GEFÄSS EINGEZOGEN WÄRE, IST AUFGELÖST.
DU WIRST NIEMALS VON ISSHIKI BESETZT.
ABER...
... DIE TATSACHE, DASS DU IMMER NOCH ISSHIKIS GEFÄSS BIST, HAT SICH NICHT GEÄNDERT.
DU VERDAMMTER...
HÖR AUF DAMIT...!
ICH WILL DAS NICHT HÖREN...!

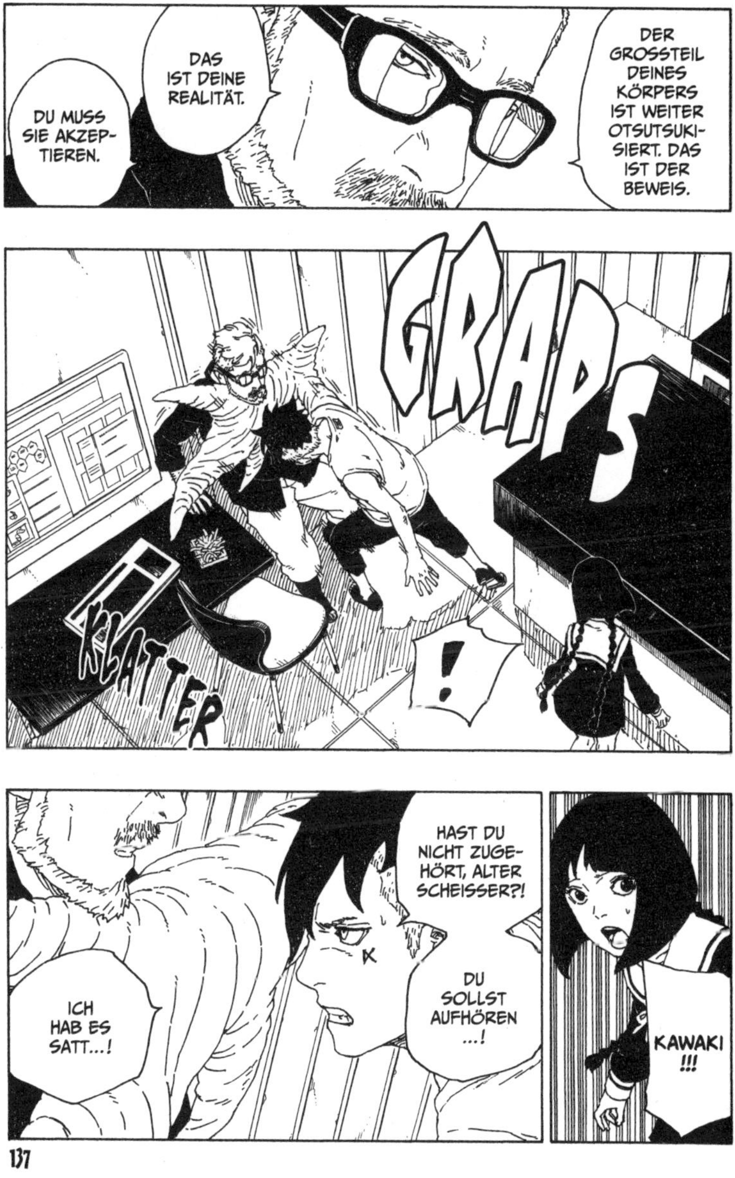
DER GROSSTEIL DEINES KÖRPERS IST WEITER OTSUTSUKI-SIERT. DAS IST DER BEWEIS.
DAS IST DEINE REALITÄT.
DU MUSS SIE AKZEP-TIEREN.
GRAPS
!
KLATTER
KAWAKI!!!
HAST DU NICHT ZUGE-HÖRT, ALTER SCHEISSER?!
DU SOLLST AUFHÖREN ...!
ICH HAB ES SATT...!

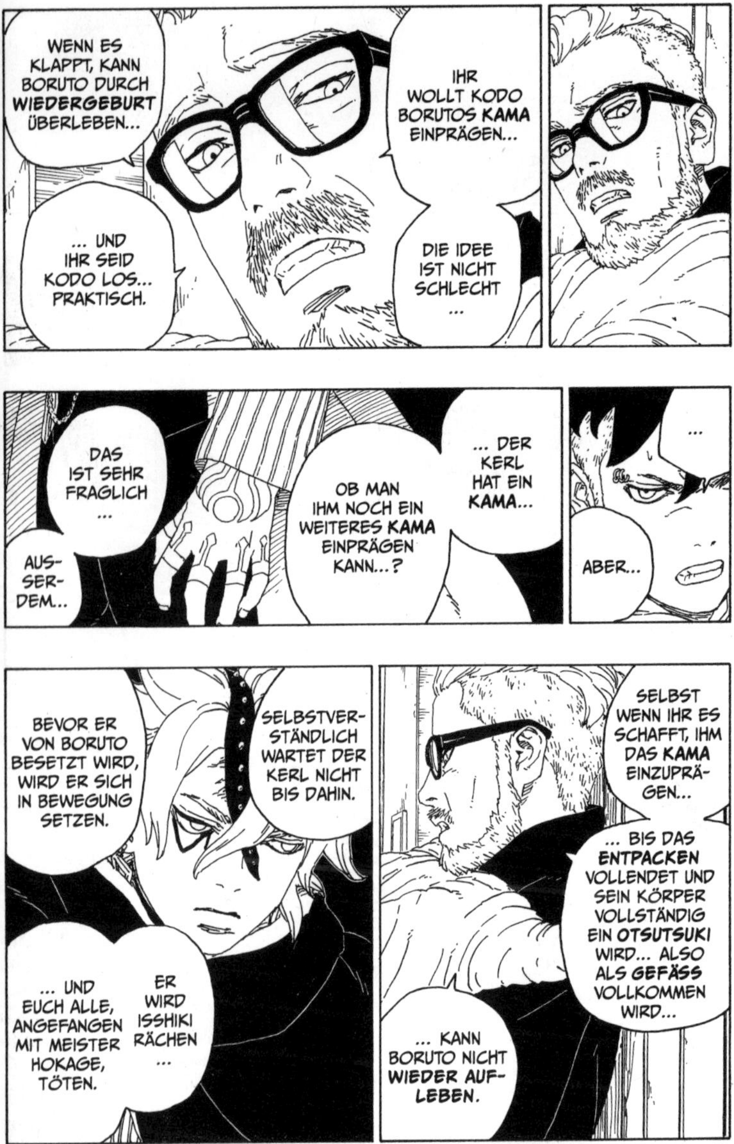
IHR WOLLT KODO BORUTOS KAMA EINPRÄGEN...
DIE IDEE IST NICHT SCHLECHT ...
WENN ES KLAPPT, KANN BORUTO DURCH WIEDERGEBURT ÜBERLEBEN...
... UND IHR SEID KODO LOS... PRAKTISCH.
...
ABER...
... DER KERL HAT EIN KAMA...
OB MAN IHM NOCH EIN WEITERES KAMA EINPRÄGEN KANN...?
DAS IST SEHR FRAGLICH ...
AUS-SER-DEM...
SELBST WENN IHR ES SCHAFFT, IHM DAS KAMA EINZUPRÄ-GEN...
... BIS DAS ENTPACKEN VOLLENDET UND SEIN KÖRPER VOLLSTÄNDIG EIN OTSUTSUKI WIRD... ALSO ALS GEFÄSS VOLLKOMMEN WIRD...
... KANN BORUTO NICHT WIEDER AUF-LEBEN.
SELBSTVER-STÄNDLICH WARTET DER KERL NICHT BIS DAHIN.
BEVOR ER VON BORUTO BESETZT WIRD, WIRD ER SICH IN BEWEGUNG SETZEN.
ER WIRD ISSHIKI RÄCHEN ...
... UND EUCH ALLE, ANGEFANGEN MIT MEISTER HOKAGE, TÖTEN.

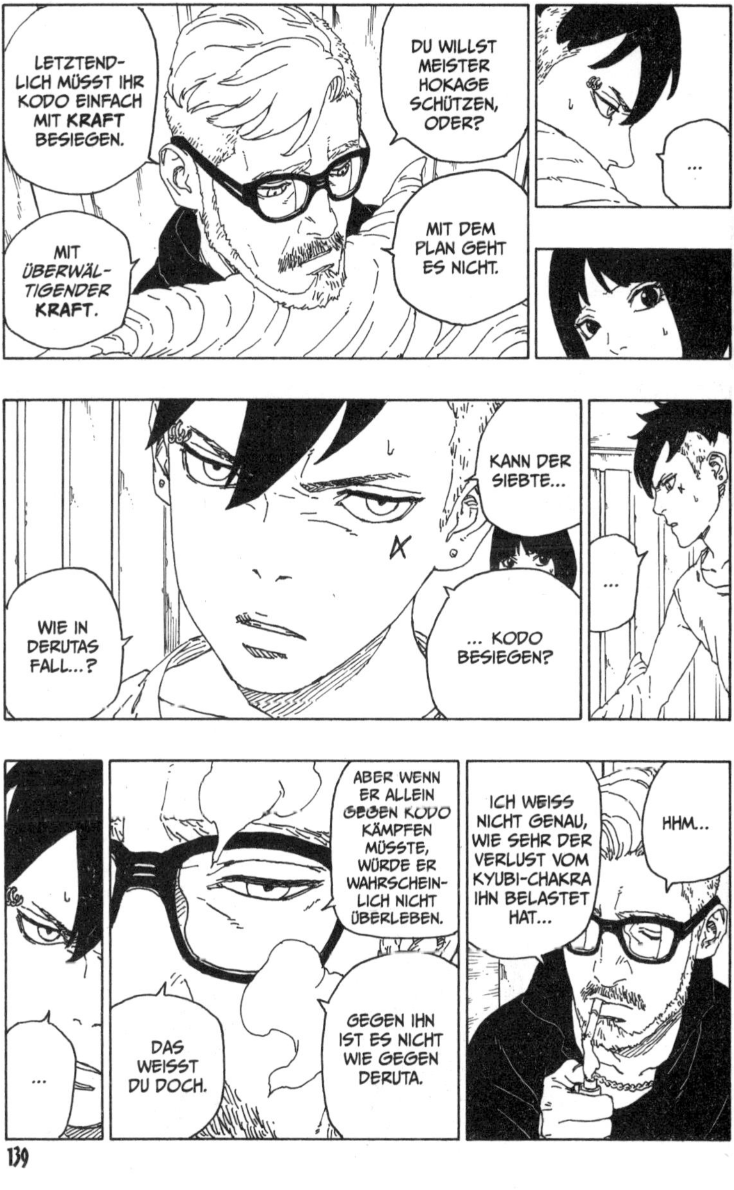
...
DU WILLST MEISTER HOKAGE SCHÜTZEN, ODER?
MIT DEM PLAN GEHT ES NICHT.
LETZTEND-LICH MÜSST IHR KODO EINFACH MIT KRAFT BESIEGEN.
MIT ÜBERWÄL-TIGENDER KRAFT.
...
KANN DER SIEBTE...
... KODO BESIEGEN?
WIE IN DERUTAS FALL...?
HHM...
ICH WEISS NICHT GENAU, WIE SEHR DER VERLUST VOM KYUBI-CHAKRA IHN BELASTET HAT...
ABER WENN ER ALLEIN GEGEN KODO KÄMPFEN MÜSSTE, WÜRDE ER WAHRSCHEIN-LICH NICHT ÜBERLEBEN.
GEGEN IHN IST ES NICHT WIE GEGEN DERUTA.
DAS WEISST DU DOCH.
...

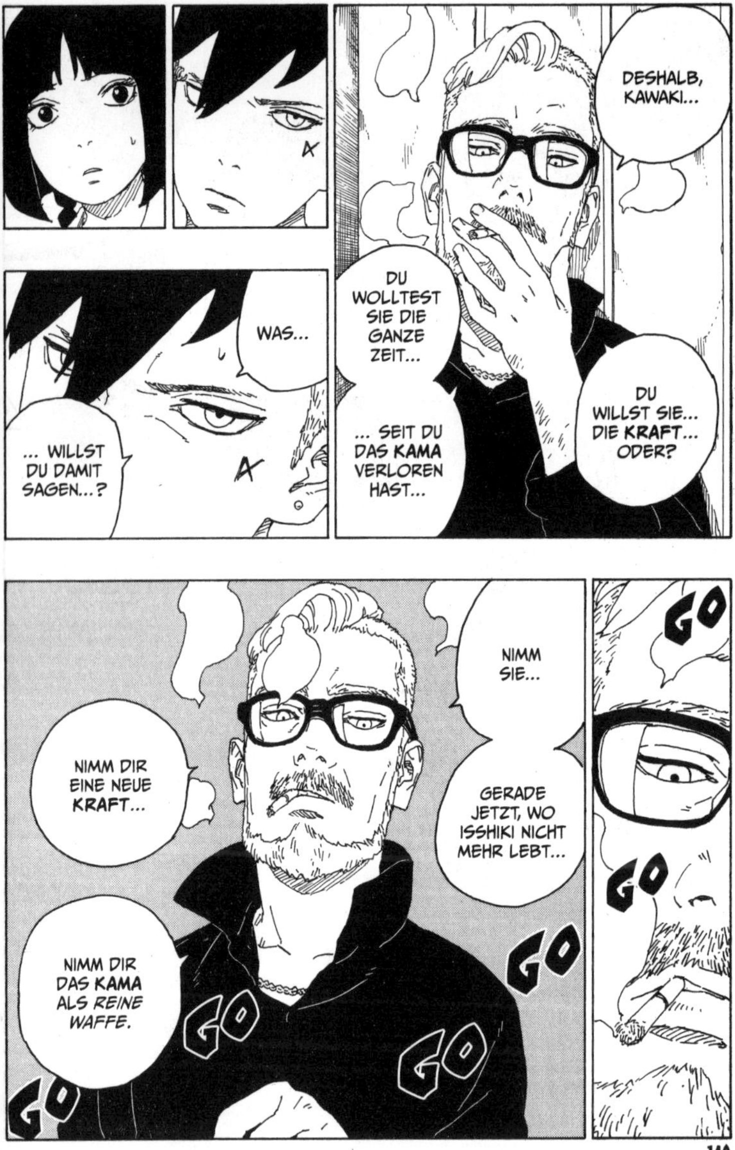
DESHALB, KAWAKI...
DU WILLST SIE... DIE KRAFT... ODER?
WAS...
... WILLST DU DAMIT SAGEN...?
DU WOLLTEST SIE DIE GANZE ZEIT...
... SEIT DU DAS KAMA VERLOREN HAST...
GO
GO
NIMM SIE...
GERADE JETZT, WO ISSHIKI NICHT MEHR LEBT...
NIMM DIR EINE NEUE KRAFT...
NIMM DIR DAS KAMA ALS *REINE* WAFFE.
GO
GO
GO
GO

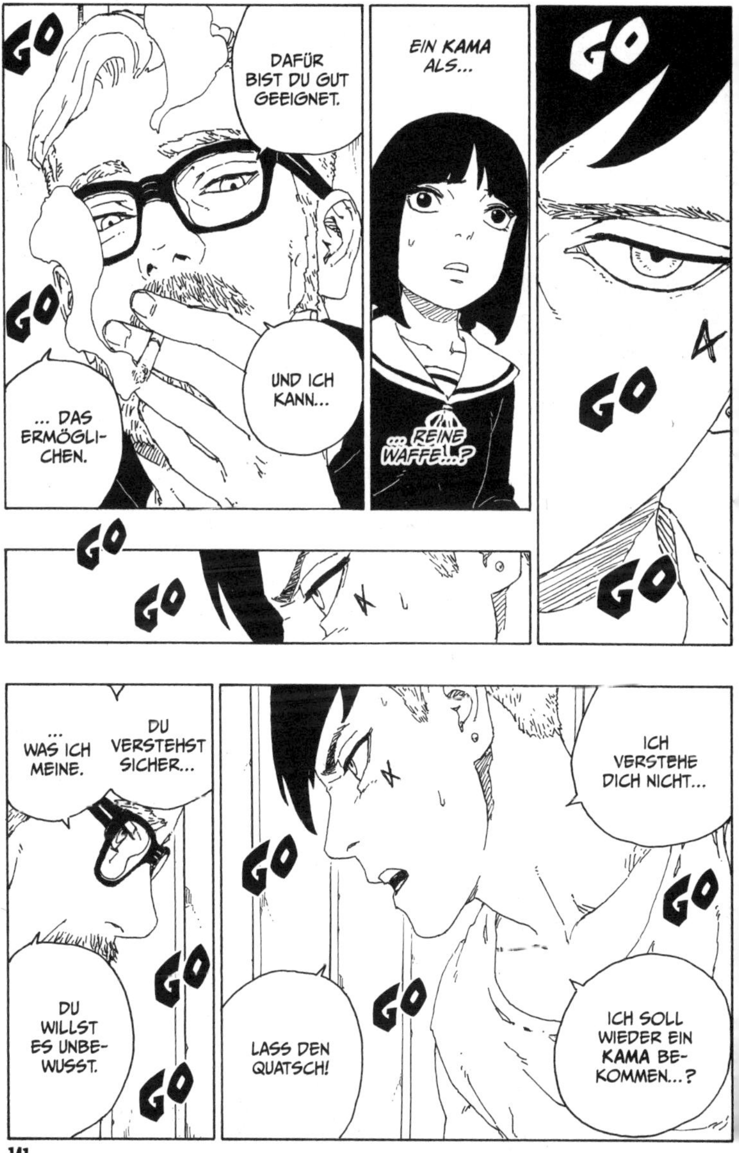
GO
GO
GO
EIN KAMA ALS...
... REINE WAFFE...?
GO
DAFÜR BIST DU GUT GEEIGNET.
GO
UND ICH KANN...
... DAS ERMÖGLICHEN.
GO
GO
ICH VERSTEHE DICH NICHT...
GO
ICH SOLL WIEDER EIN KAMA BE-KOMMEN...?
GO
LASS DEN QUATSCH!
GO
DU VERSTEHST SICHER...
... WAS ICH MEINE.
GO
DU WILLST ES UNBE-WUSST.
GO

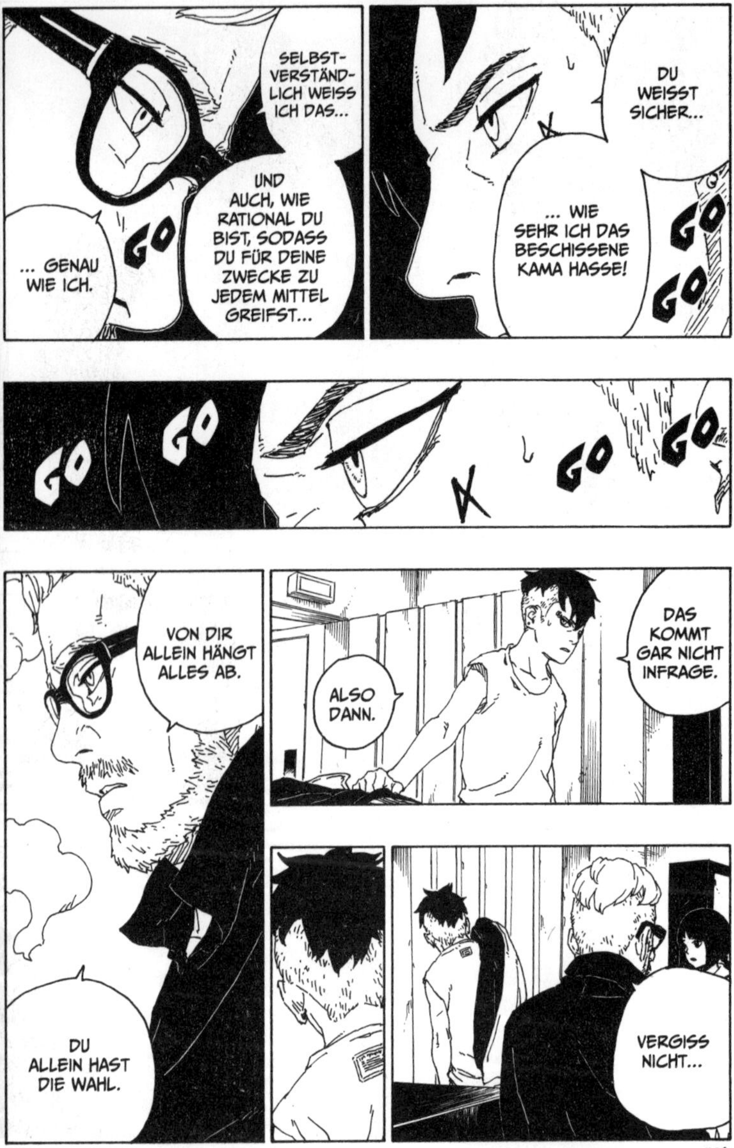
DU WEISST SICHER...
... WIE SEHR ICH DAS BESCHISSENE KAMA HASSE!
GO
GO
SELBST-VERSTÄNDLICH WEISS ICH DAS...
UND AUCH, WIE RATIONAL DU BIST, SODASS DU FÜR DEINE ZWECKE ZU JEDEM MITTEL GREIFST...
GO
... GENAU WIE ICH.
GO
GO
GO
GO
DAS KOMMT GAR NICHT INFRAGE.
ALSO DANN.
VERGISS NICHT...
VON DIR ALLEIN HÄNGT ALLES AB.
DU ALLEIN HAST DIE WAHL.

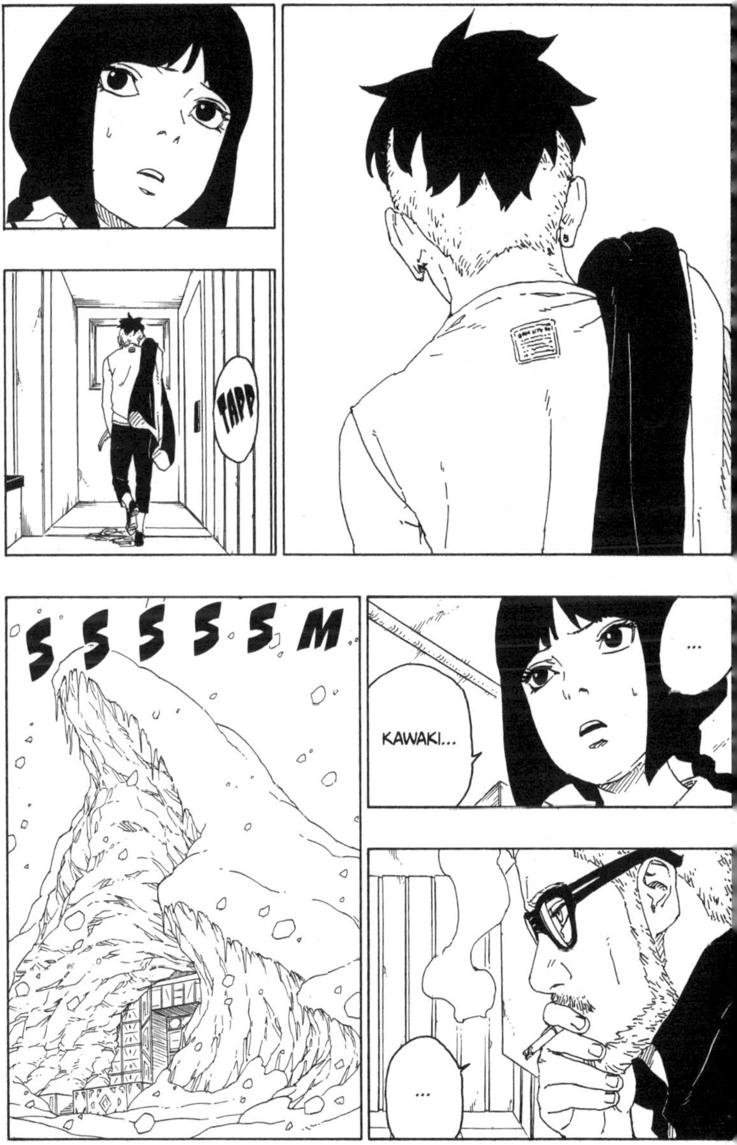
TAPP
...
KAWAKI...
...
SSSSSM

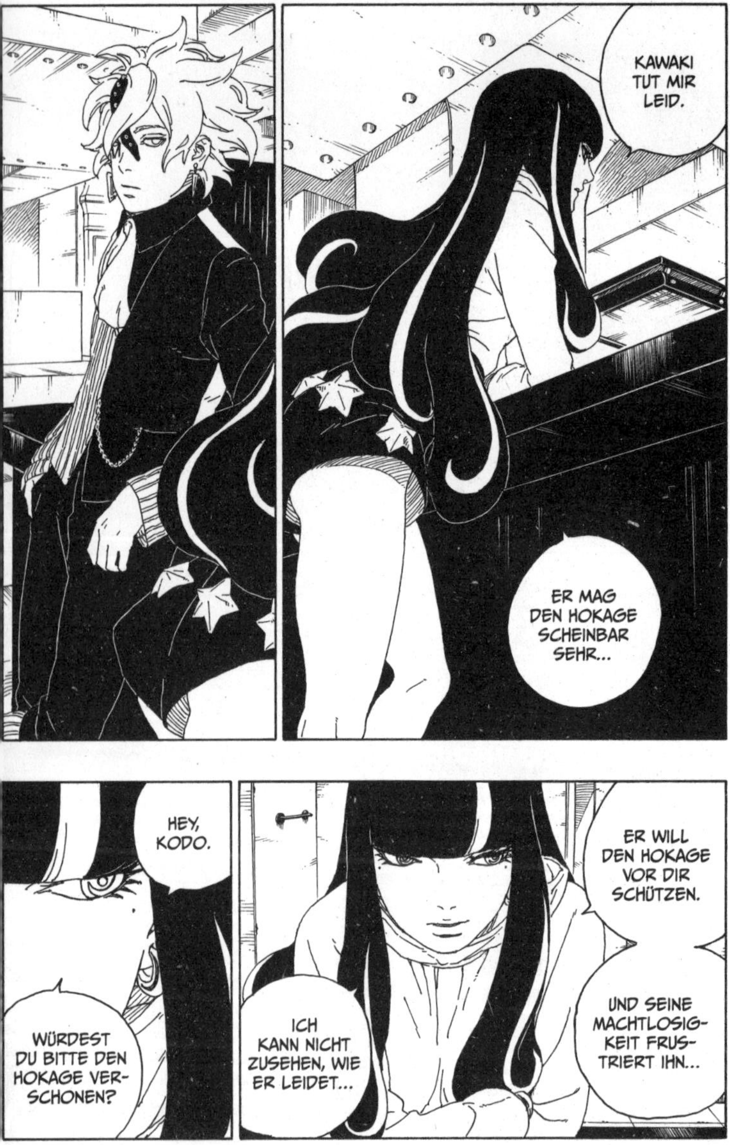
KAWAKI TUT MIR LEID.
ER MAG DEN HOKAGE SCHEINBAR SEHR...
ER WILL DEN HOKAGE VOR DIR SCHÜTZEN.
UND SEINE MACHTLOSIGKEIT FRUSTRIERT IHN...
ICH KANN NICHT ZUSEHEN, WIE ER LEIDET...
HEY, KODO.
WÜRDEST DU BITTE DEN HOKAGE VERSCHONEN?

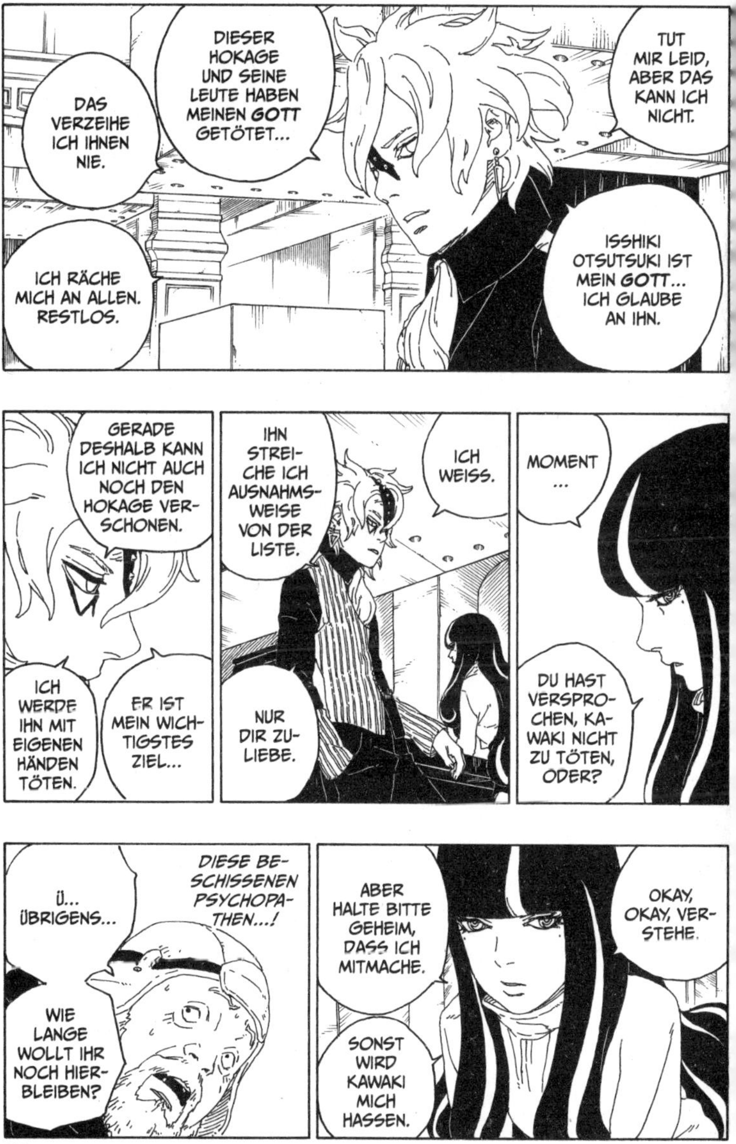

TUT MIR LEID, ABER DAS KANN ICH NICHT.
ISSHIKI OTSUTSUKI IST MEIN GOTT... ICH GLAUBE AN IHN.
DIESER HOKAGE UND SEINE LEUTE HABEN MEINEN GOTT GETÖTET...
DAS VERZEIHE ICH IHNEN NIE.
ICH RÄCHE MICH AN ALLEN. RESTLOS.
MOMENT ...
DU HAST VERSPROCHEN, KAWAKI NICHT ZU TÖTEN, ODER?
ICH WEISS.
IHN STREICHE ICH AUSNAHMSWEISE VON DER LISTE.
NUR DIR ZULIEBE.
GERADE DESHALB KANN ICH NICHT AUCH NOCH DEN HOKAGE VERSCHONEN.
ER IST MEIN WICHTIGSTES ZIEL...
ICH WERDE IHN MIT EIGENEN HÄNDEN TÖTEN.
OKAY, OKAY, VERSTEHE.
ABER HALTE BITTE GEHEIM, DASS ICH MITMACHE.
SONST WIRD KAWAKI MICH HASSEN.
DIESE BESCHISSENEN PSYCHOPATHEN...!
Ü... ÜBRIGENS...
WIE LANGE WOLLT IHR NOCH HIERBLEIBEN?

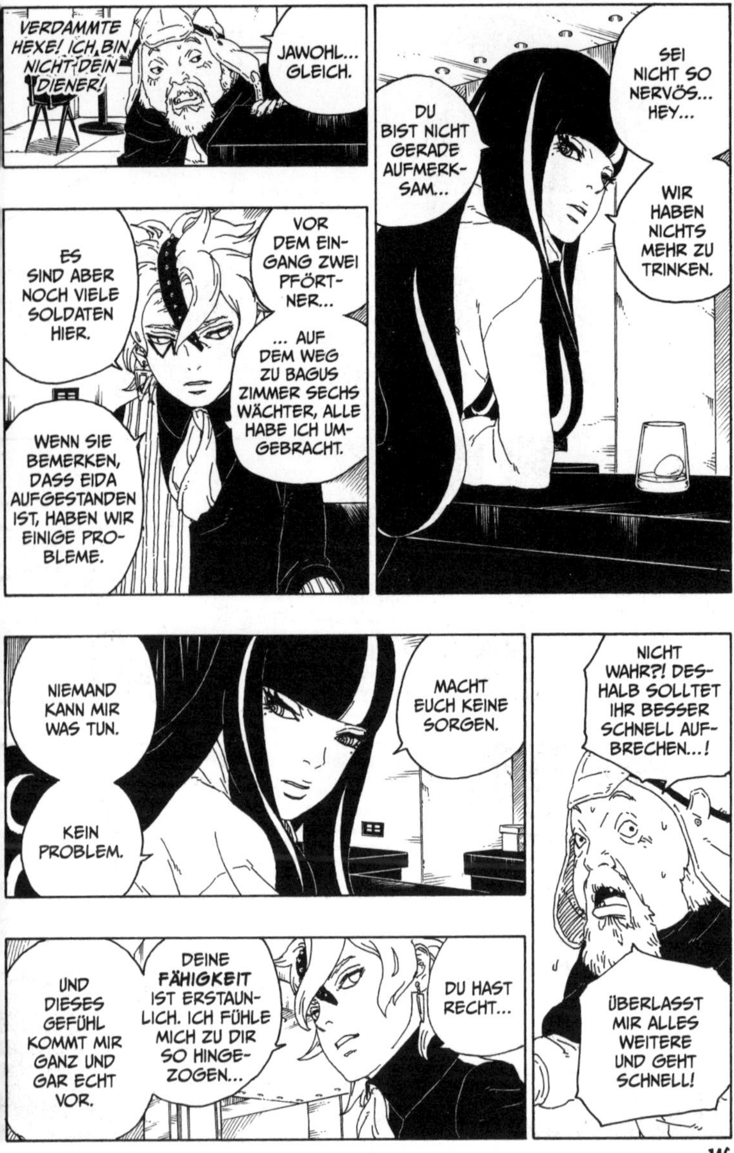
SEI NICHT SO NERVÖS... HEY...
WIR HABEN NICHTS MEHR ZU TRINKEN.
DU BIST NICHT GERADE AUFMERKSAM...
JAWOHL... GLEICH.
VERDAMMTE HEXE! ICH BIN NICHT DEIN DIENER!
VOR DEM EINGANG ZWEI PFÖRTNER...
... AUF DEM WEG ZU BAGUS ZIMMER SECHS WÄCHTER, ALLE HABE ICH UMGEBRACHT.
ES SIND ABER NOCH VIELE SOLDATEN HIER.
WENN SIE BEMERKEN, DASS EIDA AUFGESTANDEN IST, HABEN WIR EINIGE PROBLEME.
NICHT WAHR?! DESHALB SOLLTET IHR BESSER SCHNELL AUFBRECHEN...!
MACHT EUCH KEINE SORGEN.
NIEMAND KANN MIR WAS TUN.
KEIN PROBLEM.
ÜBERLASST MIR ALLES WEITERE UND GEHT SCHNELL!
DU HAST RECHT...
DEINE **FÄHIGKEIT** IST ERSTAUNLICH. ICH FÜHLE MICH ZU DIR SO HINGEZOGEN...
UND DIESES GEFÜHL KOMMT MIR GANZ UND GAR ECHT VOR.

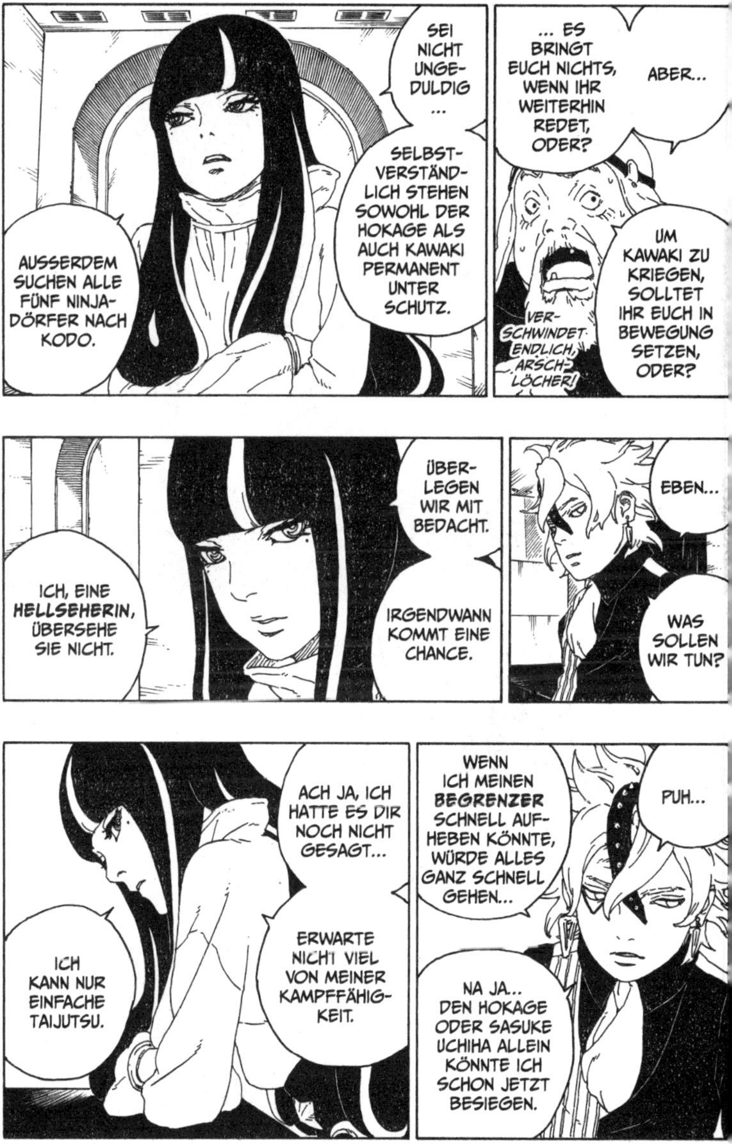

ABER...
... ES BRINGT EUCH NICHTS, WENN IHR WEITERHIN REDET, ODER?
UM KAWAKI ZU KRIEGEN, SOLLTET IHR EUCH IN BEWEGUNG SETZEN, ODER?
VERSCHWINDET ENDLICH, ARSCHLÖCHER!
SEI NICHT UNGEDULDIG ...
SELBSTVERSTÄNDLICH STEHEN SOWOHL DER HOKAGE ALS AUCH KAWAKI PERMANENT UNTER SCHUTZ.
AUSSERDEM SUCHEN ALLE FÜNF NINJADÖRFER NACH KODO.
EBEN...
WAS SOLLEN WIR TUN?
ÜBERLEGEN WIR MIT BEDACHT.
IRGENDWANN KOMMT EINE CHANCE.
ICH, EINE **HELLSEHERIN**, ÜBERSEHE SIE NICHT.
PUH...
WENN ICH MEINEN **BEGRENZER** SCHNELL AUFHEBEN KÖNNTE, WÜRDE ALLES GANZ SCHNELL GEHEN...
NA JA... DEN HOKAGE ODER SASUKE UCHIHA ALLEIN KÖNNTE ICH SCHON JETZT BESIEGEN.
ACH JA, ICH HATTE ES DIR NOCH NICHT GESAGT...
ERWARTE NICHT VIEL VON MEINER KAMPFFÄHIGKEIT.
ICH KANN NUR EINFACHE TAIJUTSU.

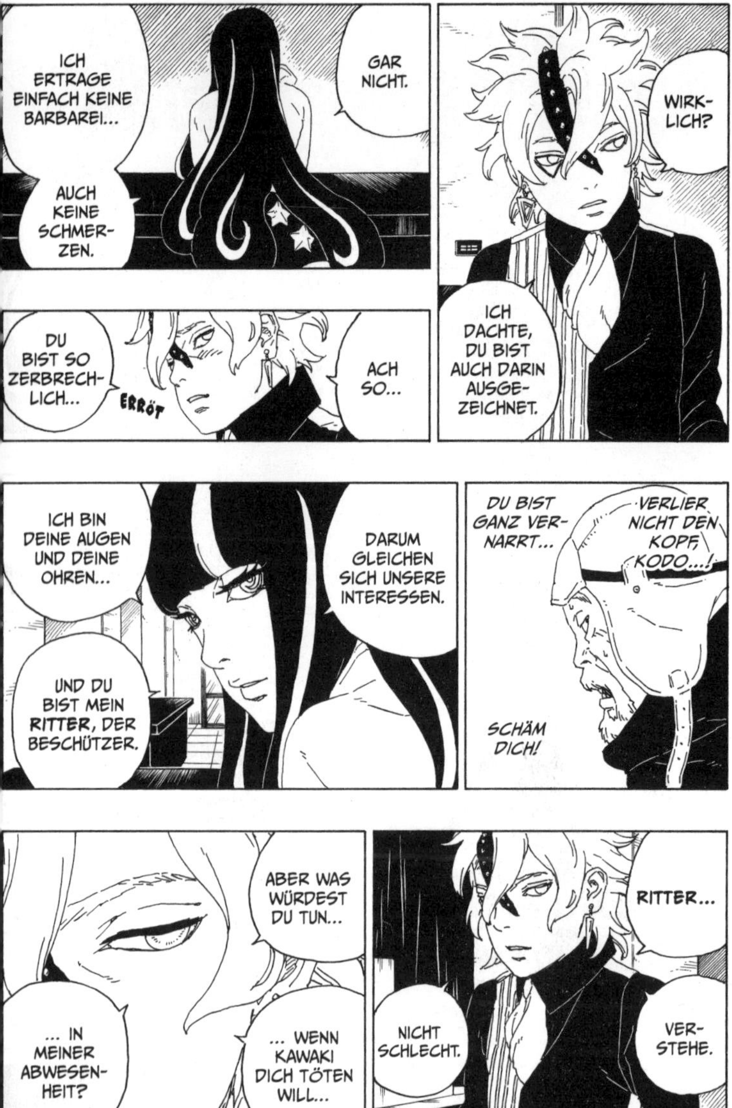
WIRKLICH?
ICH DACHTE, DU BIST AUCH DARIN AUSGEZEICHNET.
GAR NICHT.
ICH ERTRAGE EINFACH KEINE BARBAREI...
AUCH KEINE SCHMERZEN.
ACH SO...
ERRÖT
DU BIST SO ZERBRECHLICH...
VERLIER NICHT DEN KOPF, KODO...!
DU BIST GANZ VERNARRT...
SCHÄM DICH!
DARUM GLEICHEN SICH UNSERE INTERESSEN.
ICH BIN DEINE AUGEN UND DEINE OHREN...
UND DU BIST MEIN RITTER, DER BESCHÜTZER.
RITTER...
VERSTEHE.
NICHT SCHLECHT.
ABER WAS WÜRDEST DU TUN...
... WENN KAWAKI DICH TÖTEN WILL...
... IN MEINER ABWESENHEIT?

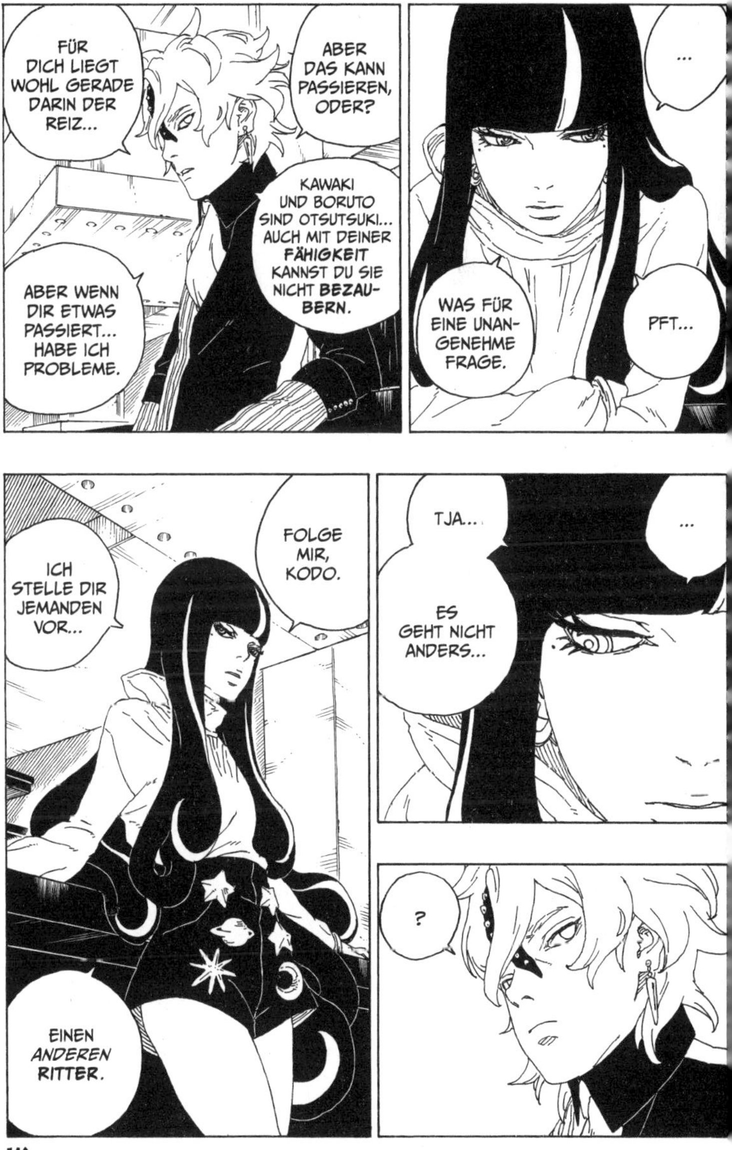
...
PFT...
WAS FÜR EINE UNANGENEHME FRAGE.
ABER DAS KANN PASSIEREN, ODER?
FÜR DICH LIEGT WOHL GERADE DARIN DER REIZ...
KAWAKI UND BORUTO SIND OTSUTSUKI... AUCH MIT DEINER **FÄHIGKEIT** KANNST DU SIE NICHT **BEZAUBERN**.
ABER WENN DIR ETWAS PASSIERT... HABE ICH PROBLEME.
...
TJA...
ES GEHT NICHT ANDERS...
FOLGE MIR, KODO.
ICH STELLE DIR JEMANDEN VOR...
?
EINEN ANDEREN RITTER.

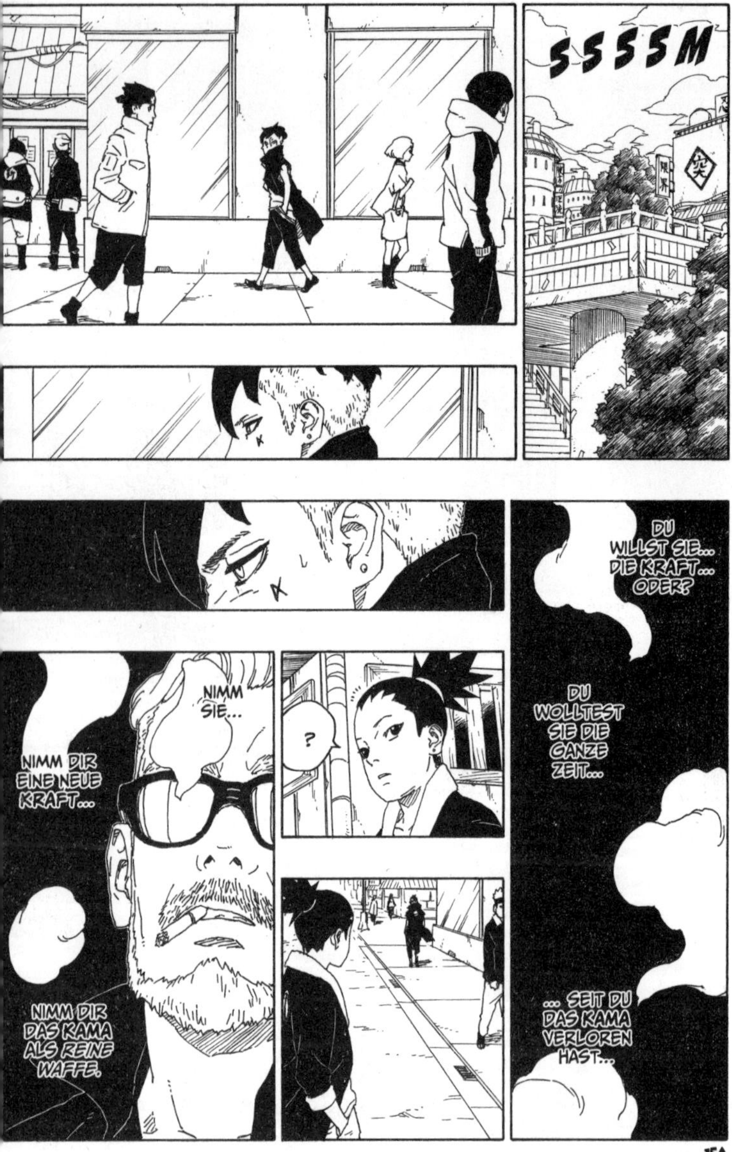
SSSSM
DU WILLST SIE... DIE KRAFT... ODER?
DU WOLLTEST SIE DIE GANZE ZEIT...
... SEIT DU DAS KAMA VERLOREN HAST...
?
NIMM SIE...
NIMM DIR EINE NEUE KRAFT...
NIMM DIR DAS KAMA ALS REINE WAFFE.

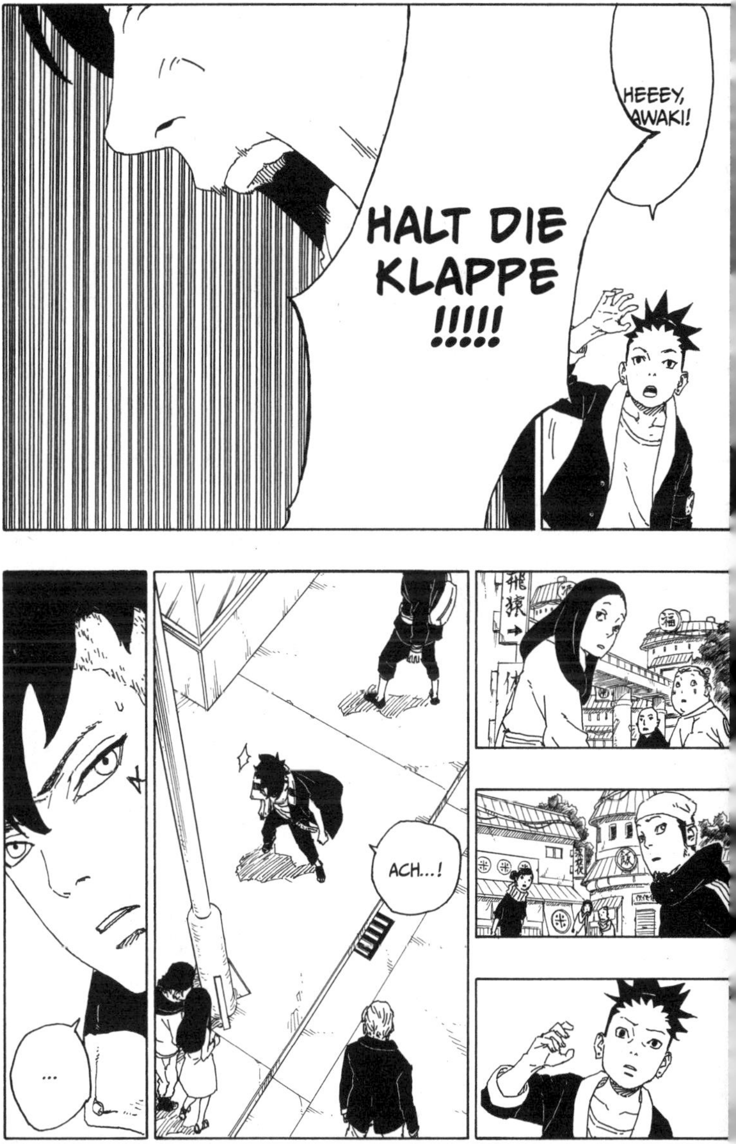
HEEEY, AWAKI!
HALT DIE KLAPPE !!!!!
ACH...!
...

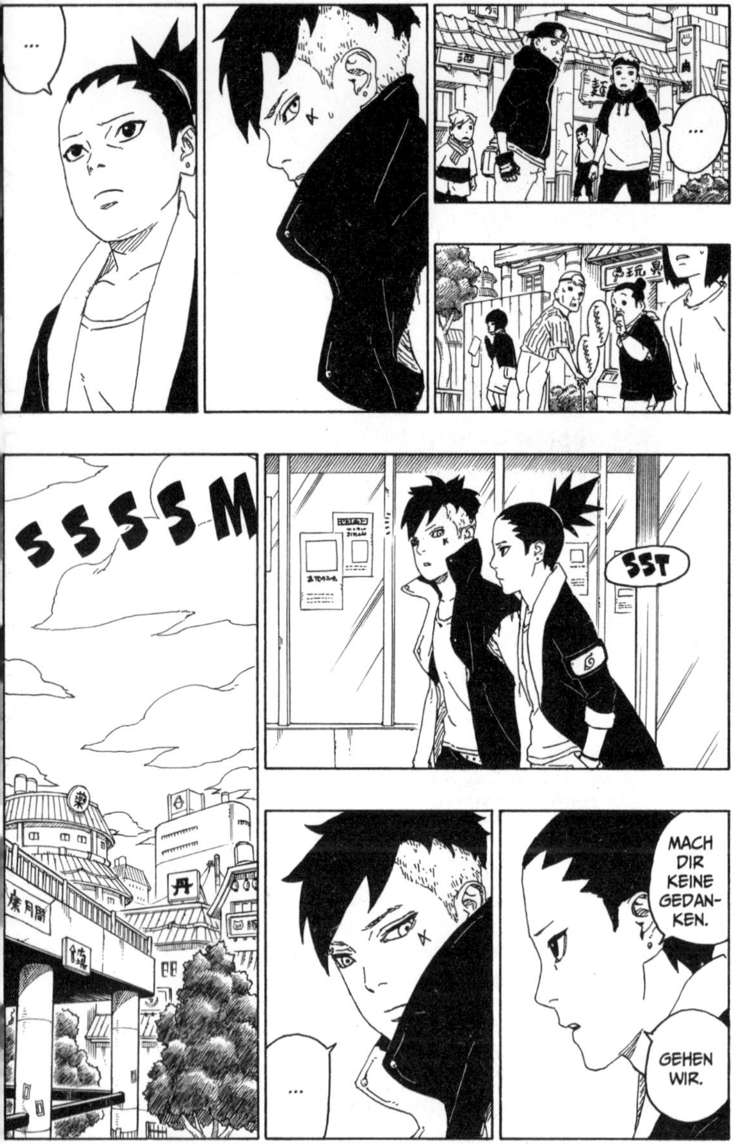
...
...
...
SST
SSSSM
MACH DIR KEINE GEDANKEN.
GEHEN WIR.
...

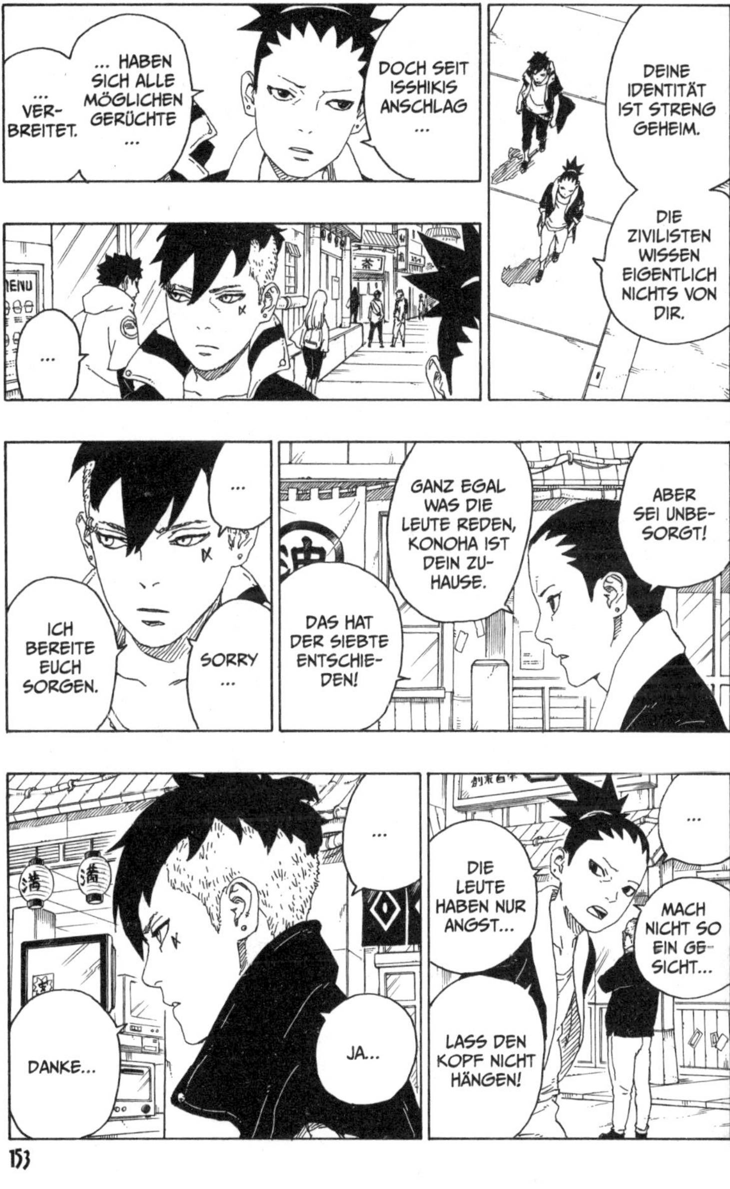
DEINE IDENTITÄT IST STRENG GEHEIM.
DIE ZIVILISTEN WISSEN EIGENTLICH NICHTS VON DIR.
DOCH SEIT ISSHIKIS ANSCHLAG ...
... HABEN SICH ALLE MÖGLICHEN GERÜCHTE ...
... VER-BREITET.
...
ABER SEI UNBE-SORGT!
GANZ EGAL WAS DIE LEUTE REDEN, KONOHA IST DEIN ZU-HAUSE.
DAS HAT DER SIEBTE ENTSCHIE-DEN!
...
SORRY ...
ICH BEREITE EUCH SORGEN.
...
MACH NICHT SO EIN GE-SICHT...
DIE LEUTE HABEN NUR ANGST...
LASS DEN KOPF NICHT HÄNGEN!
...
JA...
DANKE...

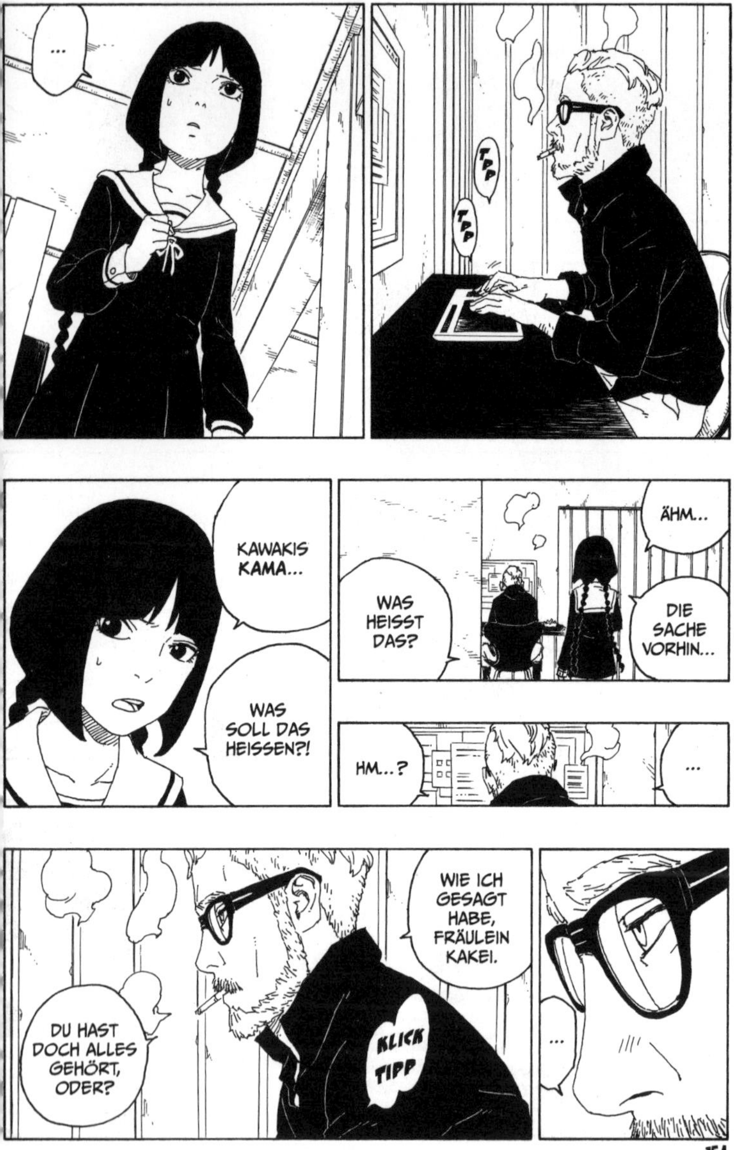
TPP
TPP
...
ÄHM...
DIE SACHE VORHIN...
WAS HEISST DAS?
...
HM...?
KAWAKIS KAMA...
WAS SOLL DAS HEISSEN?!
...
WIE ICH GESAGT HABE, FRÄULEIN KAKEI.
KLICK
TIPP
DU HAST DOCH ALLES GEHÖRT, ODER?

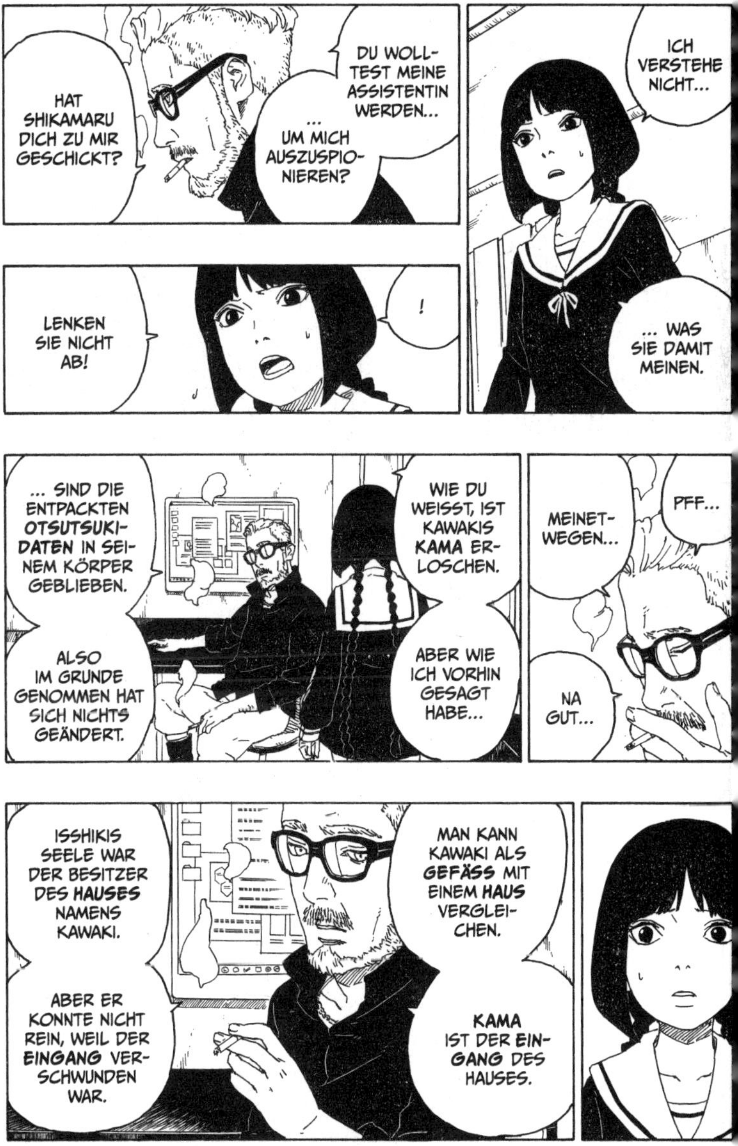
ICH VERSTEHE NICHT...
... WAS SIE DAMIT MEINEN.
DU WOLLTEST MEINE ASSISTENTIN WERDEN...
... UM MICH AUSZUSPIONIEREN?
HAT SHIKAMARU DICH ZU MIR GESCHICKT?
!
LENKEN SIE NICHT AB!
PFF...
MEINETWEGEN...
NA GUT...
WIE DU WEISST, IST KAWAKIS KAMA ERLOSCHEN.
ABER WIE ICH VORHIN GESAGT HABE...
... SIND DIE ENTPACKTEN OTSUTSUKI-DATEN IN SEINEM KÖRPER GEBLIEBEN.
ALSO IM GRUNDE GENOMMEN HAT SICH NICHTS GEÄNDERT.
MAN KANN KAWAKI ALS GEFÄSS MIT EINEM HAUS VERGLEICHEN.
KAMA IST DER EINGANG DES HAUSES.
ISSHIKIS SEELE WAR DER BESITZER DES HAUSES NAMENS KAWAKI.
ABER ER KONNTE NICHT REIN, WEIL DER EINGANG VERSCHWUNDEN WAR.

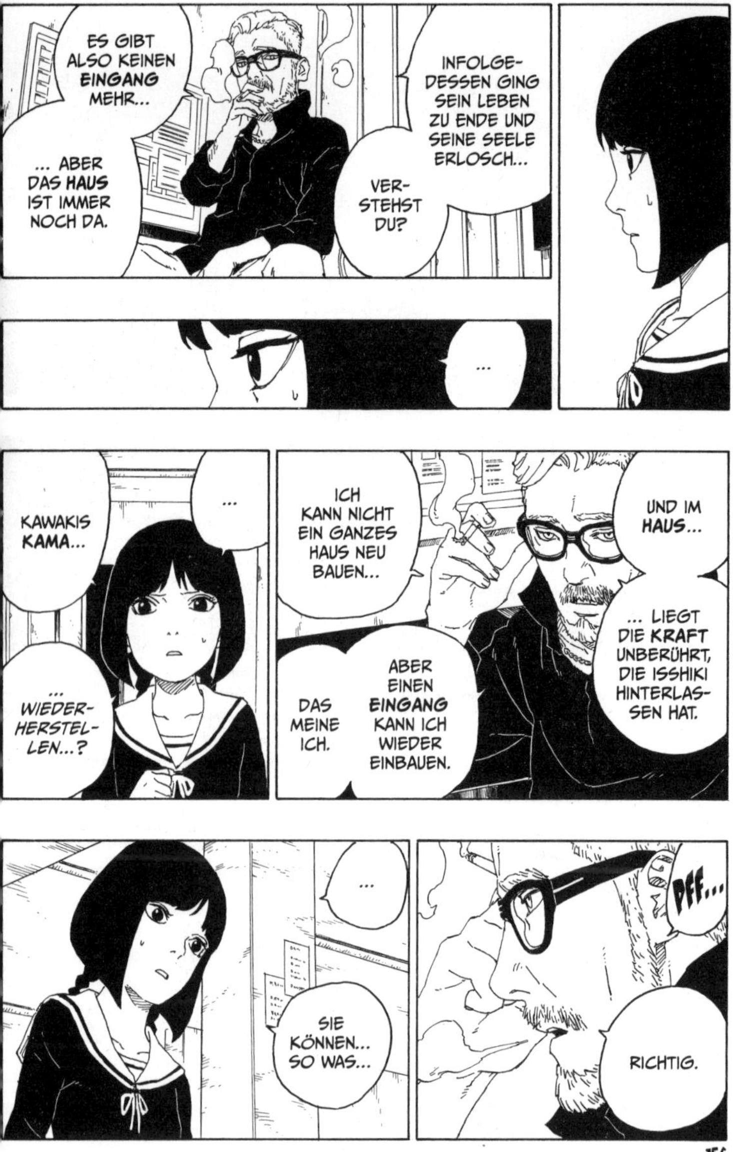
INFOLGEDESSEN GING SEIN LEBEN ZU ENDE UND SEINE SEELE ERLOSCH...
VERSTEHST DU?
ES GIBT ALSO KEINEN EINGANG MEHR...
... ABER DAS HAUS IST IMMER NOCH DA.
...
UND IM HAUS...
... LIEGT DIE KRAFT UNBERÜHRT, DIE ISSHIKI HINTERLASSEN HAT.
ICH KANN NICHT EIN GANZES HAUS NEU BAUEN...
ABER EINEN EINGANG KANN ICH WIEDER EINBAUEN.
DAS MEINE ICH.
...
KAWAKIS KAMA...
... WIEDERHERSTELLEN...?
PFF...
RICHTIG.
...
SIE KÖNNEN... SO WAS...

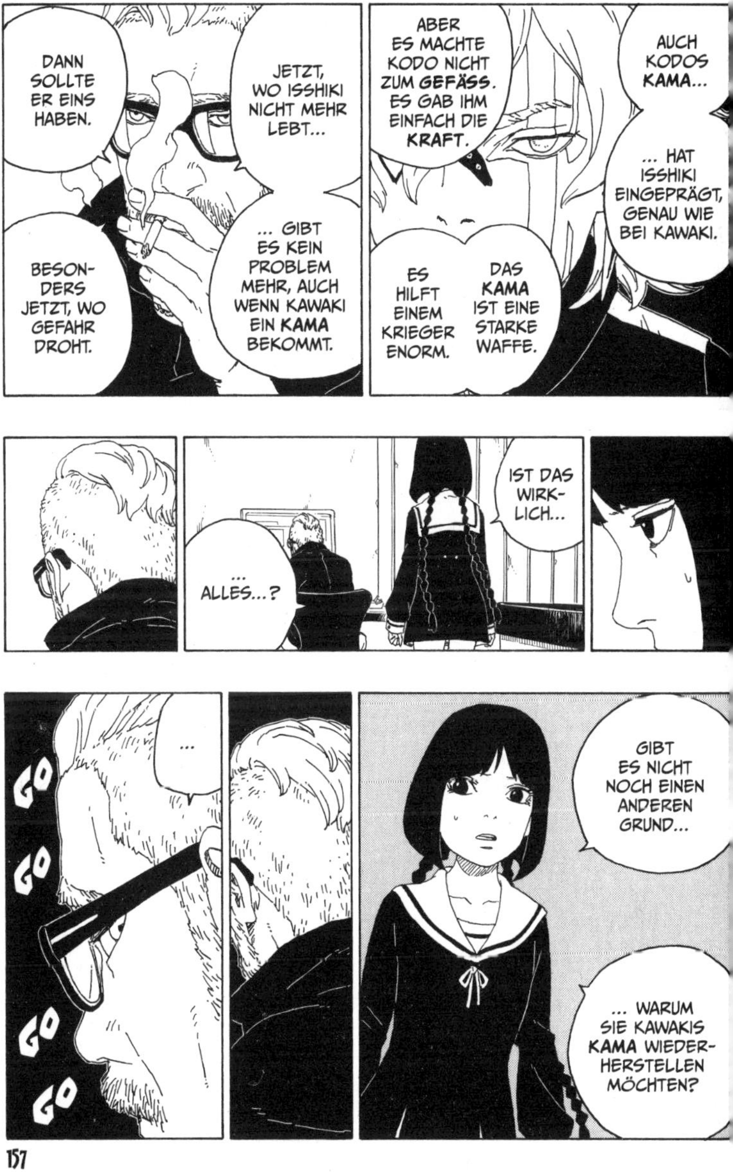
AUCH KODOS KAMA...
... HAT ISSHIKI EINGEPRÄGT, GENAU WIE BEI KAWAKI.
ABER ES MACHTE KODO NICHT ZUM GEFÄSS. ES GAB IHM EINFACH DIE KRAFT.
DAS KAMA IST EINE STARKE WAFFE.
ES HILFT EINEM KRIEGER ENORM.
JETZT, WO ISSHIKI NICHT MEHR LEBT...
... GIBT ES KEIN PROBLEM MEHR, AUCH WENN KAWAKI EIN KAMA BEKOMMT.
DANN SOLLTE ER EINS HABEN.
BESONDERS JETZT, WO GEFAHR DROHT.
IST DAS WIRKLICH...
... ALLES...?
GIBT ES NICHT NOCH EINEN ANDEREN GRUND...
... WARUM SIE KAWAKIS KAMA WIEDERHERSTELLEN MÖCHTEN?
...
GO
GO
GO
GO

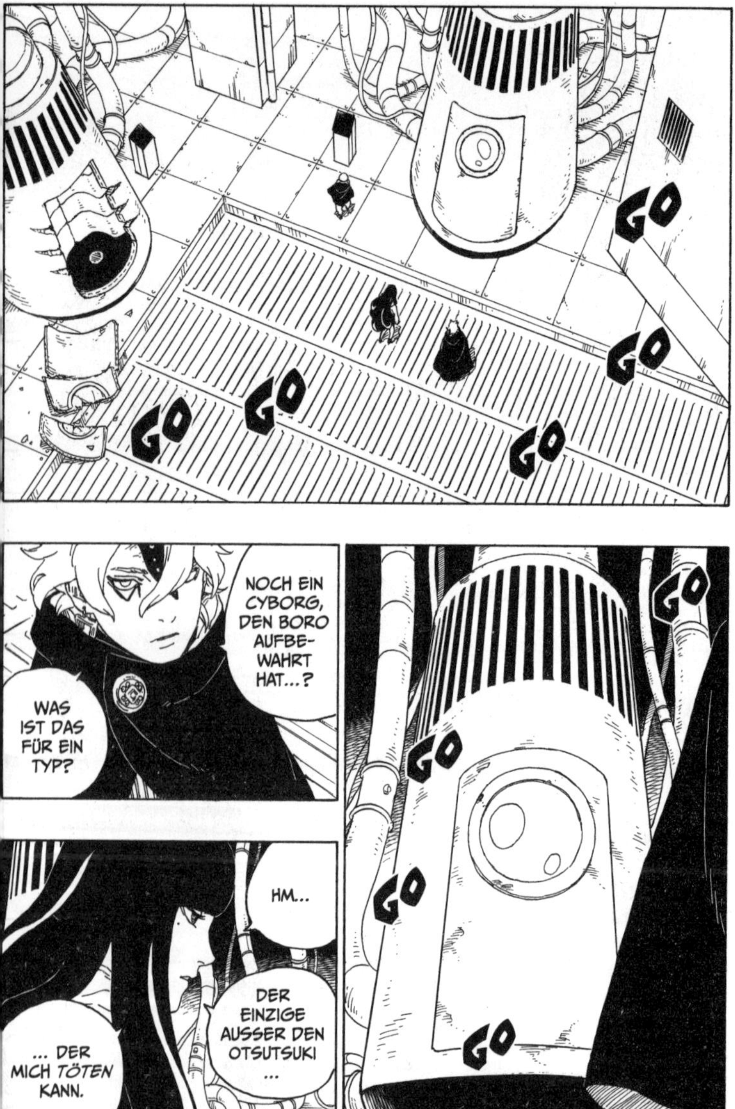
GO
GO
GO
GO
GO
GO
GO
GO
GO
NOCH EIN CYBORG, DEN BORO AUFBE-WAHRT HAT...?
WAS IST DAS FÜR EIN TYP?
HM...
DER EINZIGE AUSSER DEN OTSUTSUKI ...
... DER MICH *TÖTEN* KANN.

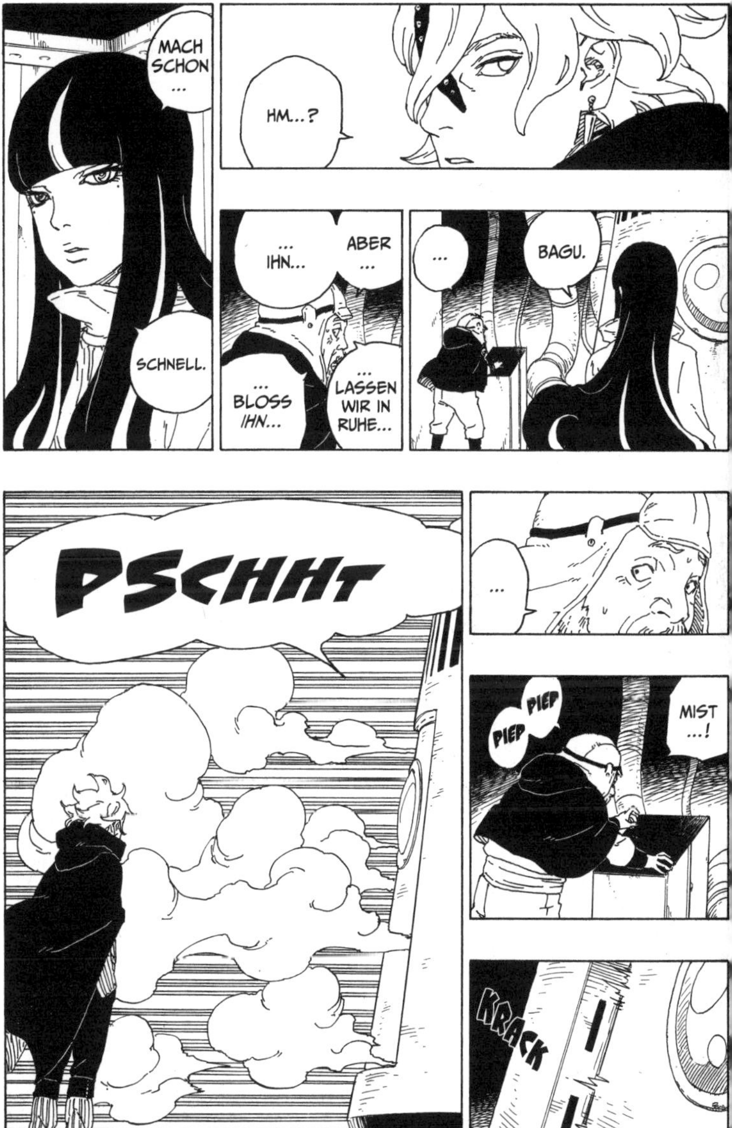
HM...?
BAGU.
...
ABER ...
... IHN...
... LASSEN WIR IN RUHE...
... BLOSS IHN...
MACH SCHON ...
SCHNELL.
...
PIEP
PIEP
MIST ...!
KRACK
PSCHHT

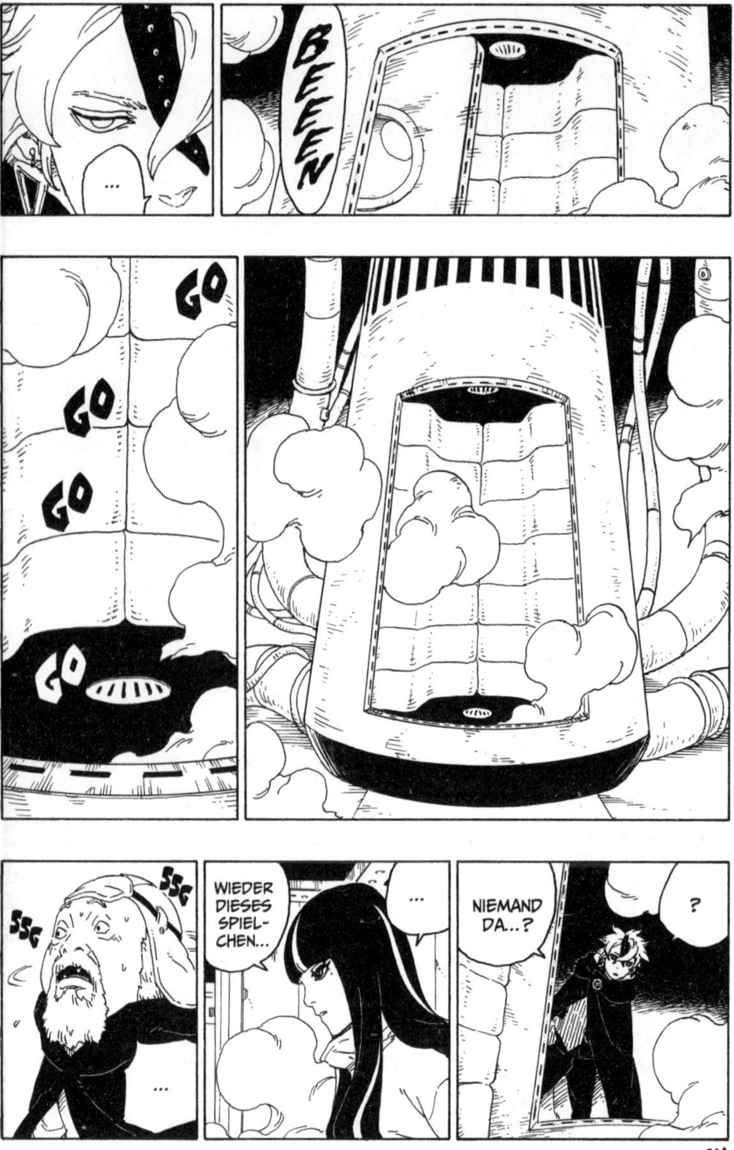
BEEEN
...
GO
GO
GO
GO
?
NIEMAND DA...?
...
WIEDER DIESES SPIEL-CHEN...
SSG
SSG
...

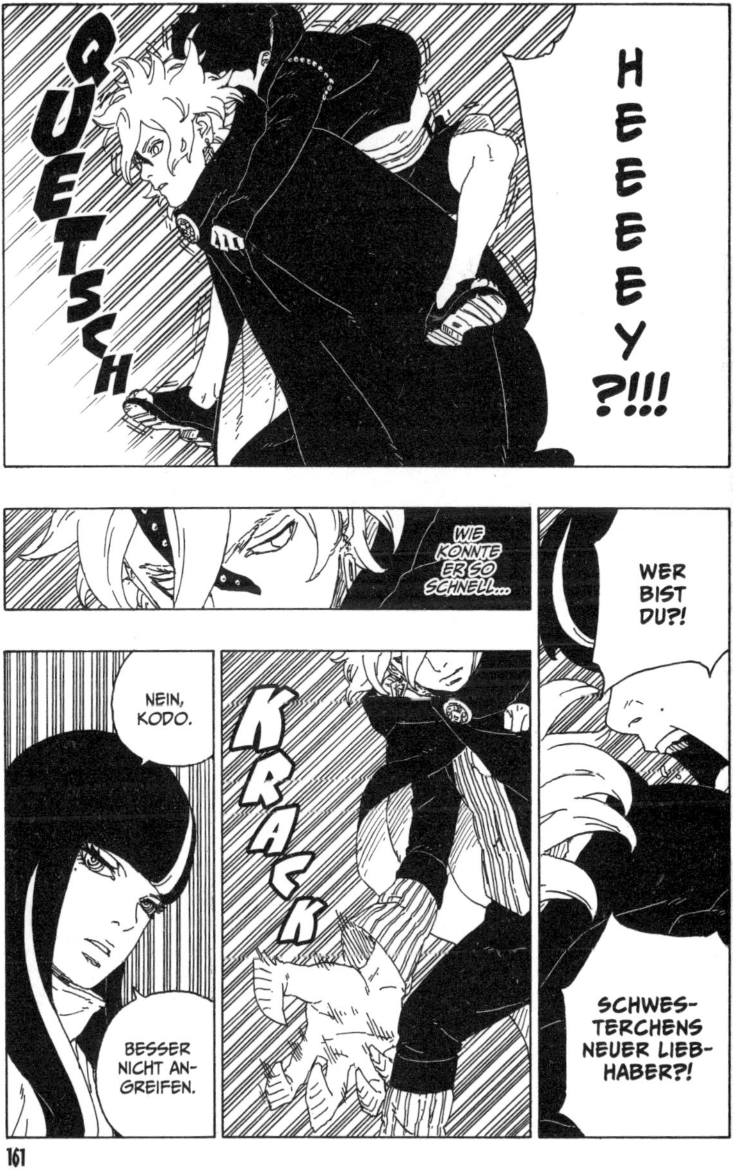
HEEEEY?!!!
QUETSCH
WER BIST DU?!
SCHWES-TERCHENS NEUER LIEB-HABER?!
WIE KONNTE ER SO SCHNELL...
KRACK
NEIN, KODO.
BESSER NICHT AN-GREIFEN.

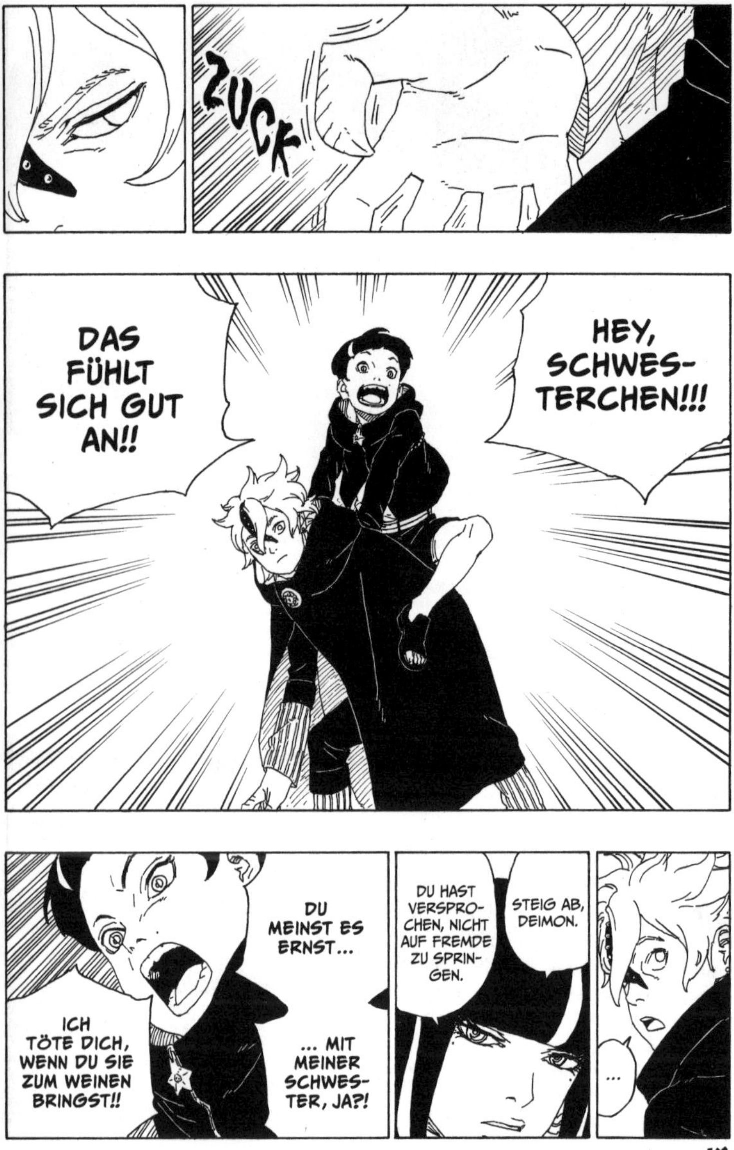
ZUCK
HEY, SCHWES-TERCHEN!!!
DAS FÜHLT SICH GUT AN!!
...
STEIG AB, DEIMON.
DU HAST VERSPRO-CHEN, NICHT AUF FREMDE ZU SPRIN-GEN.
DU MEINST ES ERNST...
... MIT MEINER SCHWES-TER, JA?!
ICH TÖTE DICH, WENN DU SIE ZUM WEINEN BRINGST!!

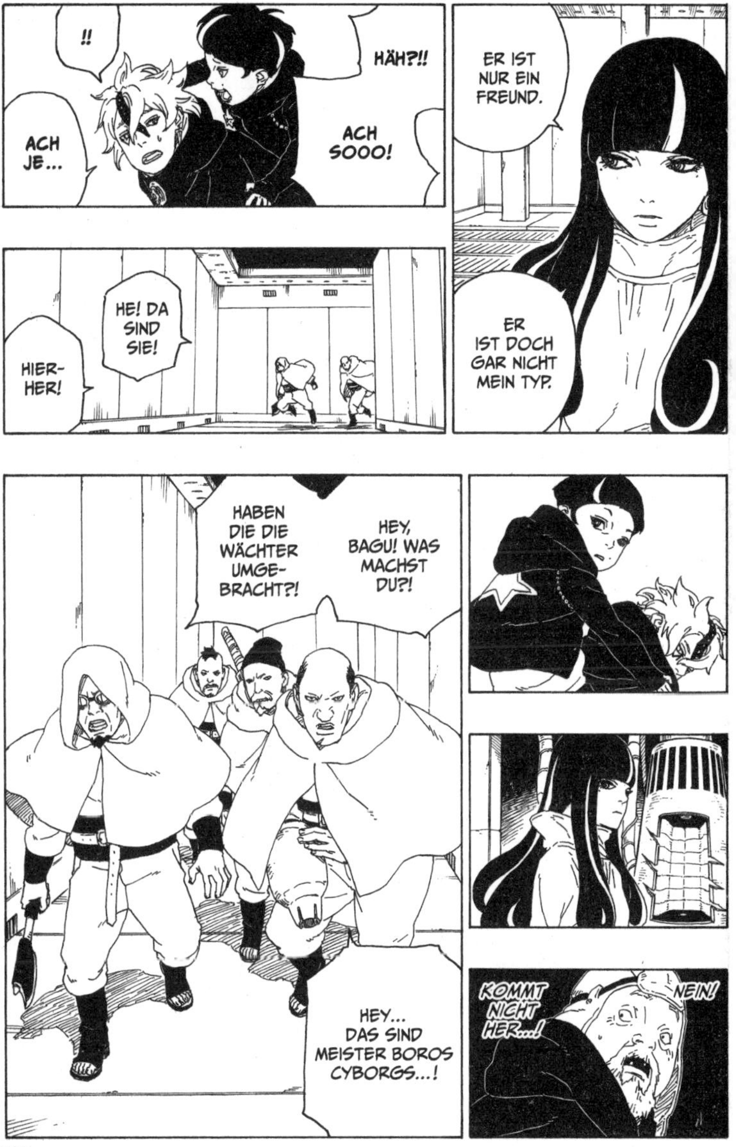
ER IST NUR EIN FREUND.
ER IST DOCH GAR NICHT MEIN TYP.
HÄH?!!
ACH SOOO!
!!
ACH JE...
HE! DA SIND SIE!
HIER-HER!
HEY, BAGU! WAS MACHST DU?!
HABEN DIE DIE WÄCHTER UMGE-BRACHT?!
HEY... DAS SIND MEISTER BOROS CYBORGS...!
KOMMT NICHT HER...!
NEIN!

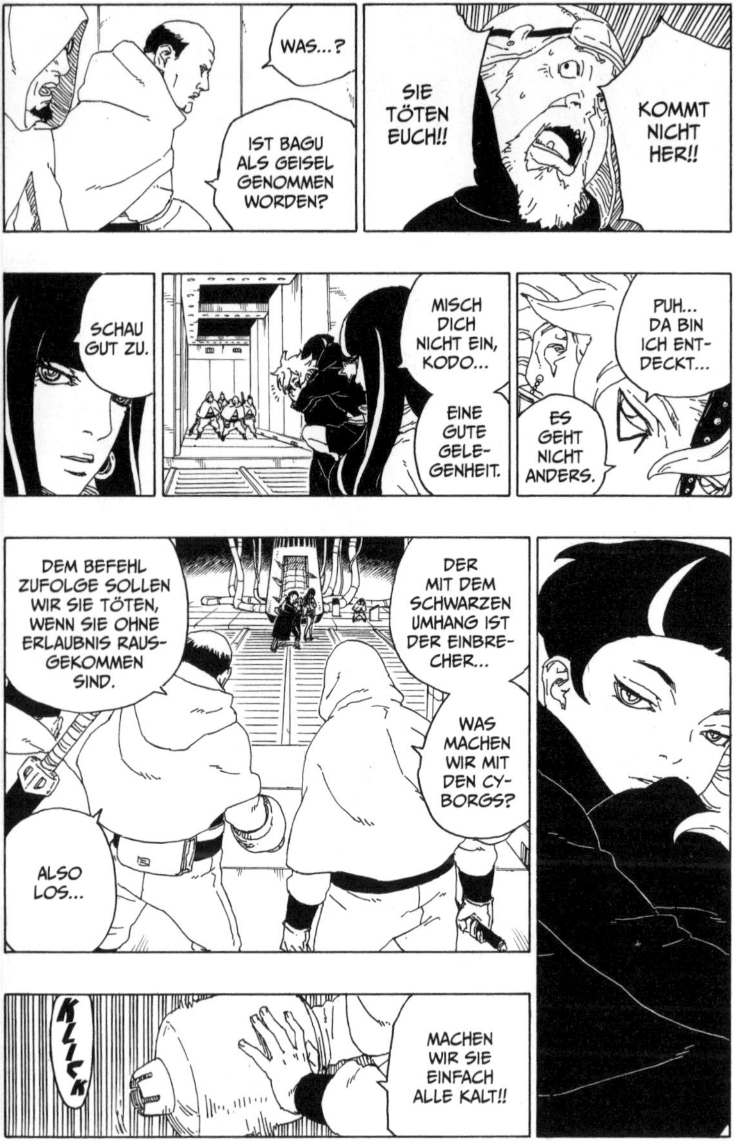
KOMMT NICHT HER!!
SIE TÖTEN EUCH!!
WAS...?
IST BAGU ALS GEISEL GENOMMEN WORDEN?
PUH... DA BIN ICH ENT-DECKT...
ES GEHT NICHT ANDERS.
MISCH DICH NICHT EIN, KODO...
EINE GUTE GELE-GENHEIT.
SCHAU GUT ZU.
DER MIT DEM SCHWARZEN UMHANG IST DER EINBRE-CHER...
WAS MACHEN WIR MIT DEN CY-BORGS?
DEM BEFEHL ZUFOLGE SOLLEN WIR SIE TÖTEN, WENN SIE OHNE ERLAUBNIS RAUS-GEKOMMEN SIND.
ALSO LOS...
KLICK
MACHEN WIR SIE EINFACH ALLE KALT!!

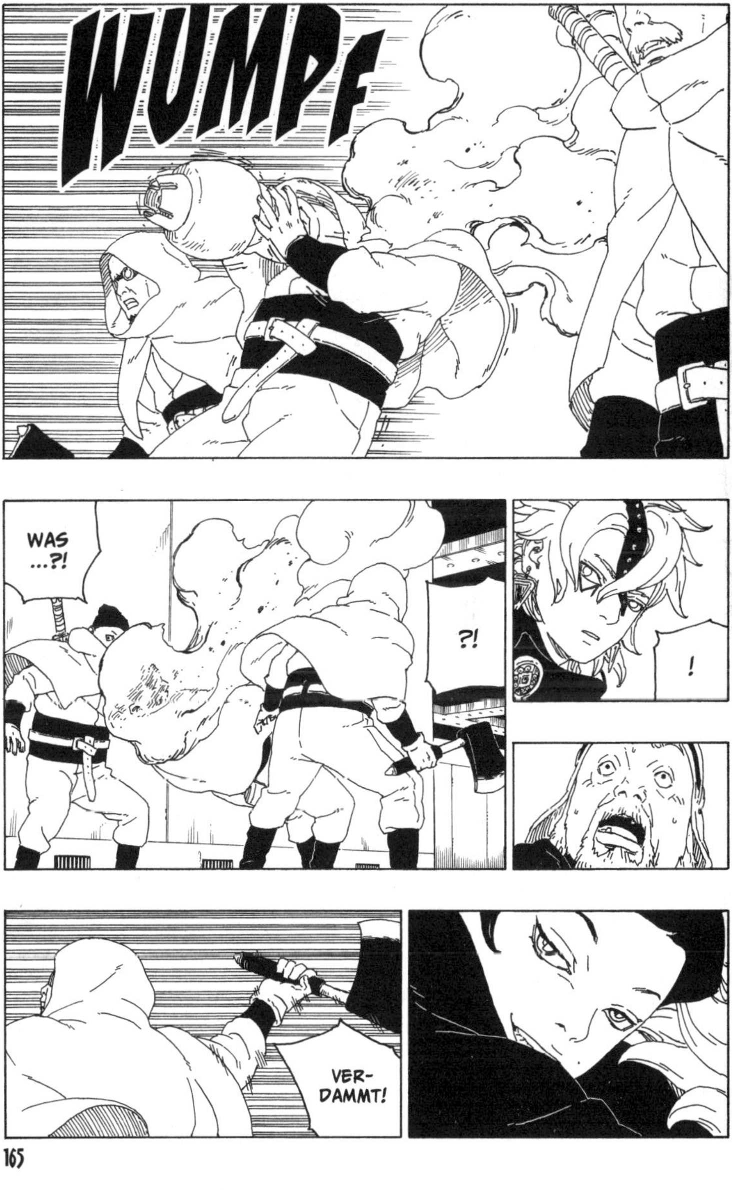
WUMPF
WAS ...?!
?!
!
VER-
DAMMT!

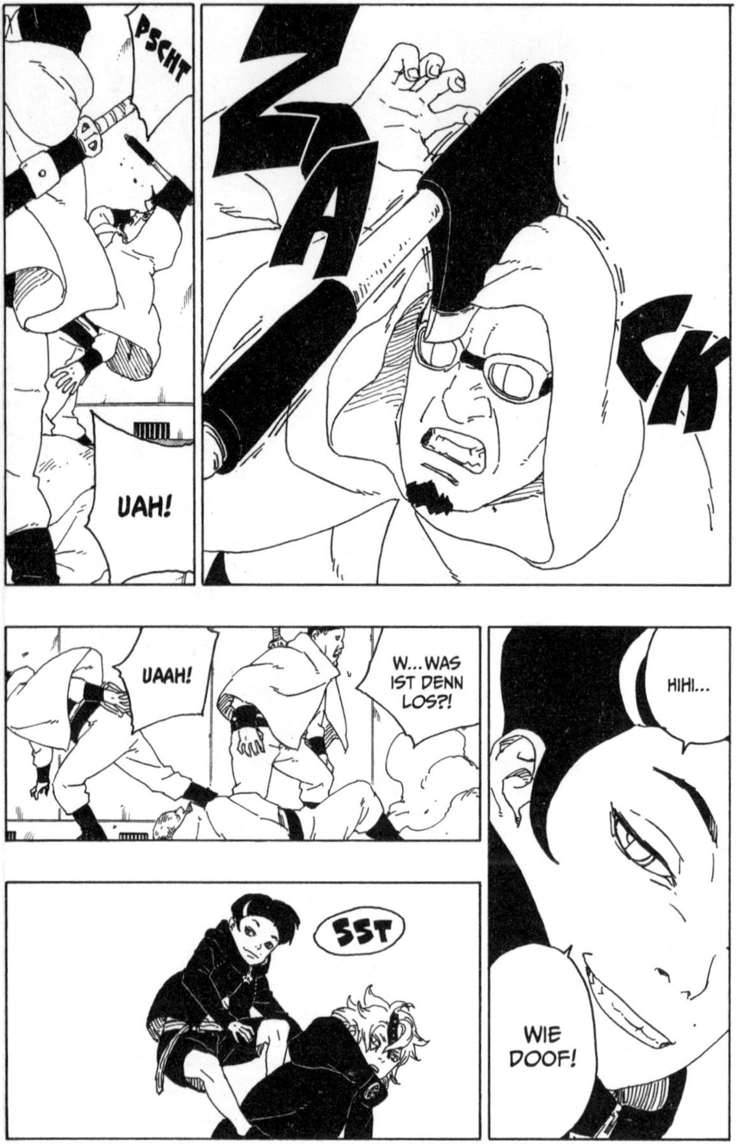
ZACK
PSCHT
UAH!
W...WAS IST DENN LOS?!
UAAH!
HIHI...
WIE DOOF!
SST

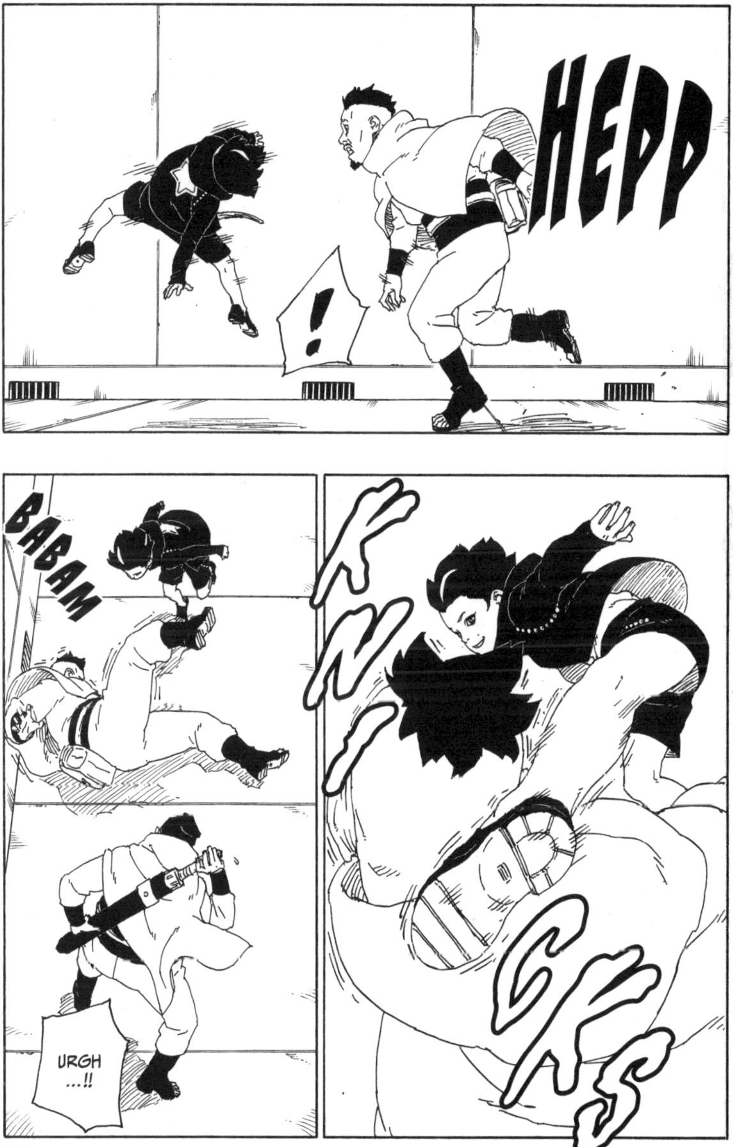
HEPP
!
BABAM
URGH
...!!
KNICKS

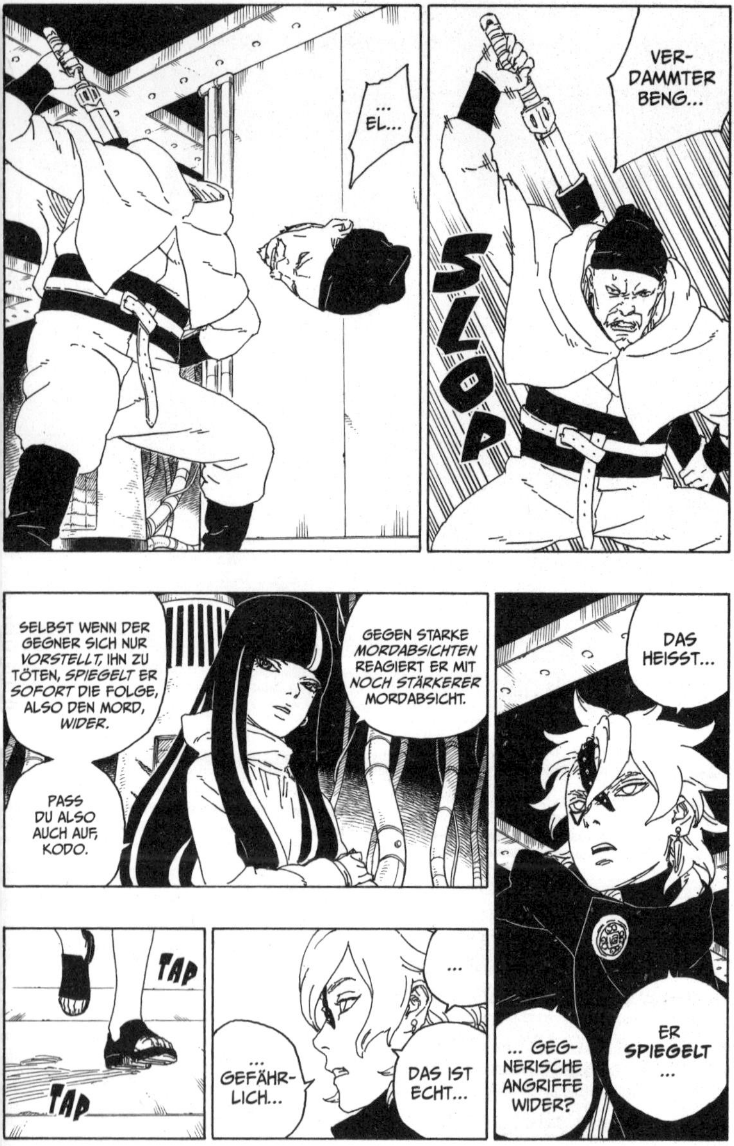
VER-DAMMTER BENG...
SLOP
... EL...
DAS HEISST...
ER SPIEGELT ...
... GEG-NERISCHE ANGRIFFE WIDER?
GEGEN STARKE MORDABSICHTEN REAGIERT ER MIT NOCH STÄRKERER MORDABSICHT.
SELBST WENN DER GEGNER SICH NUR VORSTELLT, IHN ZU TÖTEN, SPIEGELT ER SOFORT DIE FOLGE, ALSO DEN MORD, WIDER.
PASS DU ALSO AUCH AUF, KODO.
...
DAS IST ECHT...
... GEFÄHR-LICH...
TAP
TAP

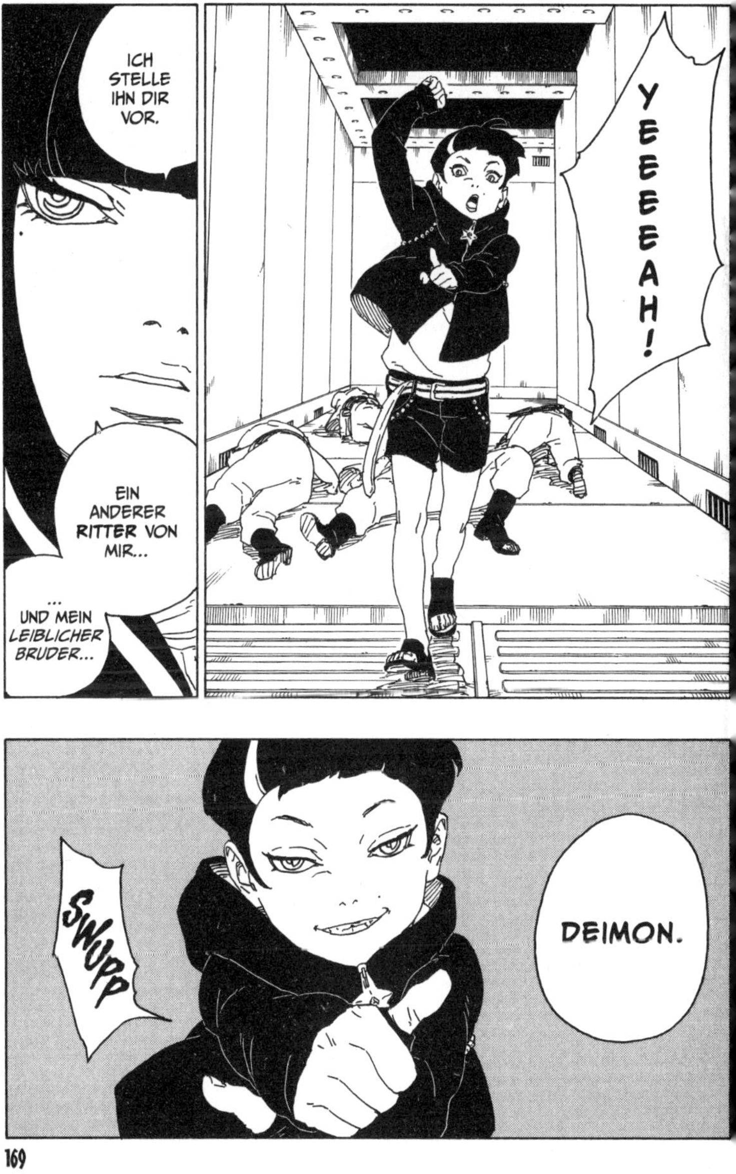
YEEEEAH!
ICH STELLE IHN DIR VOR.
EIN ANDERER RITTER VON MIR...
... UND MEIN LEIBLICHER BRUDER...
DEIMON.
SWUPP

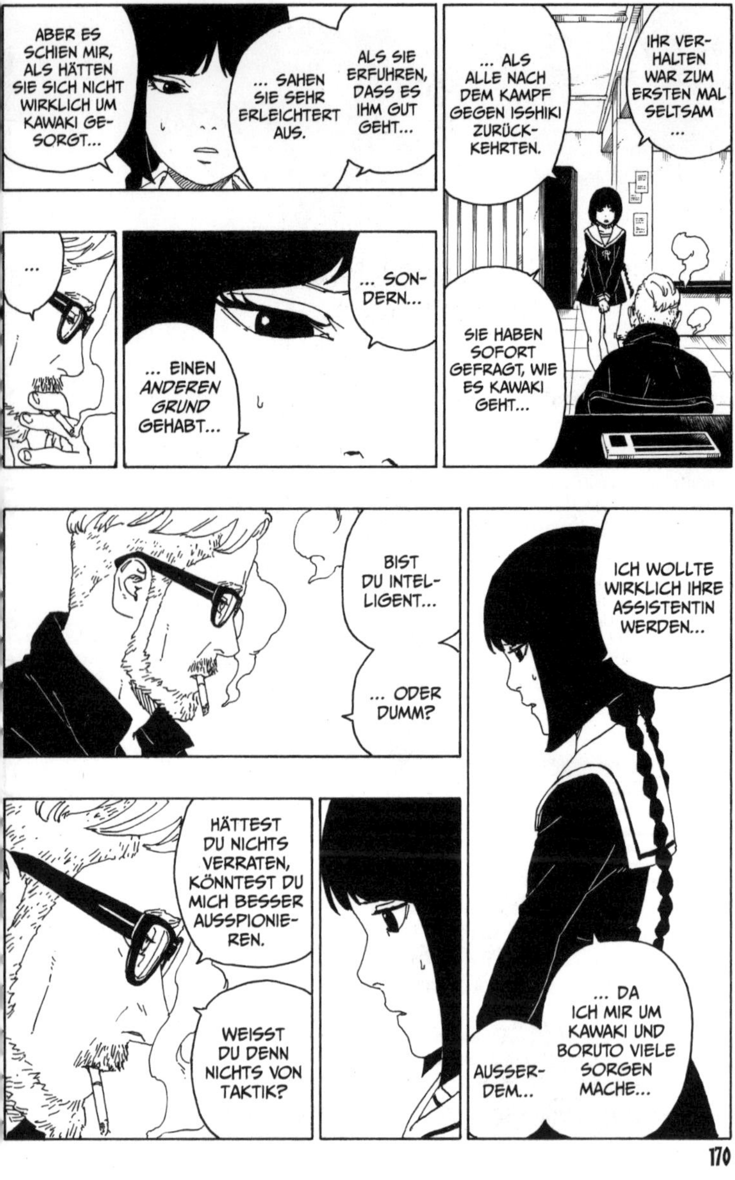
IHR VERHALTEN WAR ZUM ERSTEN MAL SELTSAM ...
... ALS ALLE NACH DEM KAMPF GEGEN ISSHIKI ZURÜCKKEHRTEN.
SIE HABEN SOFORT GEFRAGT, WIE ES KAWAKI GEHT...
ALS SIE ERFUHREN, DASS ES IHM GUT GEHT...
... SAHEN SIE SEHR ERLEICHTERT AUS.
ABER ES SCHIEN MIR, ALS HÄTTEN SIE SICH NICHT WIRKLICH UM KAWAKI GESORGT...
... SONDERN...
... EINEN *ANDEREN GRUND* GEHABT...
...
ICH WOLLTE WIRKLICH IHRE ASSISTENTIN WERDEN...
... DA ICH MIR UM KAWAKI UND BORUTO VIELE SORGEN MACHE...
AUSSERDEM...
BIST DU INTELLIGENT...
... ODER DUMM?
HÄTTEST DU NICHTS VERRATEN, KÖNNTEST DU MICH BESSER AUSSPIONIEREN.
WEISST DU DENN NICHTS VON TAKTIK?

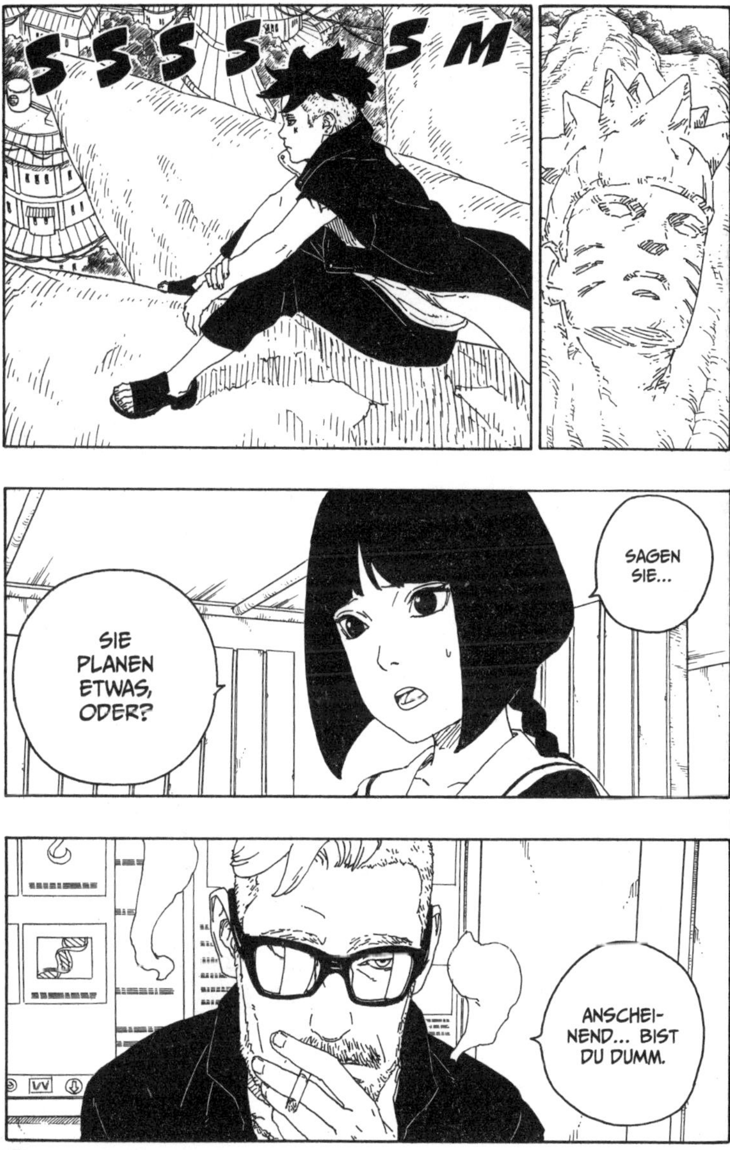
SSSS SM
SAGEN SIE...
SIE PLANEN ETWAS, ODER?
ANSCHEI-NEND... BIST DU DUMM.

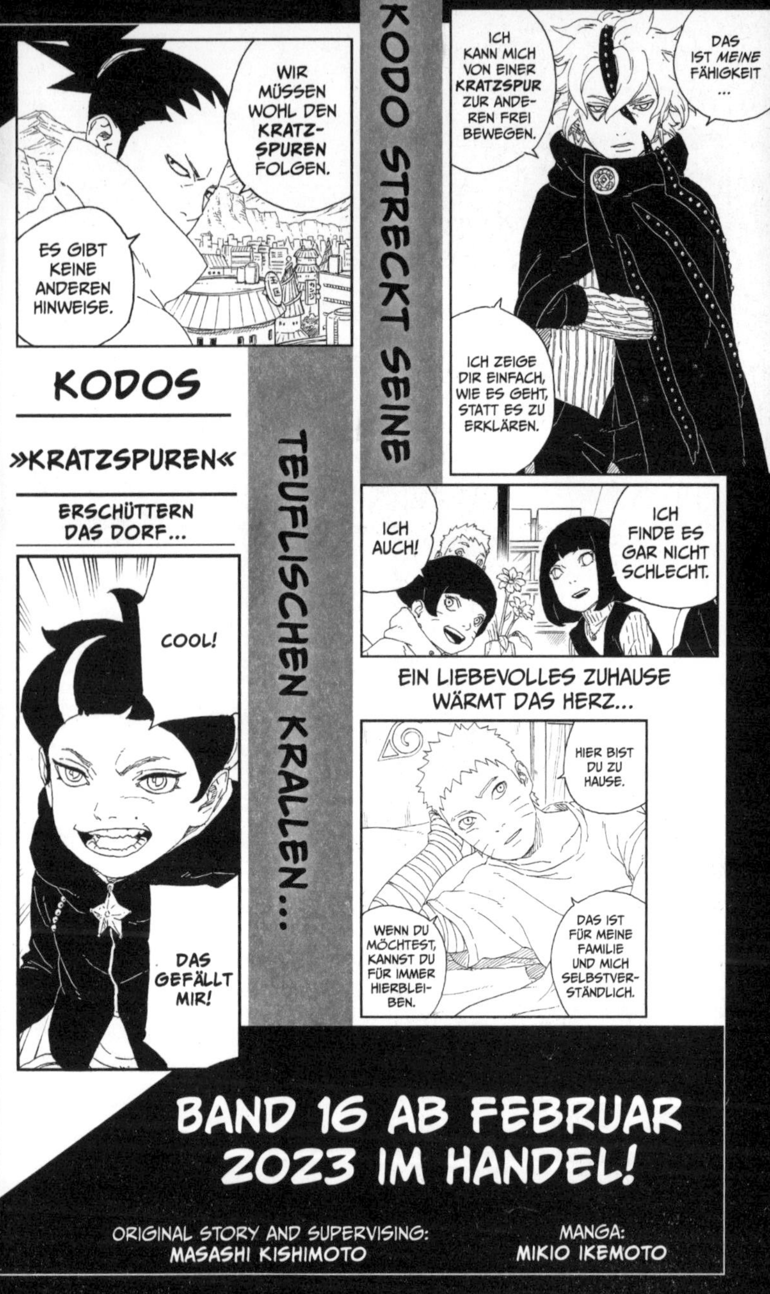
KODO STRECKT SEINE TEUFLISCHEN KRALLEN...
DAS IST *MEINE* FÄHIGKEIT ...
ICH KANN MICH VON EINER KRATZSPUR ZUR ANDEREN FREI BEWEGEN.
ICH ZEIGE DIR EINFACH, WIE ES GEHT, STATT ES ZU ERKLÄREN.
WIR MÜSSEN WOHL DEN KRATZSPUREN FOLGEN.
ES GIBT KEINE ANDEREN HINWEISE.
KODOS
»KRATZSPUREN«
ERSCHÜTTERN DAS DORF...
ICH FINDE ES GAR NICHT SCHLECHT.
ICH AUCH!
EIN LIEBEVOLLES ZUHAUSE WÄRMT DAS HERZ...
HIER BIST DU ZU HAUSE.
DAS IST FÜR MEINE FAMILIE UND MICH SELBSTVERSTÄNDLICH.
WENN DU MÖCHTEST, KANNST DU FÜR IMMER HIERBLEIBEN.
COOL!
DAS GEFÄLLT MIR!
BAND 16 AB FEBRUAR 2023 IM HANDEL!
ORIGINAL STORY AND SUPERVISING: MASASHI KISHIMOTO
MANGA: MIKIO IKEMOTO

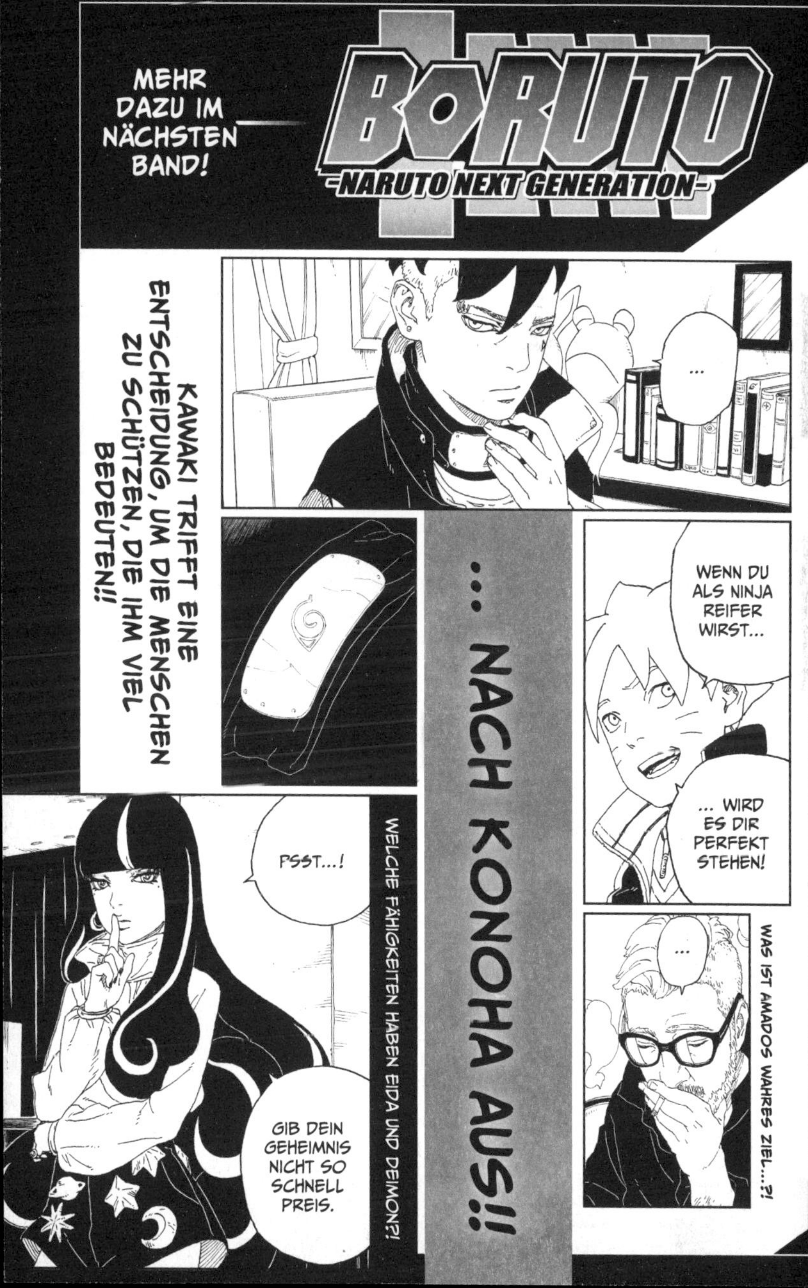
BORUTO
-NARUTO NEXT GENERATION-
MEHR DAZU IM NÄCHSTEN BAND!
...
KAWAKI TRIFFT EINE ENTSCHEIDUNG, UM DIE MENSCHEN ZU SCHÜTZEN, DIE IHM VIEL BEDEUTEN!!
WENN DU ALS NINJA REIFER WIRST...
... WIRD ES DIR PERFEKT STEHEN!
... NACH KONOHA AUS!!
...
WAS IST AMADOS WAHRES ZIEL...?!
PSST...!
GIB DEIN GEHEIMNIS NICHT SO SCHNELL PREIS.
WELCHE FÄHIGKEITEN HABEN EIDA UND DEIMON?!

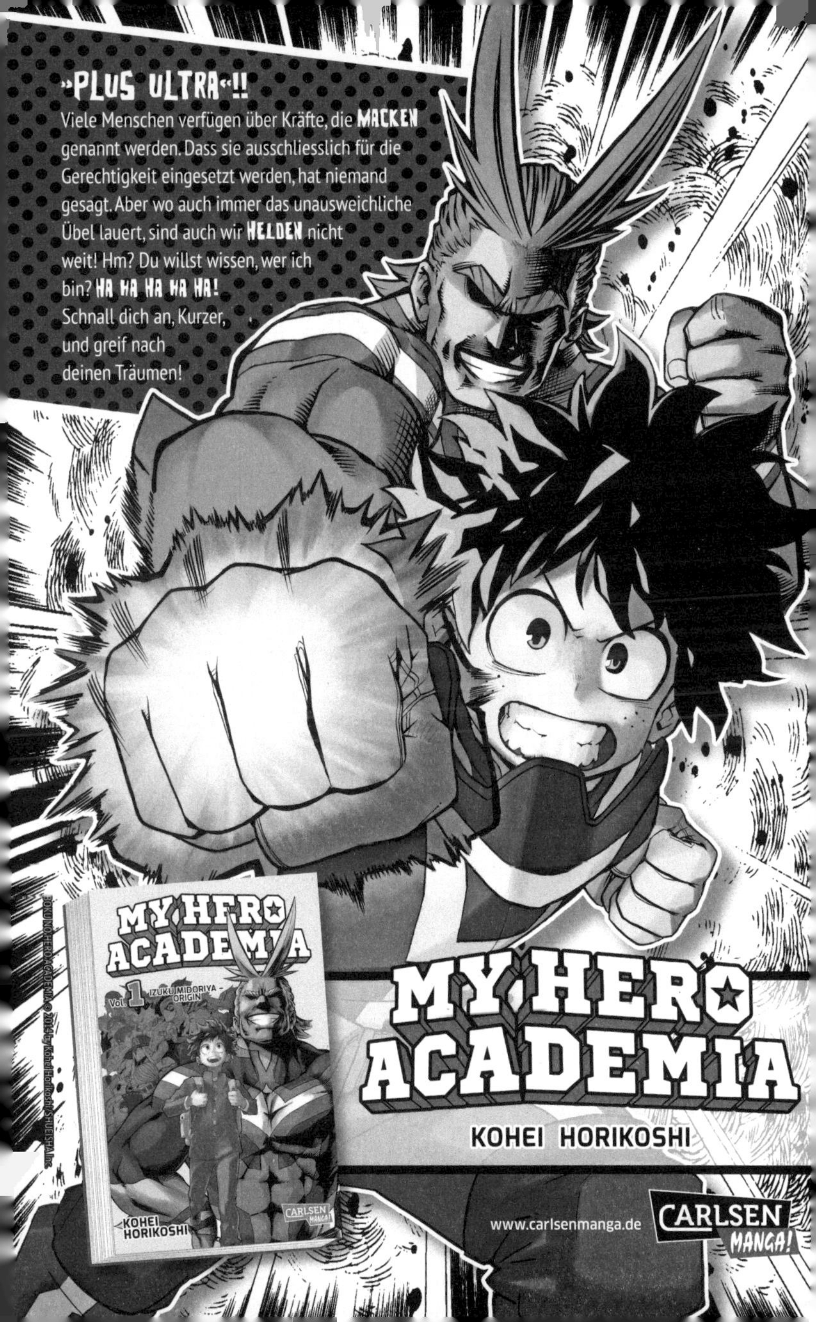

»PLUS ULTRA«!!
Viele Menschen verfügen über Kräfte, die MACKEN genannt werden. Dass sie ausschliesslich für die Gerechtigkeit eingesetzt werden, hat niemand gesagt. Aber wo auch immer das unausweichliche Übel lauert, sind auch wir HELDEN nicht weit! Hm? Du willst wissen, wer ich bin? HA HA HA HA HA!
Schnall dich an, Kurzer, und greif nach deinen Träumen!
MY HERO ACADEMIA
Vol. 1 IZUKU MIDORIYA – ORIGIN
KOHEI HORIKOSHI
CARLSEN MANGA!
BOKU NO HERO ACADEMIA © 2014 by Kohei Horikoshi/SHUEISHA Inc.
MY HERO ACADEMIA
KOHEI HORIKOSHI
www.carlsenmanga.de
CARLSEN MANGA!

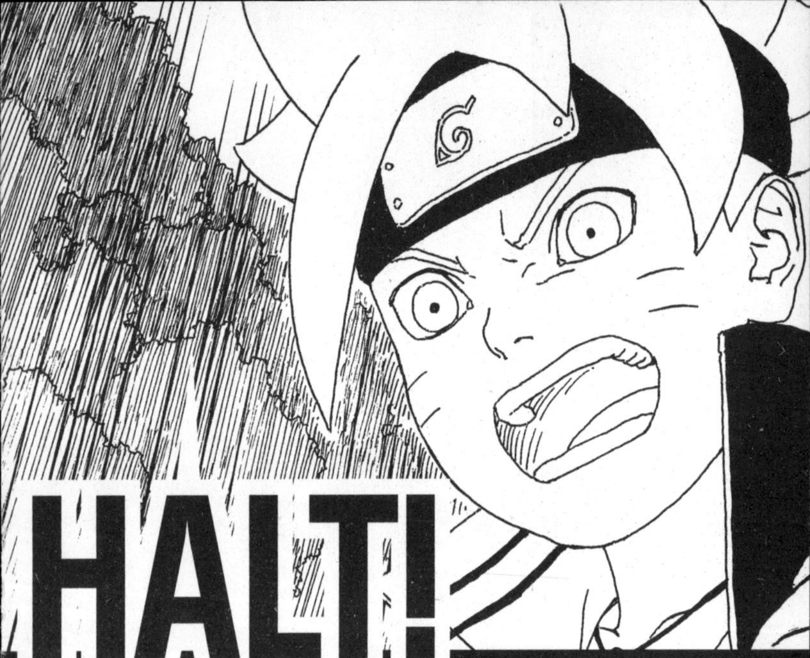

HALT!

Das ist nicht die erste Seite des Buches. »Boruto« ist ein japanischer Comic. In Japan liest man von »hinten« nach »vorne« und von rechts oben nach links unten, also genau spiegelverkehrt zu dem, wie wir es gewohnt sind.
Auch die Bilder und Sprechblasen auf jeder Seite werden so gelesen, wie es in der Grafik gezeigt wird!
Die Legende der neuen Generation beginnt!!

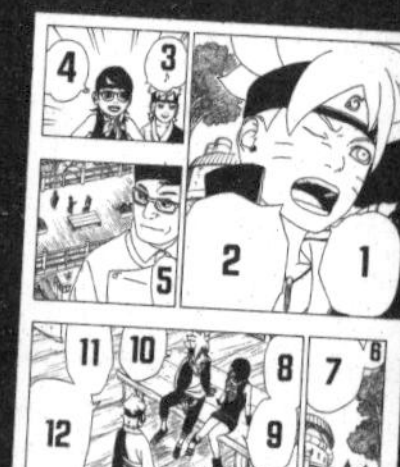

MIX
Papier | Fördert gute Waldnutzung
FSC® C083411
www.fsc.org

PRODUZIERT MIT VERANTWORTUNG

CARLSEN MANGA! NEWS * Aktuelle Infos abonnieren unter
www.carlsenmanga.de * www.carlsen.de

CARLSEN MANGA * Deutsche Ausgabe / German Edition * © 2019 Carlsen Verlag GmbH, Völckersstraße 14-20, 22765 Hamburg * Aus dem Japanischen von Miyuki Tsuji
BORUTO:NARUTO NEXT GENERATIONS © 2016 by Masashi Kishimoto, Mikio Ikemoto
All rights reserved. * First published in Japan in 2016 by SHUEISHA Inc., Tokyo. * German translation rights in Germany, Austria, Luxembourg and German-speaking Switzerland arranged by SHUEISHA Inc. through VME PLB SAS, France. * Redaktion: Anne Berling
Textbearbeitung: Ina Schiele * Herstellung: Derya Yıldırım * Alle deutschen Rechte vorbehalten * Bei Fragen zum Produkt: carlsen.de/kontakt * ISBN 978-3-551-77906-9